内蒙古经济普查年鉴 2018

Inner Mongolia Economic Census Yearbook

第二产业卷｜下

内蒙古自治区统计局 编著

中国统计出版社
China Statistics Press

图书在版编目(CIP)数据

内蒙古经济普查年鉴. 2018. 第二产业卷. 下 / 内蒙古自治区统计局编著. -- 北京 : 中国统计出版社, 2020.6
ISBN 978-7-5037-9166-6

Ⅰ. ①内… Ⅱ. ①内… Ⅲ. ①经济-普查-内蒙古-2018-年鉴②第二产业-经济-普查-内蒙古-2018-年鉴 Ⅳ. ①F127.26-54

中国版本图书馆 CIP 数据核字(2020)第 096916 号

内蒙古经济普查年鉴-2018/第二产业卷(下)

作　　者/内蒙古自治区统计局
责任编辑/许立舫
封面设计/黄俊杰　李雪燕
出版发行/中国统计出版社
通信地址/北京市丰台区西三环南路甲 6 号　邮政编码/100073
电　　话/邮购(010)63376909　书店(010)68783171
网　　址/http://www.zgticbs.com/
印　　刷/内蒙古宏业包装印务有限公司
经　　销/新华书店
开　　本/880mm×1230mm 1/16
字　　数/756 千字
印　　张/23.63
版　　别/2020 年 6 月第 1 版
版　　次/2020 年 6 月第 1 次印刷
定　　价/680.00 元(全四册附光盘)

本书附同版本 CD-ROM 一张，光盘内容以书面文字为准。
如有印装差错，由本社发行部调换。

编辑委员会

编 者 说 明

为便于社会各界共同分享内蒙古第四次经济普查成果，更方便地开发利用普查资料，我们将经济普查资料编辑整理，汇编成《内蒙古经济普查年鉴—2018》一书。全书共三卷四册，即综合卷、第二产业卷和第三产业卷。《综合卷》分三篇：第一篇为“综合篇”，第二篇为“企业篇”，第三篇为“文化及相关产业篇”。《第二产业卷》按内容分为上、下两册。上册两篇：第一篇为“工业企业生产经营及财务状况篇”，第二篇为“主要工业产品产量篇”。下册两篇：第一篇为“规模以上工业企业科技情况篇”，第二篇为“建筑业企业生产经营及账务状况篇”。《第三产业卷》分六篇：第一篇为“批发和零售业企业基本情况及财务状况篇”，第二篇为“住宿和餐饮业企业基本情况及财务状况篇”，第三篇为“房地产开发经营业生产经营及财务状况篇”，第四篇为“服务业企业财务状况篇”，第五篇为“服务业行政事业及非企业法人单位篇”，第六篇为“企业信息化和电子商务交易情况篇”。为使读者能够更好地使用本资料，现对有关问题做如下说明：

一、内蒙古第四次经济普查的标准时点为2018年12月31日，时期资料为2018年度；

二、《综合卷》中综合篇和企业篇汇总表，单位数包含兼营二、三产业的农、林、牧、渔业法人单位，从业人员数不包含兼营二、三产业的农、林、牧、渔业法人单位，各种分组表数据中不包含从事金融和铁路部门从业人员；

三、除综合卷中综合篇和企业篇汇总表外，企业法人单位数包括机构类型为企业的法人单位，以及执行企业会计制度的事业法人单位、民办非企业法人单位和基金会，农民专业合作社，农村集体经济组织和除宗教活动场所以外的机构类型为其他组织机构的法人单位；

四、本资料建筑业按法人单位注册地，其他行业按法人单位经营地进行汇总；

五、本资料对部分数据由于计量单位取舍不同或四舍五入而产生的误差数均未作机械调整；

六、表中空格表示该项统计指标数值为零、不足最小单位、数据不详或无该项数据，“#”表示其中的主要项；

七、为了更准确地使用本年鉴，每卷后附有该卷详细的指标解释。

我们希望此书的面世，能使社会各界对内蒙古第四次经济普查有一个全面的了解，更愿本书的内容，能为社会经济研究工作者提供有价值的参考。

内蒙古第四次经济普查资料是内蒙古普查工作者共同辛勤工作的成果，也是广大普查对象积极支持配合的结果。在此，我们向内蒙古所有普查工作者、普查对象和所有参与和支持普查工作的人员致以崇高的敬意和衷心的感谢！

2020年5月

第二产业卷(下)　目录

第一篇　规模以上工业企业科技情况篇

A. 企业 R&D 及相关活动主要指标

B. 基本情况

C. 企业 R&D 人员情况

D. 企业 R&D 经费支出情况

E. 企业 R&D 项目情况

F. 企业办研发机构情况

G. 企业新产品开发及销售情况

H. 企业自主知识产权及相关情况

I. 企业政府相关政策落实情况

C. 总承包建筑业企业

D. 专业承包建筑业企业

E. 劳务分包建筑业企业

附 录

第一篇

规模以上工业企业科技情况篇

A. 企业 R&D 及相关活动主要指标

1-A-1 企业 R&D 及相关活动主要指标

主要指标	单位	总计	大型	中型	小微型
基本情况					
有 R&D 活动的企业	个	273	54	90	129
有研发机构的企业	个	89	25	26	38
有新产品销售的企业	个	136	25	44	67
R&D 人员情况					
R&D 人员合计	人	24559	12737	4983	6839
#女性	人	5127	2587	1027	1513
#研究人员	人	9209	4512	1430	3267
#全时人员	人	16647	7843	3059	5745
R&D 人员折合全时当量	人年	15777	7309	2817	5651
R&D 经费情况					
R&D 经费内部支出	万元	1033594	631398	193699	208498
按支出用途分					
1. 日常性支出	万元	956193	581040	185734	189419
#人员劳务费	万元	206621	117383	44521	44717
2. 资产性支出	万元	77401	50357	7965	19079
#仪器和设备	万元	76044	49663	7464	18917
按资金来源分					
政府资金	万元	26958	4081	1750	21126
企业资金	万元	990293	618993	187730	183571
国外资金	万元	4556	4492	55	9
其他资金	万元	11788	3831	4164	3792
R&D 经费外部支出	万元	60382	47627	5801	6954
#对境内研究机构支出	万元	12180	9288	568	2324
对境内高等学校支出	万元	8315	6412	996	907
对境外支出	万元	2834	2386	447	2
R&D 项目情况					
项目数	项	2318	1125	532	661
参加项目人员	人	21988	11670	4538	5780
项目人员折合全时当量	人年	13999	6708	2537	4754
项目经费内部支出	万元	972268	587041	186360	198868

1-A-1　续表

主要指标	单位	总计	大型	中型	小微型
企业办研发机构情况					
机构数	个	159	52	41	66
机构人员数	人	12919	4764	1259	6896
#博士	人	211	130	24	57
硕士	人	1760	722	116	922
机构经费支出	万元	289116	172031	27261	89824
仪器和设备原价	万元	271701	126353	53878	91470
#进口	万元	25746	16509	474	8764
新产品开发及生产情况					
新产品开发项目数	项	1686	730	313	643
新产品开发经费支出	万元	710278	438799	105098	166382
新产品销售收入	万元	10282645	6303749	1449614	2529282
#新产品出口	万元	603472	455060	104564	43847
自主知识产权及相关情况					
专利申请数	件	3769	2344	592	833
#发明专利	件	1440	838	182	420
有效发明专利数	件	3909	2003	410	1496
#境外授权	件	49	36	6	7
拥有注册商标数	件	10393	7570	307	2516
#境外注册	件	2099	1415		684
形成国家或行业标准数	项	152	91	7	54
政府相关政策落实情况					
来自政府部门的研究开发经费	万元	40877	3347	1378	36152
研究开发费用加计扣除减免税	万元	22730	10824	5781	6126
高新技术企业减免税	万元	75565	41946	21326	12292
技术获取和技术改造情况					
引进技术经费支出	万元	30839	30000		839
消化吸收经费支出	万元	10170	10000		170
购买国内技术经费支出	万元	42106	10086	3444	28576
技术改造经费支出	万元	234241	119332	50079	64830

1-A-2 分登记注册类型企业

主要指标	单位	内资企业	国有企业	集体企业	股份合作企业
基本情况					
有 R&D 活动的企业	个	257	3		
有研发机构的企业	个	81	1		
有新产品销售的企业	个	129	4		
R&D 人员情况					
R&D 人员合计	人	22349	108		
#女性	人	4776	26		
#研究人员	人	8444	27		
#全时人员	人	15148	85		
R&D 人员折合全时当量	人年	14422	60		
R&D 经费情况					
R&D 经费内部支出	万元	937575	7457		
按支出用途分					
1. 日常性支出	万元	861890	6955		
#人员劳务费	万元	180432	798		
2. 资产性支出	万元	75685	502		
#仪器和设备	万元	74331	494		
按资金来源分					
政府资金	万元	26535	152		
企业资金	万元	894769	6682		
国外资金	万元	4484			
其他资金	万元	11788	624		
R&D 经费外部支出	万元	48639	313		
#对境内研究机构支出	万元	12180	39		
对境内高等学校支出	万元	8315	50		
对境外支出	万元	2834			
R&D 项目情况					
项目数	项	2066	12		
参加项目人员	人	19996	92		
项目人员折合全时当量	人年	12736	55		
项目经费内部支出	万元	878065	7422		

R&D 及相关活动主要指标

联营企业	有限责任公司	股份有限公司	私营企业	其他企业	港澳台商投资企业	外商投资企业
	159	29	65	1	7	9
	50	15	14	1	5	3
	78	16	30	1	4	3
	12940	5100	2321	1880	724	1486
	2653	1315	392	390	178	173
	4831	2025	490	1071	262	503
	8443	3268	1672	1680	514	985
	8314	2724	1502	1823	441	914
	510195	296727	94013	29183	28885	67135
	466894	274526	87586	25931	28235	66068
	107140	45432	16718	10344	6026	20163
	43301	22202	6428	3252	650	1067
	42392	21794	6418	3233	646	1067
	15473	3699	333	6877	320	103
	489268	287893	90945	19983	28565	66959
	1524	2951	9			73
	3931	2185	2726	2323		
	27538	18764	1979	46		11743
	5331	6055	754			
	2299	5913	7	46		
	1150	1683	2			
	1066	599	275	114	74	178
	11288	4796	2109	1711	690	1302
	7113	2550	1359	1659	420	844
	482454	268360	90670	29158	27279	66925

1-A-2 续表

主要指标	单位	内资企业	国有企业	集体企业	股份合作企业
企业办研发机构情况					
机构数	个	150	2		
机构人员数	人	12334	167		
#博士	人	184			
硕士	人	1693	25		
机构经费支出	万元	275388	9062		
仪器和设备原价	万元	257263	562		
#进口	万元	25223			
新产品开发及生产情况					
新产品开发项目数	项	1590	23		
新产品开发经费支出	万元	676031	13907		
新产品销售收入	万元	9859071	228946		
#新产品出口	万元	590145	1293		
自主知识产权及相关情况					
专利申请数	件	3584	133		
#发明专利	件	1401	61		
有效发明专利数	件	3830	101		
#境外授权	件	49			
拥有注册商标数	件	10388	748		
#境外注册	件	2099	675		
形成国家或行业标准数	项	145	2		
政府相关政策落实情况					
来自政府部门的研究开发经费	万元	40555	802		
研究开发费用加计扣除减免税	万元	22661	110		
高新技术企业减免税	万元	73479	152		
技术获取和技术改造情况					
引进技术经费支出	万元	30839	837		
消化吸收经费支出	万元	10170			
购买国内技术经费支出	万元	41936			
技术改造经费支出	万元	218611			

联营企业	有限责任公司	股份有限公司	私营企业	其他企业	港澳台商投资企业	外商投资企业
	87	41	19	1	6	3
	6835	2684	507	2141	460	125
	68	90	25	1	11	16
	695	613	35	325	53	14
	184542	70224	7009	4551	12600	1128
	127328	75451	7136	46786	9661	4777
	6355	13016		5852		524
	726	523	217	101	36	60
	303627	280951	47452	30095	15325	18922
	5487148	3580704	212604	349670	352869	70706
	421236	167293	324		13257	70
	1872	1281	207	91	34	151
	677	538	79	46	13	26
	1524	1482	287	436	61	18
	24	25				
	1765	7481	330	64	3	2
	4	1419	1			
	68	63	8	4	7	
	27476	2856	2545	6877	320	2
	14099	7543	909		69	
	60516	4674	8136		1986	100
		30000	2			
	170	10000				
	39113	2750	73		170	
	159286	35463	6663	17199	7393	8236

1-A-3 制造业企业 R&D

主要指标	单位	制造业合计	农副食品加工业	食品制造业	酒、饮料和精制茶制造业	烟草制品业	纺织业
基本情况							
有 R&D 活动的企业	个	229	14	19	4	2	1
有研发机构的企业	个	81	5	6	4	1	1
有新产品销售的企业	个	126	13	9	5	1	1
R&D 人员情况							
R&D 人员合计	人	20579	270	1970	260	102	108
#女性	人	4531	36	804	68	28	91
#研究人员	人	7576	95	716	74	48	62
#全时人员	人	14258	142	1527	201	56	78
R&D 人员折合全时当量	人年	13245	181	1007	156	66	73
R&D 经费情况							
R&D 经费内部支出	万元	874736	11658	117099	2869	3111	3743
按支出用途分							
1. 日常性支出	万元	806414	11449	107998	2743	2734	3663
#人员劳务费	万元	161171	1766	26983	1347	1209	1376
2. 资产性支出	万元	68322	209	9102	126	377	80
#仪器和设备	万元	67458	201	8973	123	377	80
按资金来源分							
政府资金	万元	26593	846	2267	100		
企业资金	万元	833599	10812	114548	2769	3111	3743
国外资金	万元	3721		9			
其他资金	万元	10823		275			
R&D 经费外部支出	万元	33492	804	16161	140	547	200
#对境内研究机构支出	万元	8920	28	4600	70		100
对境内高等学校支出	万元	7122	2	5220	20		100
对境外支出	万元	2834	772	1523			
R&D 项目情况							
项目数	项	1879	30	203	26	9	7
参加项目人员	人	18335	245	1846	253	94	106
项目人员折合全时当量	人年	11693	163	951	152	61	72
项目经费内部支出	万元	822882	10973	93036	1965	1762	2744

相关活动主要指标

纺　织服装、服饰业	皮革、毛皮、羽毛及其制品和制鞋业	木材加工和木、竹、藤、棕、草制品业	家　具制造业	造纸及纸制品业	印刷和记录媒介复制业	文教、工美、体育和娱乐用品制造业	石油、煤炭及其他燃料加工业	化学原料和化学制品制造业	医　药制造业
2					1		5	46	23
2							1	18	12
3							2	21	9
303					8		241	4507	1035
204					1		13	688	434
117					4		65	1284	411
270					7		148	3007	779
279					8		132	2839	708
19750					19		11790	228384	21492
19264					19		9867	192998	20806
6218					3		2779	44354	6936
486							1923	35387	687
486							1921	34859	684
557							10	769	897
19192					19		11780	222850	20574
								652	19
								4113	2
97							200	8110	2282
15								1090	512
44								968	530
								79	147
42					1		25	339	173
280					7		219	3967	957
259					7		121	2502	654
19750					19		11787	218798	20144

1-A-3 续表1

主要指标	单位	制造业合计	农副食品加工业	食品制造业	酒、饮料和精制茶制造业	烟草制品业	纺织业
企业办研发机构情况							
机构数	个	147	5	24	6	1	1
机构人员数	人	12158	40	2181	219	59	160
#博士	人	185	15	100	5	1	1
硕士	人	1628	13	422	7	5	1
机构经费支出	万元	280455	570	74892	2131	3137	403
仪器和设备原价	万元	267557	764	59823	2108	4846	761
#进口	万元	25744		8140			120
新产品开发及生产情况							
新产品开发项目数	项	1510	58	250	14	7	6
新产品开发经费支出	万元	662367	14922	117400	1926	2962	3645
新产品销售收入	万元	9326618	390247	2354628	32447	10311	3265
#新产品出口	万元	603472		13257	6		1960
自主知识产权及相关情况							
专利申请数	件	2850	37	731	10	13	6
#发明专利	件	1219	7	288	10	5	
有效发明专利数	件	3581	54	893	10	27	2
#境外授权	件	49	6	17			
拥有注册商标数	件	9138	261	6551	265	29	3
#境外注册	件	2098	8	1315			
形成国家或行业标准数	项	142	1	53			
政府相关政策落实情况							
来自政府部门的研究开发经费	万元	40512	211	2148	110		
研究开发费用加计扣除减免税	万元	20310	10	3365			
高新技术企业减免税	万元	61237	30				
技术获取和技术改造情况							
引进技术经费支出	万元	30839	2	30000			
消化吸收经费支出	万元	10170		10000			
购买国内技术经费支出	万元	37485	73	2900			
技术改造经费支出	万元	190838	3624	51848	5		180

纺　织 服装、 服饰业	皮革、毛皮、 羽毛及其制 品和制鞋业	木材加工和 木、竹、藤、 棕、草制品业	家　具 制造业	造纸及纸 制品业	印刷和 记录媒介 复制业	文教、工美、 体育和娱乐 用品制造业	石油、煤炭 及其他燃 料加工业	化学原料 和化学制 品制造业	医　药 制造业
3							3	31	15
322							93	1762	545
5							1	18	1
17							2	124	59
6423							4822	76446	4502
11467							20807	51044	9840
3658								1816	128
53					1		3	142	182
24637					19		2510	108297	27162
226525							5452	1396801	234751
46604								25397	25380
123							34	338	82
16							16	110	30
15							55	323	185
								11	3
628		2					2	86	343
98									
6								9	2
557							10	1249	1200
213								2057	1302
14								43251	899
							1282	32655	
2121							1572	83857	3434

1-A-3 续表 2

主要指标	单位	化学纤维制造业	橡胶和塑料制品业	非金属矿物制品业	黑色金属冶炼和压延加工业	有色金属冶炼和压延加工业	金属制品业
基本情况							
有 R&D 活动的企业	个		2	12	12	24	8
有研发机构的企业	个			4	4	5	4
有新产品销售的企业	个		2	7	4	10	5
R&D 人员情况							
R&D 人员合计	人		31	213	2995	2184	2351
#女性	人		7	22	323	483	502
#研究人员	人		17	47	1047	642	1302
#全时人员	人		28	159	1286	1183	2046
R&D 人员折合全时当量	人年		23	121	1238	1230	2137
R&D 经费情况							
R&D 经费内部支出	万元		494	11046	143591	95246	43957
按支出用途分							
1. 日常性支出	万元		494	10922	142417	85960	40705
#人员劳务费	万元		218	1771	9274	17047	12398
2. 资产性支出	万元			125	1174	9286	3252
#仪器和设备	万元			106	1159	9251	3233
按资金来源分							
政府资金	万元			147	215	576	17706
企业资金	万元		455	10899	143296	91738	23928
国外资金	万元				73	2932	
其他资金	万元		39		8		2323
R&D 经费外部支出	万元			349	1475	587	46
#对境内研究机构支出	万元			38	896	457	
对境内高等学校支出	万元			11	46	80	46
对境外支出	万元			300	14		
R&D 项目情况							
项目数	项		5	29	253	213	160
参加项目人员	人		22	189	2712	2037	2133
项目人员折合全时当量	人年		15	108	1131	1133	1941
项目经费内部支出	万元		453	10176	143524	89872	41555

通用设备制造业	专用设备制造业	汽　车制造业	铁路、船舶、航空航天和其他运输设备制造业	电气机械和器材制造业	计算机、通信和其他电子设备制造业	仪器仪表制造业	其　他制造业	废弃资源综合利用业	金属制品、机械和设备修理业
8	12	5	4	8	13			3	1
3	1	1	2	3	3				1
4	6	4	4	6	9				1
192	282	309	1826	339	969			55	29
23	51	40	514	76	106			12	5
51	118	79	1011	121	224			26	15
140	210	278	1641	196	802			48	26
132	187	228	1685	198	578			19	19
2886	5392	11686	59195	7933	72322			872	200
2861	5136	7968	57504	7712	72124			871	200
428	916	2692	11554	1713	9923			209	57
25	256	3718	1691	221	198			1	
25	202	3718	1662	200	198			1	
	738		1552	126	52			15	20
2886	4618	9022	57019	7031	72271			857	180
	36								
		2664	624	777					
297	855		890	454					
297			817						
	5		50						
36	52	18	89	67	90			10	2
174	243	286	1271	307	913			46	28
121	160	211	1166	180	549			16	18
2886	4629	11256	59138	6998	70420			799	200

1-A-3 续表 3

主要指标	单位	化学纤维制造业	橡胶和塑料制品业	非金属矿物制品业	黑色金属冶炼和压延加工业	有色金属冶炼和压延加工业	金属制品业
企业办研发机构情况							
机构数	个			5	5	5	14
机构人员数	人			89	326	468	2928
#博士	人				18	12	5
硕士	人			2	91	147	465
机构经费支出	万元			2176	4814	15395	15962
仪器和设备原价	万元			1386	19854	9175	53854
#进口	万元					1924	8110
新产品开发及生产情况							
新产品开发项目数	项		2	18	133	127	128
新产品开发经费支出	万元		419	7108	112408	48450	39506
新产品销售收入	万元		2140	92462	754296	471740	360766
#新产品出口	万元			26	70000	44	
自主知识产权及相关情况							
专利申请数	件		3	58	380	203	197
#发明专利	件			21	199	82	122
有效发明专利数	件			50	249	462	603
#境外授权	件					2	
拥有注册商标数	件		1	6	11	8	68
#境外注册	件				2		
形成国家或行业标准数	项				2	22	8
政府相关政策落实情况							
来自政府部门的研究开发经费	万元		2100	147	215	438	28746
研究开发费用加计扣除减免税	万元		212	130	3188	77	125
高新技术企业减免税	万元		6	50		5151	676
技术获取和技术改造情况							
引进技术经费支出	万元						
消化吸收经费支出	万元						
购买国内技术经费支出	万元						
技术改造经费支出	万元			603	604	8799	18048

通用设备制造业	专用设备制造业	汽车制造业	铁路、船舶、航空航天和其他运输设备制造业	电气机械和器材制造业	计算机、通信和其他电子设备制造业	仪器仪表制造业	其他制造业	废弃资源综合利用业	金属制品、机械和设备修理业
3	1	2	15	4	3				1
50	10	167	2465	100	156				18
1			2						
8		25	216	6	12				6
927	350	9062	44364	4340	9738				4
680	12	562	14967	386	4872				350
					1849				
38	39	30	97	72	103			3	4
3353	3808	20069	57974	10363	54918			95	416
22713	21067	213613	810227	143569	1778663				935
		51688	45568		323542				
9	43	138	263	34	142				6
2	6	44	175	7	79				
21	45	36	346	54	143			6	2
1					9				
1		748	101	10	13				1
		675							
		1	34		4				
27	854	650	1552	125	108	30		15	20
93	31	279	3697	408	5091				34
249	39	65	2727	1880	6180				23
		837							
				170					
				555	20				
212			14722	109	966			135	

1-A-4 分地区企业 R&D

主要指标	单位	呼和浩特市	包头市	呼伦贝尔市	兴安盟	通辽市
基本情况						
有 R&D 活动的企业	个	44	81	11	7	9
有研发机构的企业	个	19	28		2	2
有新产品销售的企业	个	25	48	3	4	6
R&D 人员情况						
R&D 人员合计	人	3802	11014	584	152	373
#女性	人	1214	2186	249	79	140
#研究人员	人	1453	4424	147	59	109
#全时人员	人	2669	7765	444	132	236
R&D 人员折合全时当量	人年	2011	7694	325	106	206
R&D 经费情况						
R&D 经费内部支出	万元	189778	391041	20100	2035	15307
按支出用途分						
1. 日常性支出	万元	179241.8	369151.1	20049.6	1955.8	15212.6
#人员劳务费	万元	38953	57341	2451	841	3613
2. 资产性支出	万元	10536	21890	51	79	95
#仪器和设备	万元	10399	21740	51	72	95
按资金来源分						
政府资金	万元	2985	21094	41	170	268
企业资金	万元	181591.1	361186.3	20059.3	1865.3	15039.2
国外资金	万元	681	2967			
其他资金	万元	4522	5794			
R&D 经费外部支出	万元	19849	5345	373	453	426
#对境内研究机构支出	万元	5486	2504	18	383	25
对境内高等学校支出	万元	6566	251	31		6
对境外支出	万元	1749	314			
R&D 项目情况						
项目数	项	466	900	47	29	21
参加项目人员	人	3564	9768	558	128	348
项目人员折合全时当量	人年	1881	6680	314	89	191
项目经费内部支出	万元	160539	378692	19822	1670	15307

及相关活动主要指标

赤峰市	锡林郭勒盟	乌兰察布市	鄂尔多斯市	巴彦淖尔市	乌海市	阿拉善盟
23	8	6	48	19	14	3
4	4	3	14	7	2	4
12	6	3	12	9	7	1
934	367	141	5372	869	748	203
166	66	24	624	204	129	46
271	90	35	1947	291	293	90
611	81	118	3261	568	597	165
621	213	96	3218	587	603	96
38357	7842	6643	288664	35571	34523	3733
37441.7	7366.8	6632.5	252172.3	31679.3	31689.6	3600.1
5373	2639	2015	76313	7477	8866	739
915	476	10	36492	3892	2833	133
902	441		36224	3597	2391	133
882	100		1202	217		
37473.8	7742.3	6642.8	285111.7	35353.9	34494.3	3732.7
			909			
2			1442		28	
812	316		32231	414	164	
38	316		3071	175	164	
4			1287	170		
770				2		
76	29	26	567	93	56	8
875	327	130	4830	772	623	65
582	186	90	2930	524	495	38
27287	7692	6632	264068	31544	55989	3028

1-A-4 续表1

主要指标	单位	呼和浩特市	包头市	呼伦贝尔市	兴安盟	通辽市
企业办研发机构情况						
机构数	个	41	57		2	2
机构人员数	人	2432	6701		50	480
#博士	人	83	26		11	12
硕士	人	446	962		12	23
机构经费支出	万元	78432	97168		509	20193
仪器和设备原价	万元	64231	107781		3513	11790
#进口	万元	9666	10617			
新产品开发及生产情况						
新产品开发项目数	项	466	711	45	30	28
新产品开发经费支出	万元	163683	310964	15339	1774	13140
新产品销售收入	万元	3561306	2837289	61408	18130	85978
#新产品出口	万元	75941	167587			32
自主知识产权及相关情况						
专利申请数	件	1138	1186	123	8	11
#发明专利	件	429	571	29	2	10
有效发明专利数	件	1152	1709	76	6	66
#境外授权	件	26	6			1
拥有注册商标数	件	6865	1269	5	37	13
#境外注册	件	1323	681			
形成国家或行业标准数	项	67	69			
政府相关政策落实情况						
来自政府部门的研究开发经费	万元	3140	32722	41		88
研究开发费用加计扣除减免税	万元	10006	8288	65		
高新技术企业减免税	万元	10063	9178	98		152
技术获取和技术改造情况						
引进技术经费支出	万元	30000	837			
消化吸收经费支出	万元	10000	170			
购买国内技术经费支出	万元	5082	555			
技术改造经费支出	万元	51206	38825	12895		13384

赤峰市	锡林郭勒盟	乌兰察布市	鄂尔多斯市	巴彦淖尔市	乌海市	阿拉善盟
5	4	3	25	9	3	8
205	92	106	1740	435	421	257
1			50	14		14
16	7	16	231	32	2	13
4318	1270	636	65089	3063	6551	11886
3507	976	268	50803	3900	1575	23357
43			3468	150		1802
90	21	11	187	53	35	9
37423	3362	1639	100886	12923	46359	2787
577430	151908	187701	2241015	63364	343476	153641
23597		1754	332055	1960	547	
119	61	62	874	73	56	58
38	17	13	283	26	13	9
192	12	44	538	47	30	37
		11	5			
161	149	27	1654	198	13	2
			95			
5	1		8	1	1	
3621	127		802	177		159
1000	30	52	2709	334		246
3951	736	52	39235	1548	9305	1248
				2		
	68	2459	26751	5	7186	
729	18940	16821	62681	880	15621	2260

B. 基本情况

1-B-1 分登记注册类型企业基本情况

单位:个

登记注册类型	有 R&D 活动的企业	有研发机构的企业	有新产品销售的企业
总　　计	**273**	**89**	**136**
内资企业	**257**	**81**	**129**
国有企业	3	1	4
集体企业			
股份合作企业			
联营企业			
集体联营企业			
有限责任公司	159	50	78
国有独资公司	16	5	6
其他有限责任公司	143	45	72
股份有限公司	29	15	16
私营企业	65	14	30
私营独资企业			
私营合伙企业			
私营有限责任公司	48	10	20
私营股份有限公司	17	4	10
其他企业	1	1	1
港、澳、台商投资企业	**7**	**5**	**4**
合资经营企业	2		1
合作经营企业			
港、澳、台商独资经营企业	5	5	3
港、澳、台商投资股份有限公司			
其他港、澳、台投资企业			
外商投资企业	**9**	**3**	**3**
中外合资经营企业	7	3	3
中外合作经营企业	1		
外资企业			
外商投资股份有限公司	1		
其他外商投资企业			

1-B-2　分登记注册类型大中型企业基本情况

单位:个

登记注册类型	有 R&D 活动的企业	有研发机构的企业	有新产品销售的企业
总　　计	**144**	**51**	**69**
内资企业	**134**	**46**	**65**
国有企业			
集体企业			
股份合作企业			
有限责任公司	97	30	46
国有独资公司	14	3	5
其他有限责任公司	83	27	41
股份有限公司	21	13	13
私营企业	16	3	6
私营独资企业			
私营合伙企业			
私营有限责任公司	14	2	5
私营股份有限公司	2	1	1
港、澳、台商投资企业	**5**	**3**	**3**
合资经营企业	2		1
合作经营企业			
港、澳、台商独资经营企业	3	3	2
港、澳、台商投资股份有限公司			
其他港、澳、台投资企业			
外商投资企业	**5**	**2**	**1**
中外合资经营企业	3	2	1
中外合作经营企业	1		
外资企业			
外商投资股份有限公司	1		
其他外商投资企业			

1-B-3 分行业企业基本情况

单位:个

行 业	有 R&D 活动的企业	有研发机构的企业	有新产品销售的企业
总 计	**273**	**89**	**136**
采矿业	**29**	**4**	**9**
煤炭开采和洗选业	17	4	5
烟煤和无烟煤开采洗选	16	4	5
褐煤开采洗选	1		
其他煤炭采选			
石油和天然气开采业			
石油开采			
天然气开采			
黑色金属矿采选业	3		
#铁矿采选	3		
锰矿、铬矿采选			
有色金属矿采选业	7		2
常用有色金属矿采选	6		1
贵金属矿采选			
稀有稀土金属矿采选	1		1
非金属矿采选业	2		2
土砂石开采	1		1
化学矿开采			
采盐			
石棉及其他非金属矿采选	1		1
开采专业及辅助性活动			
#石油和天然气开采专业及辅助性活动			
制造业	**229**	**81**	**126**
农副食品加工业	14	5	13
谷物磨制	2	1	2
饲料加工	3	1	5
植物油加工	1	1	1
制糖业			
屠宰及肉类加工	7	1	4
水产品加工			
蔬菜、菌类、水果和坚果加工		1	1
其他农副食品加工	1		
食品制造业	19	6	9
焙烤食品制造			
糖果、巧克力及蜜饯制造			
方便食品制造	2		
乳制品制造	8	3	5
罐头食品制造			
调味品、发酵制品制造	5	3	3
其他食品制造	4		1
酒、饮料和精制茶制造业	4	4	5
酒的制造	3	4	4
饮料制造	1		1
精制茶加工			

1-B-3　续表1

单位:个

行　　业	有R&D活动的企业	有研发机构的企业	有新产品销售的企业
烟草制品业	2	1	1
烟叶复烤			
卷烟制造	2	1	1
其他烟草制品制造			
纺织业	1	1	1
棉纺织及印染精加工			
毛纺织及染整精加工			
麻纺织及染整精加工			
丝绢纺织及印染精加工			
化纤织造及印染精加工			
针织或钩针编织物及其制品制造	1	1	1
家用纺织制成品制造			
产业用纺织制成品制造			
纺织服装、服饰业	2	2	3
机织服装制造			
针织或钩针编织服装制造	2	2	3
服饰制造			
皮革、毛皮、羽毛及其制品和制鞋业			
皮革鞣制加工			
皮革制品制造			
毛皮鞣制及制品加工			
羽毛(绒)加工及制品制造			
制鞋业			
木材加工和木、竹、藤、棕、草制品业			
木材加工			
人造板制造			
木质制品制造			
竹、藤、棕、草等制品制造			
家具制造业			
木质家具制造			
竹、藤家具制造			
金属家具制造			
塑料家具制造			
其他家具制造			
造纸和纸制品业			
纸浆制造			
造纸			
纸制品制造			
印刷和记录媒介复制业	1		
印刷	1		
装订及印刷相关服务			
记录媒介复制			
文教、工美、体育和娱乐用品制造业			
文教办公用品制造			
乐器制造			
工艺美术及礼仪用品制造			
体育用品制造			
玩具制造			
游艺器材及娱乐用品制造			
石油、煤炭及其他燃料加工业	5	1	2

1-B-3 续表2

单位:个

行　业	有 R&D 活动的企业	有研发机构的企业	有新产品销售的企业
精炼石油产品制造	2	1	1
煤炭加工	3		1
核燃料加工			
生物质燃料加工			
化学原料和化学制品制造业	46	18	21
基础化学原料制造	23	7	8
肥料制造	3		4
农药制造	4	1	2
涂料、油墨、颜料及类似产品制造			1
合成材料制造	8	6	3
专用化学产品制造	5	2	2
炸药、火工及焰火产品制造	3	2	1
日用化学产品制造			
医药制造业	23	12	9
化学药品原料药制造	6	4	1
化学药品制剂制造	3	1	2
中药饮片加工			
中成药生产	7	4	2
兽用药品制造	2	1	2
生物药品制品制造	5	2	2
卫生材料及医药用品制造			
药用辅料及包装材料			
化学纤维制造业			
纤维素纤维原料及纤维制造			
合成纤维制造			
生物基材料制造			
橡胶和塑料制品业	2		2
橡胶制品业	2		2
塑料制品业			
非金属矿物制品业	12	4	7
水泥、石灰和石膏制造	1	1	1
石膏、水泥制品及类似制品制造	2		1
砖瓦、石材等建筑材料制造	1	1	1
玻璃制造	1		1
玻璃制品制造	1		
玻璃纤维和玻璃纤维增强塑料制品制造	1		
陶瓷制品制造	1	1	1
耐火材料制品制造	1	1	1
石墨及其他非金属矿物制品制造	3		1
黑色金属冶炼和压延加工业	12	4	4
炼铁	1		
炼钢			
钢压延加工	6	3	4
铁合金冶炼	5	1	
有色金属冶炼和压延加工业	24	5	10
常用有色金属冶炼	8	1	3
贵金属冶炼	4		1
稀有稀土金属冶炼	5	3	3
有色金属合金制造	3	1	1
有色金属压延加工	4		2
金属制品业	8	4	5

1-B-3　续表 3　　单位:个

行　　业	有 R&D 活动的企业	有研发机构的企业	有新产品销售的企业
结构性金属制品制造	3		
金属工具制造			
集装箱及金属包装容器制造	1	1	1
金属丝绳及其制品制造	1	1	1
建筑、安全用金属制品制造			
金属表面处理及热处理加工		1	1
搪瓷制品制造			
金属制日用品制造			
铸造及其他金属制品制造	3	1	2
通用设备制造业	8	3	4
锅炉及原动设备制造	2		
金属加工机械制造	1	1	
物料搬运设备制造	1		1
泵、阀门、压缩机及类似机械制造	2		1
轴承、齿轮和传动部件制造			
烘炉、风机、包装等设备制造	1	1	1
文化、办公用机械制造			
通用零部件制造	1	1	1
其他通用设备制造业			
专用设备制造业	12	1	6
采矿、冶金、建筑专用设备制造	5	1	2
化工、木材、非金属加工专用设备制造	2		2
食品、饮料、烟草及饲料生产专用设备制造			
印刷、制药、日化及日用品生产专用设备制造			
纺织、服装和皮革加工专用设备制造			
电子和电工机械专用设备制造			
农、林、牧、渔专用机械制造	4		2
医疗仪器设备及器械制造	1		
环保、邮政、社会公共服务及其他专用设备制造			
汽车制造业	5	1	4
汽车整车制造	2	1	3
汽车用发动机制造			
改装汽车制造	2		
低速汽车制造			
电车制造			
汽车车身、挂车制造			
汽车零部件及配件制造	1		1
铁路、船舶、航空航天和其他运输设备制造业	4	2	4
铁路运输设备制造	2	2	2
城市轨道交通设备制造			
船舶及相关装置制造			
航空、航天器及设备制造	2		2
摩托车制造			
自行车和残疾人座车制造			
助动车制造			
非公路休闲车及零配件制造			
潜水救捞及其他未列明运输设备制造			
电气机械和器材制造业	8	3	6
电机制造	5	2	4
输配电及控制设备制造	2		1
电线、电缆、光缆及电工器材制造	1	1	1

1-B-3 续表4

单位:个

行　　业	有 R&D 活动的企业	有研发机构的企业	有新产品销售的企业
电池制造			
家用电力器具制造			
非电力家用器具制造			
照明器具制造			
其他电气机械及器材制造			
计算机、通信和其他电子设备制造业	13	3	9
计算机制造	1		1
通信设备制造			
广播电视设备制造			
雷达及配套设备制造			
非专业视听设备制造			1
智能消费设备制造			
电子器件制造	2		1
电子元件及电子专用材料制造	10	3	6
其他电子设备制造			
仪器仪表制造业			
通用仪器仪表制造			
专用仪器仪表制造			
钟表与计时仪器制造			
光学仪器制造			
衡器制造			
其他仪器仪表制造业			
其他制造业			
日用杂品制造			
核辐射加工			
其他未列明制造业			
废弃资源综合利用业	3		
金属废料和碎屑加工处理	2		
非金属废料和碎屑加工处理	1		
金属制品、机械和设备修理业	1	1	1
#金属制品修理			
通用设备修理			
专用设备修理			
铁路、船舶、航空航天等运输设备修理			
电气设备修理	1	1	1
其他机械和设备修理业			
电力、热力、燃气及水生产和供应业	**15**	**4**	**1**
电力、热力生产和供应业	11	2	1
电力生产	9	2	1
电力供应	2		
热力生产和供应			
燃气生产和供应业	2	1	
燃气生产和供应业	2	1	
生物质燃气生产和供应业			
水的生产和供应业	2	1	
自来水生产和供应			
污水处理及其再生利用	2	1	
海水淡化处理			
其他水的处理、利用与分配			

1-B-4　分行业大中型企业基本情况

单位:个

行　　业	有 R&D 活动的企业	有研发机构的企业	有新产品销售的企业
总　计	**144**	**51**	**69**
采矿业	**24**	**4**	**7**
煤炭开采和洗选业	16	4	5
#烟煤和无烟煤开采洗选	15	4	5
石油和天然气开采业			
石油开采			
天然气开采			
黑色金属矿采选业	3		
铁矿采选	3		
锰矿、铬矿采选			
有色金属矿采选业	5		2
常用有色金属矿采选	4		1
贵金属矿采选			
稀有稀土金属矿采选	1		1
非金属矿采选业			
土砂石开采			
化学矿开采			
采盐			
石棉及其他非金属矿采选			
开采专业及辅助性活动			
#石油和天然气开采专业及辅助性活动			
制造业	**113**	**47**	**62**
农副食品加工业	2	1	3
谷物磨制			
饲料加工	1	1	2
植物油加工			
制糖业			
屠宰及肉类加工	1		1
水产品加工			
蔬菜、菌类、水果和坚果加工			
其他农副食品加工			
食品制造业	12	5	5
焙烤食品制造			
糖果、巧克力及蜜饯制造			
方便食品制造			
乳制品制造	4	2	2
罐头食品制造			
调味品、发酵制品制造	5	3	3
其他食品制造	3		
酒、饮料和精制茶制造业	3	4	4
酒的制造	3	4	4
饮料制造			
精制茶加工			

1-B-4 续表1

单位:个

行业	有 R&D 活动的企业	有研发机构的企业	有新产品销售的企业
烟草制品业	2	1	1
烟叶复烤			
卷烟制造	2	1	1
其他烟草制品制造			
纺织业	1	1	1
棉纺织及印染精加工			
毛纺织及染整精加工			
麻纺织及染整精加工			
丝绢纺织及印染精加工			
化纤织造及印染精加工			
针织或钩针编织物及其制品制造	1	1	1
家用纺织制成品制造			
产业用纺织制成品制造			
纺织服装、服饰业	2	2	2
机织服装制造			
针织或钩针编织服装制造	2	2	2
服饰制造			
皮革、毛皮、羽毛及其制品和制鞋业			
皮革鞣制加工			
皮革制品制造			
毛皮鞣制及制品加工			
羽毛(绒)加工及制品制造			
制鞋业			
木材加工和木、竹、藤、棕、草制品业			
木材加工			
人造板制造			
木质制品制造			
竹、藤、棕、草等制品制造			
家具制造业			
木质家具制造			
竹、藤家具制造			
金属家具制造			
塑料家具制造			
其他家具制造			
造纸和纸制品业			
纸浆制造			
造纸			
纸制品制造			
印刷和记录媒介复制业			
印刷			
装订及印刷相关服务			
文教、工美、体育和娱乐用品制造业			
文教办公用品制造			
乐器制造			
工艺美术及礼仪用品制造			
体育用品制造			
玩具制造			
游艺器材及娱乐用品制造			
石油、煤炭及其他燃料加工业	4	1	2

1-B-4　续表2　　单位:个

行　业	有 R&D 活动的企业	有研发机构的企业	有新产品销售的企业
#精炼石油产品制造	2	1	1
煤炭加工	2		1
化学原料和化学制品制造业	33	14	14
基础化学原料制造	18	4	4
肥料制造	2		2
农药制造	2	1	1
涂料、油墨、颜料及类似产品制造			1
合成材料制造	8	6	3
专用化学产品制造	3	2	2
炸药、火工及焰火产品制造		1	1
日用化学产品制造			
医药制造业	10	5	3
化学药品原料药制造	4	3	1
化学药品制剂制造	1		
中药饮片加工			
中成药生产	1		
兽用药品制造	1		1
生物药品制品制造	3	2	1
卫生材料及医药用品制造			
药用辅料及包装材料			
化学纤维制造业			
纤维素纤维原料及纤维制造			
合成纤维制造			
生物基材料制造			
橡胶和塑料制品业	1		1
橡胶制品业	1		1
塑料制品业			
非金属矿物制品业	3	1	1
水泥、石灰和石膏制造			
石膏、水泥制品及类似制品制造			
砖瓦、石材等建筑材料制造			
玻璃制造			
玻璃制品制造			
玻璃纤维和玻璃纤维增强塑料制品制造			
陶瓷制品制造	1	1	1
耐火材料制品制造			
石墨及其他非金属矿物制品制造	2		
黑色金属冶炼和压延加工业	5	2	3
炼铁			
炼钢			
钢压延加工	3	1	3
铁合金冶炼	2	1	
有色金属冶炼和压延加工业	14	3	5
常用有色金属冶炼	8	1	3
贵金属冶炼	3		1
稀有稀土金属冶炼	2	2	1
有色金属合金制造			
有色金属压延加工	1		
金属制品业	2	1	2

1-B-4 续表3

单位:个

行　　业	有 R&D 活动的企业	有研发机构的企业	有新产品销售的企业
结构性金属制品制造			
金属工具制造			
集装箱及金属包装容器制造	1	1	1
金属丝绳及其制品制造			
建筑、安全用金属制品制造			
金属表面处理及热处理加工			
搪瓷制品制造			
金属制日用品制造			
铸造及其他金属制品制造	1		1
通用设备制造业	2		1
锅炉及原动设备制造			
金属加工机械制造			
物料搬运设备制造			
泵、阀门、压缩机及类似机械制造			
轴承、齿轮和传动部件制造			
烘炉、风机、包装等设备制造	1		
文化、办公用机械制造			
通用零部件制造	1		1
其他通用设备制造业			
专用设备制造业	3		2
采矿、冶金、建筑专用设备制造			
化工、木材、非金属加工专用设备制造	2		2
食品、饮料、烟草及饲料生产专用设备制造			
印刷、制药、日化及日用品生产专用设备制造			
纺织、服装和皮革加工专用设备制造			
电子和电工机械专用设备制造			
农、林、牧、渔专用机械制造	1		
医疗仪器设备及器械制造			
环保、邮政、社会公共服务及其他专用设备制造			
汽车制造业	2		2
汽车整车制造	1		1
汽车用发动机制造			
改装汽车制造			
低速汽车制造			
电车制造			
汽车车身、挂车制造			
汽车零部件及配件制造	1		1
铁路、船舶、航空航天和其他运输设备制造业	1	1	1
铁路运输设备制造	1	1	1
城市轨道交通设备制造			
船舶及相关装置制造			
航空、航天器及设备制造			
摩托车制造			
自行车和残疾人座车制造			
助动车制造			
非公路休闲车及零配件制造			
潜水救捞及其他未列明运输设备制造			
电气机械和器材制造业	3	1	2
电机制造	2	1	2
输配电及控制设备制造	1		

1-B-4　续表 4　　单位:个

行　　业	有 R&D 活动的企业	有研发机构的企业	有新产品销售的企业
电线、电缆、光缆及电工器材制造			
电池制造			
家用电力器具制造			
非电力家用器具制造			
照明器具制造			
其他电气机械及器材制造			
计算机、通信和其他电子设备制造业	6	3	6
计算机制造			
通信设备制造			
广播电视设备制造			
雷达及配套设备制造			
非专业视听设备制造			1
智能消费设备制造			
电子器件制造	1		1
电子元件及电子专用材料制造	5	3	4
其他电子设备制造			
仪器仪表制造业			
通用仪器仪表制造			
专用仪器仪表制造			
钟表与计时仪器制造			
光学仪器制造			
衡器制造			
其他仪器仪表制造业			
其他制造业			
#日用杂品制造			
其他未列明制造业			
废弃资源综合利用业	1		
金属废料和碎屑加工处理	1		
非金属废料和碎屑加工处理			
金属制品、机械和设备修理业	1	1	1
#电器热备修理	1	1	1
其他机械和设备修理业			
电力、热力、燃气及水生产和供应业	**7**		
电力、热力生产和供应业	7		
电力生产	5		
电力供应	2		
热力生产和供应			
燃气生产和供应业			
燃气生产和供应业			
水的生产和供应业			
#自来水生产和供应			
污水处理及其再生利用			

1-B-5 分行业内资企业基本情况

单位:个

行　业	有 R&D 活动的企业	有研发机构的企业	有新产品销售的企业
总　计	**257**	**81**	**129**
采矿业	**28**	**4**	**9**
煤炭开采和洗选业	16	4	5
烟煤和无烟煤开采洗选	15	4	5
褐煤开采洗选	1		
其他煤炭采选			
石油和天然气开采业			
石油开采			
天然气开采			
黑色金属矿采选业	3		
#铁矿采选	3		
锰矿、铬矿采选			
有色金属矿采选业	7		2
常用有色金属矿采选	6		1
贵金属矿采选			
稀有稀土金属矿采选	1		1
非金属矿采选业	2		2
土砂石开采	1		1
化学矿开采			
采盐			
石棉及其他非金属矿采选	1		1
开采专业及辅助性活动			
#石油和天然气开采专业及辅助性活动			
制造业	**215**	**73**	**119**
农副食品加工业	14	5	13
谷物磨制	2	1	2
饲料加工	3	1	5
植物油加工	1	1	1
制糖业			
屠宰及肉类加工	7	1	4
水产品加工			
蔬菜、菌类、水果和坚果加工		1	1
其他农副食品加工	1		
食品制造业	16	4	7
焙烤食品制造			
糖果、巧克力及蜜饯制造			
方便食品制造	2		
乳制品制造	7	3	5
罐头食品制造			
调味品、发酵制品制造	3	1	1
其他食品制造	4		1
酒、饮料和精制茶制造业	4	4	5
酒的制造	3	4	4
饮料制造	1		1
精制茶加工			

1-B-5　续表 1　　单位:个

行　　业	有 R&D 活动的企业	有研发机构的企业	有新产品销售的企业
烟草制品业	2	1	1
烟叶复烤			
卷烟制造	2	1	1
其他烟草制品制造			
纺织业	1	1	1
棉纺织及印染精加工			
毛纺织及染整精加工			
麻纺织及染整精加工			
丝绢纺织及印染精加工			
化纤织造及印染精加工			
针织或钩针编织物及其制品制造	1	1	1
家用纺织制成品制造			
产业用纺织制成品制造			
纺织服装、服饰业	2	2	3
机织服装制造			
针织或钩针编织服装制造	2	2	3
服饰制造			
皮革、毛皮、羽毛及其制品和制鞋业			
皮革鞣制加工			
皮革制品制造			
毛皮鞣制及制品加工			
羽毛(绒)加工及制品制造			
制鞋业			
木材加工和木、竹、藤、棕、草制品业			
木材加工			
人造板制造			
木质制品制造			
竹、藤、棕、草等制品制造			
家具制造业			
木质家具制造			
竹、藤家具制造			
金属家具制造			
塑料家具制造			
其他家具制造			
造纸和纸制品业			
纸浆制造			
造纸			
纸制品制造			
印刷和记录媒介复制业	1		
印刷	1		
装订及印刷相关服务			
记录媒介复制			
文教、工美、体育和娱乐用品制造业			
文教办公用品制造			
乐器制造			
工艺美术及礼仪用品制造			
体育用品制造			
玩具制造			
游艺器材及娱乐用品制造			
石油、煤炭及其他燃料加工业	5	1	2

1-B-5 续表2 单位:个

行 业	有 R&D 活动的企业	有研发机构的企业	有新产品销售的企业
精炼石油产品制造	2	1	1
煤炭加工	3		1
核燃料加工			
生物质燃料加工			
化学原料和化学制品制造业	43	17	19
基础化学原料制造	21	6	7
肥料制造	2		3
农药制造	4	1	2
涂料、油墨、颜料及类似产品制造			1
合成材料制造	8	6	3
专用化学产品制造	5	2	2
炸药、火工及焰火产品制造	3	2	1
日用化学产品制造			
医药制造业	20	9	8
化学药品原料药制造	3	1	
化学药品制剂制造	3	1	2
中药饮片加工			
中成药生产	7	4	2
兽用药品制造	2	1	2
生物药品制品制造	5	2	2
卫生材料及医药用品制造			
药用辅料及包装材料			
化学纤维制造业			
纤维素纤维原料及纤维制造			
合成纤维制造			
生物基材料制造			
橡胶和塑料制品业	2		2
橡胶制品业	2		2
塑料制品业			
非金属矿物制品业	11	4	6
水泥、石灰和石膏制造	1	1	1
石膏、水泥制品及类似制品制造	2		1
砖瓦、石材等建筑材料制造	1	1	1
玻璃制造			
玻璃制品制造	1		
玻璃纤维和玻璃纤维增强塑料制品制造	1		
陶瓷制品制造	1	1	1
耐火材料制品制造	1	1	1
石墨及其他非金属矿物制品制造	3		1
黑色金属冶炼和压延加工业	11	3	4
炼铁	1		
炼钢			
钢压延加工	6	3	4
铁合金冶炼	4		
有色金属冶炼和压延加工业	21	4	9
常用有色金属冶炼	7	1	3
贵金属冶炼	3		1
稀有稀土金属冶炼	5	2	2
有色金属合金制造	2	1	1
有色金属压延加工	4		2
金属制品业	8	4	5

1-B-5　续表3　　单位:个

行　业	有 R&D 活动的企业	有研发机构的企业	有新产品销售的企业
结构性金属制品制造	3		
金属工具制造			
集装箱及金属包装容器制造	1	1	1
金属丝绳及其制品制造	1	1	1
建筑、安全用金属制品制造			
金属表面处理及热处理加工		1	1
搪瓷制品制造			
金属制日用品制造			
铸造及其他金属制品制造	3	1	2
通用设备制造业	8	3	4
锅炉及原动设备制造	2		
金属加工机械制造	1	1	
物料搬运设备制造	1		1
泵、阀门、压缩机及类似机械制造	2		1
轴承、齿轮和传动部件制造			
烘炉、风机、包装等设备制造	1	1	1
文化、办公用机械制造			
通用零部件制造	1	1	1
其他通用设备制造业			
专用设备制造业	12	1	6
采矿、冶金、建筑专用设备制造	5	1	2
化工、木材、非金属加工专用设备制造	2		2
食品、饮料、烟草及饲料生产专用设备制造			
印刷、制药、日化及日用品生产专用设备制造			
纺织、服装和皮革加工专用设备制造			
电子和电工机械专用设备制造			
农、林、牧、渔专用机械制造	4		2
医疗仪器设备及器械制造	1		
环保、邮政、社会公共服务及其他专用设备制造			
汽车制造业	5	1	4
汽车整车制造	2	1	3
汽车用发动机制造			
改装汽车制造	2		
低速汽车制造			
电车制造			
汽车车身、挂车制造			
汽车零部件及配件制造	1		1
铁路、船舶、航空航天和其他运输设备制造业	4	2	4
铁路运输设备制造	2	2	2
城市轨道交通设备制造			
船舶及相关装置制造			
航空、航天器及设备制造	2		2
摩托车制造			
自行车和残疾人座车制造			
助动车制造			
非公路休闲车及零配件制造			
潜水救捞及其他未列明运输设备制造			
电气机械和器材制造业	8	3	6
电机制造	5	2	4
输配电及控制设备制造	2		1
电线、电缆、光缆及电工器材制造	1	1	1

1-B-5 续表4 单位:个

行 业	有 R&D 活动的企业	有研发机构的企业	有新产品销售的企业
电池制造			
家用电力器具制造			
非电力家用器具制造			
照明器具制造			
其他电气机械及器材制造			
计算机、通信和其他电子设备制造业	13	3	9
计算机制造	1		1
通信设备制造			
广播电视设备制造			
雷达及配套设备制造			
非专业视听设备制造			1
智能消费设备制造			
电子器件制造	2		1
电子元件及电子专用材料制造	10	3	6
其他电子设备制造			
仪器仪表制造业			
通用仪器仪表制造			
专用仪器仪表制造			
钟表与计时仪器制造			
光学仪器制造			
衡器制造			
其他仪器仪表制造业			
其他制造业			
日用杂品制造			
核辐射加工			
其他未列明制造业			
废弃资源综合利用业	3		
金属废料和碎屑加工处理	2		
非金属废料和碎屑加工处理	1		
金属制品、机械和设备修理业	1	1	1
#金属制品修理			
通用设备修理			
专用设备修理			
铁路、船舶、航空航天等运输设备修理			
电气设备修理	1	1	1
其他机械和设备修理业			
电力、热力、燃气及水生产和供应业			
电力、热力生产和供应业	14	4	1
电力生产	10	2	1
电力供应	8	2	1
热力生产和供应	2		
燃气生产和供应业			
燃气生产和供应业	2	1	
生物质燃气生产和供应业	2	1	
水的生产和供应业			
自来水生产和供应	2	1	
污水处理及其再生利用			
海水淡化处理	2	1	
其他水的处理、利用与分配			

1-B-6　分行业港澳台商投资企业基本情况

单位:个

行　业	有 R&D 活动的企业	有研发机构的企业	有新产品销售的企业
总　计	**7**	**5**	**4**
采矿业			
有色金属矿采选业			
非金属矿采选业			
制造业	**7**	**5**	**4**
农副食品加工业			
食品制造业	1	1	1
调味品、发酵制品制造	1	1	1
酒、饮料和精制茶制造业			
纺织业			
纺织服装、服饰业			
皮革、毛皮、羽毛及其制品和制鞋业			
木材加工和木、竹、藤、棕、草制品业			
家具制造业			
造纸和纸制品业			
印刷和记录媒介复制业			
文教、工美、体育和娱乐用品制造业			
石油、煤炭及其他燃料加工业			
化学原料和化学制品制造业	2	1	2
#基础化学原料制造	1	1	1
肥料制造	1		1
医药制造业	3	3	1
化学药品原料药制造	3	3	1
化学纤维制造业			
橡胶和塑料制品业			
非金属矿物制品业			
黑色金属冶炼和压延加工业			
有色金属冶炼和压延加工业	1		
#常用有色金属冶炼	1		
金属制品业			
通用设备制造业			
专用设备制造业			
汽车制造业			
铁路、船舶、航空航天和其他运输设备制造业			
电气机械和器材制造业			
计算机、通信和其他电子设备制造业			
仪器仪表制造业			
其他制造业			
废弃资源综合利用业			
金属制品、机械和设备修理业			
电力、热力、燃气及水生产和供应业			
电力、热力生产和供应业			
燃气生产和供应业			
水的生产和供应业			

1-B-7 分行业外商投资企业基本情况

单位:个

行　业	有 R&D 活动的企业	有研发机构的企业	有新产品销售的企业
总　计	**9**	**3**	**3**
采矿业	**1**		
煤炭开采和洗选业	1		
烟煤和无烟煤开采洗选	1		
非金属矿采选业			
制造业	**7**	**3**	**3**
农副食品加工业			
食品制造业	2	1	1
乳制品制造	1		
调味品、发酵制品制造	1	1	1
酒、饮料和精制茶制造业			
纺织业			
纺织服装、服饰业			
皮革、毛皮、羽毛及其制品和制鞋业			
木材加工和木、竹、藤、棕、草制品业			
家具制造业			
造纸和纸制品业			
印刷和记录媒介复制业			
文教、工美、体育和娱乐用品制造业			
石油、煤炭及其他燃料加工业			
化学原料和化学制品制造业	1		
医药制造业			
化学纤维制造业			
橡胶和塑料制品业			
非金属矿物制品业	1		1
玻璃制造	1		1
黑色金属冶炼和压延加工业	1	1	
铁合金冶炼	1	1	
有色金属冶炼和压延加工业	2	1	1
有色金属合金制造	1		
金属制品业			
通用设备制造业			
专用设备制造业			
汽车制造业			
铁路、船舶、航空航天和其他运输设备制造业			
电气机械和器材制造业			
计算机、通信和其他电子设备制造业			
仪器仪表制造业			
其他制造业			
废弃资源综合利用业			
金属制品、机械和设备修理业			
电力、热力、燃气及水生产和供应业	**1**		
电力、热力生产和供应业	1		
电力生产	1		
燃气生产和供应业			
水的生产和供应业			

1-B-8　各地区企业基本情况

单位:个

地　区	有 R&D 活动的企业	有研发机构的企业	有新产品销售的企业
总　计	**273**	**89**	**136**
呼和浩特市	44	19	25
包 头 市	81	28	48
呼伦贝尔市	11		3
兴 安 盟	7	2	4
通 辽 市	9	2	6
赤 峰 市	23	4	12
锡林郭勒盟	8	4	6
乌兰察布市	6	3	3
鄂尔多斯市	48	14	12
巴彦淖尔市	19	7	9
乌 海 市	14	2	7
阿 拉 善 盟	3	4	1

1-B-9　各地区大中型企业基本情况

单位:个

地　区	有 R&D 活动的企业	有研发机构的企业	有新产品销售的企业
总　计	**144**	**51**	**69**
呼和浩特市	24	15	13
包 头 市	33	10	24
呼伦贝尔市	5		2
兴 安 盟	2	1	1
通 辽 市	5	2	3
赤 峰 市	9	2	4
锡林郭勒盟	6	2	4
乌兰察布市	2		1
鄂尔多斯市	38	11	9
巴彦淖尔市	10	3	3
乌 海 市	9	2	4
阿 拉 善 盟	1	3	1

1-B-10 各地区内资企业基本情况

单位:个

地　　区	有 R&D 活动的企业	有研发机构的企业	有新产品销售的企业
总　　计	**257**	**81**	**129**
呼和浩特市	41	16	24
包 头 市	78	26	46
呼伦贝尔市	10		2
兴 安 盟	6	1	3
通 辽 市	8	2	5
赤 峰 市	22	4	12
锡林郭勒盟	8	4	6
乌兰察布市	6	3	3
鄂尔多斯市	44	13	12
巴彦淖尔市	17	6	8
乌 海 市	14	2	7
阿 拉 善 盟	3	4	1

1-B-11 各地区港澳台商投资企业基本情况

单位:个

地　　区	有 R&D 活动的企业	有研发机构的企业	有新产品销售的企业
总　　计	**7**	**5**	**4**
呼和浩特市	3	3	1
包 头 市	2	1	1
呼伦贝尔市			1
兴 安 盟			
通 辽 市			
赤 峰 市			
锡林郭勒盟			
乌兰察布市			
鄂尔多斯市	1		
巴彦淖尔市	1	1	1
乌 海 市			
阿 拉 善 盟			

1-B-12　各地区外商投资企业基本情况

单位:个

地　　区	有 R&D 活动的企业	有研发机构的企业	有新产品销售的企业
总　　计	**9**	**3**	**3**
呼和浩特市			
包　头　市	1	1	1
呼伦贝尔市	1		
兴　安　盟	1	1	1
通　辽　市	1		1
赤　峰　市	1		
锡林郭勒盟			
乌兰察布市			
鄂尔多斯市	3	1	
巴彦淖尔市	1		
乌　海　市			
阿 拉 善 盟			

C. 企业 R&D 人员情况

1-C-1 分登记注册类型企业 R&D 人员情况

登记注册类型	R&D 人员合计 (人)	#女性	#研究人员	#全时人员	R&D 人员折合全时当量 (人年)
总 计	**24559**	**5127**	**9209**	**16647**	**15777**
内资企业	**22349**	**4776**	**8444**	**15148**	**14422**
国有企业	108	26	27	85	60
集体企业					
股份合作企业					
联营企业					
国有联营企业					
集体联营企业					
国有与集体联营企业					
其他联营企业					
有限责任公司	12940	2653	4831	8443	8314
国有独资公司	1843	465	879	826	923
其他有限责任公司	11097	2188	3952	7617	7391
股份有限公司	5100	1315	2025	3268	2724
私营企业	2321	392	490	1672	1502
私营独资企业					
私营合伙企业					
私营有限责任公司	1806	272	344	1318	1117
私营股份有限公司	515	120	146	354	385
其他企业	1880	390	1071	1680	1823
港、澳、台商投资企业	**724**	**178**	**262**	**514**	**441**
合资经营企业	173	6	26	156	134
合作经营企业					
港、澳、台商独资经营企业	551	172	236	358	306
港、澳、台商投资股份有限公司					
其他港、澳、台投资企业					
外商投资企业	**1486**	**173**	**503**	**985**	**914**
中外合资经营企业	680	64	193	330	250
中外合作经营企业	103	1	18	22	69
外资企业					
外商投资股份有限公司	703	108	292	633	596
其他外商投资企业					

1-C-2　分登记注册类型大中型企业 R&D 人员情况

登记注册类型	R&D 人员合计（人）	#女性	#研究人员	#全时人员	R&D 人员折合全时当量（人年）
总　计	**17720**	**3614**	**5942**	**10902**	**10126**
内资企业	**15632**	**3294**	**5199**	**9507**	**8862**
国有企业					
集体企业					
股份合作企业					
联营企业					
国有联营企业					
集体联营企业					
国有与集体联营企业					
其他联营企业					
有限责任公司	9224	1796	3008	5304	5365
国有独资公司	1587	385	733	599	746
其他有限责任公司	7637	1411	2275	4705	4619
股份有限公司	4961	1296	1976	3151	2619
私营企业	1447	202	215	1052	878
私营独资企业					
私营合伙企业					
私营有限责任公司	1281	177	177	938	758
私营股份有限公司	166	25	38	114	119
其他企业					
港、澳、台商投资企业	**641**	**155**	**256**	**442**	**373**
合资经营企业	173	6	26	156	134
合作经营企业					
港、澳、台商独资经营企业	468	149	230	286	239
港、澳、台商投资股份有限公司					
其他港、澳、台投资企业					
外商投资企业	**1447**	**165**	**487**	**953**	**891**
中外合资经营企业	641	56	177	298	226
中外合作经营企业	103	1	18	22	69
外资企业					
外商投资股份有限公司	703	108	292	633	596
其他外商投资企业					

1-C-3 分行业企业 R&D 人员情况

行业	R&D人员合计(人)	#女性	#研究人员	#全时人员	R&D 人员折合全时当量(人年)
总　计	**24559**	**5127**	**9209**	**16647**	**15777**
采矿业	**2762**	**344**	**1029**	**1893**	**1924**
煤炭开采和洗选业	1971	200	799	1298	1362
烟煤和无烟煤开采洗选	1918	200	777	1295	1323
褐煤开采洗选	53		22	3	39
其他煤炭采选					
石油和天然气开采业					
石油开采					
天然气开采					
黑色金属矿采选业	580	127	129	468	460
铁矿采选	580	127	129	468	460
锰矿、铬矿采选					
其他黑色金属矿采选					
有色金属矿采选业	189	15	93	114	91
常用有色金属矿采选	186	14	91	111	90
贵金属矿采选					
稀有稀土金属矿采选	3	1	2	3	1
非金属矿采选业	22	2	8	13	10
土砂石开采	7	1	3	6	2
化学矿开采					
采盐					
石棉及其他非金属矿采选	15	1	5	7	8
开采专业及辅助性活动					
煤炭开采和洗选专业及辅助性活动					
石油和天然气开采专业及辅助性活动					
其他开采专业及辅助性活动					
其他采矿业					
其他采矿业					
制造业	**20579**	**4531**	**7576**	**14258**	**13245**
农副食品加工业	270	36	95	142	181
谷物磨制	34	4	18	27	32
饲料加工	141	10	57	48	93
植物油加工	6	1	2	5	1
制糖业					
屠宰及肉类加工	81	20	17	55	48
水产品加工					
蔬菜、菌类、水果和坚果加工					
其他农副食品加工	8	1	1	7	7
食品制造业	1970	804	716	1527	1007
焙烤食品制造					
糖果、巧克力及蜜饯制造					
方便食品制造	47	13	24	35	5
乳制品制造	971	431	466	859	371
罐头食品制造					
调味品、发酵制品制造	728	253	196	516	447
其他食品制造	224	107	30	117	183
酒、饮料和精制茶制造业	260	68	74	201	156
酒的制造	254	64	71	196	155
饮料制造	6	4	3	5	1
精制茶加工					

1-C-3　续表1

行　业	R&D人员合计(人)	#女性	#研究人员	#全时人员	R&D人员折合全时当量(人年)
烟草制品业	102	28	48	56	66
烟叶复烤					
卷烟制造	102	28	48	56	66
其他烟草制品制造					
纺织业	108	91	62	78	73
棉纺织及印染精加工					
毛纺织及染整精加工					
麻纺织及染整精加工					
丝绢纺织及印染精加工					
化纤织造及印染精加工					
针织或钩针编织物及其制品制造	108	91	62	78	73
家用纺织制成品制造					
产业用纺织制成品制造					
纺织服装、服饰业	303	204	117	270	279
机织服装制造					
针织或钩针编织服装制造	303	204	117	270	279
服饰制造					
皮革、毛皮、羽毛及其制品和制鞋业					
皮革鞣制加工					
皮革制品制造					
毛皮鞣制及制品加工					
羽毛(绒)加工及制品制造					
制鞋业					
木材加工和木、竹、藤、棕、草制品业					
木材加工					
人造板制造					
木质制品制造					
竹、藤、棕、草等制品制造					
家具制造业					
木质家具制造					
竹、藤家具制造					
金属家具制造					
塑料家具制造					
其他家具制造					
造纸和纸制品业					
纸浆制造					
造纸					
纸制品制造					
印刷和记录媒介复制业	8	1	4	7	8
印刷	8	1	4	7	8
装订及印刷相关服务					
记录媒介复制					
文教、工美、体育和娱乐用品制造业					
文教办公用品制造					
乐器制造					
工艺美术及礼仪用品制造					
体育用品制造					
玩具制造					
游艺器材及娱乐用品制造					
石油、煤炭及其他燃料加工业	241	13	65	148	132

1-C-3 续表2

行业	R&D人员合计(人)	#女性	#研究人员	#全时人员	R&D人员折合全时当量(人年)
精炼石油产品制造	132	2	41	55	83
煤炭加工	109	11	24	93	49
核燃料加工					
生物质燃料加工					
化学原料和化学制品制造业	4507	688	1284	3007	2839
基础化学原料制造	2647	334	760	1785	1633
肥料制造	128	10	38	83	85
农药制造	344	157	65	219	215
涂料、油墨、颜料及类似产品制造					
合成材料制造	1145	125	346	751	710
专用化学产品制造	145	54	60	129	102
炸药、火工及焰火产品制造	98	8	15	40	93
日用化学产品制造					
医药制造业	1035	434	411	779	708
化学药品原料药制造	474	150	185	343	291
化学药品制剂制造	213	113	67	144	157
中药饮片加工					
中成药生产	124	60	52	101	90
兽用药品制造	149	84	71	124	123
生物药品制品制造	75	27	36	67	48
卫生材料及医药用品制造					
药用辅料及包装材料					
化学纤维制造业					
纤维素纤维原料及纤维制造					
合成纤维制造					
生物基材料制造					
橡胶和塑料制品业	31	7	17	28	23
橡胶制品业	31	7	17	28	23
塑料制品业					
非金属矿物制品业	213	22	47	159	121
水泥、石灰和石膏制造	16	6	1	14	3
石膏、水泥制品及类似制品制造	55	4	15	43	33
砖瓦、石材等建筑材料制造	16	1	6		13
玻璃制造	15		5	14	8
玻璃制品制造	18	1	2	16	5
玻璃纤维和玻璃纤维增强塑料制品制造	15	2	3	5	10
陶瓷制品制造	13	2	5	12	5
耐火材料制品制造	8	2	2	7	2
石墨及其他非金属矿物制品制造	57	4	8	48	43
黑色金属冶炼和压延加工业	2995	323	1047	1286	1238
炼铁	21	4	2	19	9
炼钢					
钢压延加工	2432	284	952	1066	1022
铁合金冶炼	542	35	93	201	207
有色金属冶炼和压延加工业	2184	483	642	1183	1230
常用有色金属冶炼	1228	238	331	498	478
贵金属冶炼	193	11	47	44	143
稀有稀土金属冶炼	633	212	240	548	505
有色金属合金制造	34	13	16	24	22
有色金属压延加工	96	9	8	69	81
金属制品业	2351	502	1302	2046	2137

1-C-3　续表 3

登记注册类型	R&D 人员合计（人）	#女性	#研究人员	#全时人员	R&D 人员折合全时当量（人年）
结构性金属制品制造	36	6	15	29	26
金属工具制造					
集装箱及金属包装容器制造	81	17	32	37	57
金属丝绳及其制品制造	1880	390	1071	1680	1823
建筑、安全用金属制品制造					
金属表面处理及热处理加工					
搪瓷制品制造					
金属制日用品制造					
铸造及其他金属制品制造	354	89	184	300	231
通用设备制造业	192	23	51	140	132
锅炉及原动设备制造	12	4	5	10	8
金属加工机械制造	20	1	11	18	10
物料搬运设备制造	7	2	3	6	1
泵、阀门、压缩机及类似机械制造	60	5	10	25	47
轴承、齿轮和传动部件制造					
烘炉、风机、包装等设备制造	29	5	15	23	2
文化、办公用机械制造					
通用零部件制造	64	6	7	58	64
其他通用设备制造业					
专用设备制造业	282	51	118	210	187
采矿、冶金、建筑专用设备制造	82	18	36	73	58
化工、木材、非金属加工专用设备制造	140	25	63	90	90
食品、饮料、烟草及饲料生产专用设备制造					
印刷、制药、日化及日用品生产专用设备制造					
纺织、服装和皮革加工专用设备制造					
电子和电工机械专用设备制造					
农、林、牧、渔专用机械制造	52	6	18	40	31
医疗仪器设备及器械制造	8	2	1	7	8
环保、邮政、社会公共服务及其他专用设备制造					
汽车制造业	309	40	79	278	228
汽车整车制造	74	8	40	67	49
汽车用发动机制造					
改装汽车制造	17	4	9	15	11
低速汽车制造					
电车制造					
汽车车身、挂车制造					
汽车零部件及配件制造	218	28	30	196	168
铁路、船舶、航空航天和其他运输设备制造业	1826	514	1011	1641	1685
铁路运输设备制造	1749	488	996	1575	1656
城市轨道交通设备制造					
船舶及相关装置制造					
航空、航天器及设备制造	77	26	15	66	29
摩托车制造					
自行车和残疾人座车制造					
助动车制造					
非公路休闲车及零配件制造					
潜水救捞及其他未列明运输设备制造					
电气机械和器材制造业	339	76	121	196	198
电机制造	197	42	77	129	128
输配电及控制设备制造	131	33	42	60	61
电线、电缆、光缆及电工器材制造	11	1	2	7	9

1-C-3 续表4

行 业	R&D人员合计(人)	#女性	#研究人员	#全时人员	R&D人员折合全时当量(人年)
电池制造					
家用电力器具制造					
非电力家用器具制造					
照明器具制造					
其他电气机械及器材制造					
计算机、通信和其他电子设备制造业	969	106	224	802	578
计算机制造	7	1	2	6	4
通信设备制造					
广播电视设备制造					
雷达及配套设备制造					
非专业视听设备制造					
智能消费设备制造					
电子器件制造	105	11	43	64	80
电子元件及电子专用材料制造	857	94	179	732	494
其他电子设备制造					
仪器仪表制造业					
通用仪器仪表制造					
专用仪器仪表制造					
钟表与计时仪器制造					
光学仪器制造					
衡器制造					
其他仪器仪表制造业					
其他制造业					
日用杂品制造					
核辐射加工					
其他未列明制造业					
废弃资源综合利用业	55	12	26	48	19
金属废料和碎屑加工处理	45	12	23	41	17
非金属废料和碎屑加工处理	10		3	7	2
金属制品、机械和设备修理业	29	5	15	26	19
金属制品修理					
通用设备修理					
专用设备修理					
铁路、船舶、航空航天等运输设备修理					
电气设备修理	29	5	15	26	19
仪器仪表修理					
其他机械和设备修理业					
电力、热力、燃气及水生产和供应业	**1218**	**252**	**604**	**496**	**609**
电力、热力生产和供应业	1072	238	578	377	525
电力生产	470	80	235	244	224
电力供应	602	158	343	133	302
热力生产和供应					
燃气生产和供应业	86	3	15	68	39
燃气生产和供应业	86	3	15	68	39
生物质燃气生产和供应业					
水的生产和供应业	60	11	11	51	44
自来水生产和供应					
污水处理及其再生利用	60	11	11	51	44
海水淡化处理					
其他水的处理、利用与分配					

1-C-4　分行业大中型企业 R&D 人员情况

行　业	R&D人员合计（人）	#女性	#研究人员	#全时人员	R&D 人员折合全时当量（人年）
总　计	**17720**	**3614**	**5942**	**10902**	**10126**
采矿业	**2646**	**339**	**971**	**1802**	**1842**
煤炭开采和洗选业	1908	197	763	1241	1305
烟煤和无烟煤开采洗选	1855	197	741	1238	1265
褐煤开采洗选	53		22	3	39
其他煤炭采选					
石油和天然气开采业					
石油开采					
天然气开采					
黑色金属矿采选业	580	127	129	468	460
铁矿采选	580	127	129	468	460
锰矿、铬矿采选					
其他黑色金属矿采选					
有色金属矿采选业	158	15	79	93	77
常用有色金属矿采选	155	14	77	90	77
贵金属矿采选					
稀有稀土金属矿采选	3	1	2	3	1
非金属矿采选业					
土砂石开采					
化学矿开采					
采盐					
石棉及其他非金属矿采选					
开采专业及辅助性活动					
煤炭开采和洗选专业及辅助性活动					
石油和天然气开采专业及辅助性活动					
其他开采专业及辅助性活动					
其他采矿业					
其他采矿业					
制造业	**14262**	**3110**	**4532**	**8935**	**7908**
农副食品加工业	163	14	64	74	107
谷物磨制					
饲料加工	119	2	53	34	89
植物油加工					
制糖业					
屠宰及肉类加工	44	12	11	40	18
水产品加工					
蔬菜、菌类、水果和坚果加工					
其他农副食品加工					
食品制造业	1867	775	671	1452	990
焙烤食品制造					
糖果、巧克力及蜜饯制造					
方便食品制造					
乳制品制造	921	416	448	824	365
罐头食品制造					
调味品、发酵制品制造	728	253	196	516	447
其他食品制造	218	106	27	112	178
酒、饮料和精制茶制造业	254	64	71	196	155
酒的制造	254	64	71	196	155
饮料制造					
精制茶加工					

1-C-4 续表1

行　业	R&D人员合计(人)	#女性	#研究人员	#全时人员	R&D人员折合全时当量(人年)
烟草制品业	102	28	48	56	66
烟叶复烤					
卷烟制造	102	28	48	56	66
其他烟草制品制造					
纺织业	108	91	62	78	73
棉纺织及印染精加工					
毛纺织及染整精加工					
麻纺织及染整精加工					
丝绢纺织及印染精加工					
化纤织造及印染精加工					
针织或钩针编织物及其制品制造	108	91	62	78	73
家用纺织制成品制造					
产业用纺织制成品制造					
纺织服装、服饰业	303	204	117	270	279
机织服装制造					
针织或钩针编织服装制造	303	204	117	270	279
服饰制造					
皮革、毛皮、羽毛及其制品和制鞋业					
皮革鞣制加工					
皮革制品制造					
毛皮鞣制及制品加工					
羽毛(绒)加工及制品制造					
制鞋业					
木材加工和木、竹、藤、棕、草制品业					
木材加工					
人造板制造					
木质制品制造					
竹、藤、棕、草等制品制造					
家具制造业					
木质家具制造					
竹、藤家具制造					
金属家具制造					
塑料家具制造					
其他家具制造					
造纸和纸制品业					
纸浆制造					
造纸					
纸制品制造					
印刷和记录媒介复制业					
印刷					
装订及印刷相关服务					
记录媒介复制					
文教、工美、体育和娱乐用品制造业					
文教办公用品制造					
乐器制造					
工艺美术及礼仪用品制造					
体育用品制造					
玩具制造					
游艺器材及娱乐用品制造					
石油、煤炭及其他燃料加工业	224	12	59	138	115

1-C-4　续表2

行　业	R&D人员合计（人）	#女性	#研究人员	#全时人员	R&D人员折合全时当量（人年）
精炼石油产品制造	132	2	41	55	83
煤炭加工	92	10	18	83	32
核燃料加工					
生物质燃料加工					
化学原料和化学制品制造业	3853	635	1017	2492	2317
基础化学原料制造	2149	303	524	1359	1236
肥料制造	121	9	36	79	82
农药制造	321	151	60	198	203
涂料、油墨、颜料及类似产品制造					
合成材料制造	1145	125	346	751	710
专用化学产品制造	117	47	51	105	87
炸药、火工及焰火产品制造					
日用化学产品制造					
医药制造业	729	280	314	531	515
化学药品原料药制造	390	124	172	274	261
化学药品制剂制造	147	66	48	90	107
中药饮片加工					
中成药生产	14	10	8	13	13
兽用药品制造	108	55	53	91	89
生物药品制品制造	70	25	33	63	45
卫生材料及医药用品制造					
药用辅料及包装材料					
化学纤维制造业					
纤维素纤维原料及纤维制造					
合成纤维制造					
生物基材料制造					
橡胶和塑料制品业	6	2	3	5	2
橡胶制品业	6	2	3	5	2
塑料制品业					
非金属矿物制品业	58	5	10	49	36
水泥、石灰和石膏制造					
石膏、水泥制品及类似制品制造					
砖瓦、石材等建筑材料制造					
玻璃制造					
玻璃制品制造					
玻璃纤维和玻璃纤维增强塑料制品制造					
陶瓷制品制造	13	2	5	12	5
耐火材料制品制造					
石墨及其他非金属矿物制品制造	45	3	5	37	31
黑色金属冶炼和压延加工业	2841	309	998	1151	1104
炼铁					
炼钢					
钢压延加工	2322	279	910	968	917
铁合金冶炼	519	30	88	183	187
有色金属冶炼和压延加工业	2021	454	605	1063	1102
常用有色金属冶炼	1228	238	331	498	478
贵金属冶炼	176	10	44	42	130
稀有稀土金属冶炼	599	205	230	523	483
有色金属合金制造					
有色金属压延加工	18	1			11
金属制品业	147	22	57	78	96

1-C-4 续表 3

行业	R&D人员合计(人)	#女性	#研究人员	#全时人员	R&D人员折合全时当量(人年)
结构性金属制品制造					
金属工具制造					
集装箱及金属包装容器制造	81	17	32	37	57
金属丝绳及其制品制造					
建筑、安全用金属制品制造					
金属表面处理及热处理加工					
搪瓷制品制造					
金属制日用品制造					
铸造及其他金属制品制造	66	5	25	41	40
通用设备制造业	93	11	22	81	66
锅炉及原动设备制造					
金属加工机械制造					
物料搬运设备制造					
泵、阀门、压缩机及类似机械制造					
轴承、齿轮和传动部件制造					
烘炉、风机、包装等设备制造	29	5	15	23	2
文化、办公用机械制造					
通用零部件制造	64	6	7	58	64
其他通用设备制造业					
专用设备制造业	151	27	68	100	97
采矿、冶金、建筑专用设备制造					
化工、木材、非金属加工专用设备制造	140	25	63	90	90
食品、饮料、烟草及饲料生产专用设备制造					
印刷、制药、日化及日用品生产专用设备制造					
纺织、服装和皮革加工专用设备制造					
电子和电工机械专用设备制造					
农、林、牧、渔专用机械制造	11	2	5	10	7
医疗仪器设备及器械制造					
环保、邮政、社会公共服务及其他专用设备制造					
汽车制造业	260	34	54	234	205
汽车整车制造	42	6	24	38	38
汽车用发动机制造					
改装汽车制造					
低速汽车制造					
电车制造					
汽车车身、挂车制造					
汽车零部件及配件制造	218	28	30	196	168
铁路、船舶、航空航天和其他运输设备制造业	54	15	30	49	41
铁路运输设备制造	54	15	30	49	41
城市轨道交通设备制造					
船舶及相关装置制造					
航空、航天器及设备制造					
摩托车制造					
自行车和残疾人座车制造					
助动车制造					
非公路休闲车及零配件制造					
潜水救捞及其他未列明运输设备制造					
电气机械和器材制造业	170	33	52	81	84
电机制造	68	6	21	39	49
输配电及控制设备制造	102	27	31	42	34

1-C-4　续表 4

行　业	R&D人员合计（人）	#女性	#研究人员	#全时人员	R&D人员折合全时当量（人年）
电线、电缆、光缆及电工器材制造					
电池制造					
家用电力器具制造					
非电力家用器具制造					
照明器具制造					
其他电气机械及器材制造					
计算机、通信和其他电子设备制造业	799	83	178	704	433
计算机制造					
通信设备制造					
广播电视设备制造					
雷达及配套设备制造					
非专业视听设备制造					
智能消费设备制造					
电子器件制造	34	6	19	31	9
电子元件及电子专用材料制造	765	77	159	673	424
其他电子设备制造					
仪器仪表制造业					
通用仪器仪表制造					
专用仪器仪表制造					
钟表与计时仪器制造					
光学仪器制造					
衡器制造					
其他仪器仪表制造业					
其他制造业					
日用杂品制造					
核辐射加工					
其他未列明制造业					
废弃资源综合利用业	30	7	17	27	6
金属废料和碎屑加工处理	30	7	17	27	6
非金属废料和碎屑加工处理					
金属制品、机械和设备修理业	29	5	15	26	19
金属制品修理					
通用设备修理					
专用设备修理					
铁路、船舶、航空航天等运输设备修理					
电气设备修理	29	5	15	26	19
仪器仪表修理					
其他机械和设备修理业					
电力、热力、燃气及水生产和供应业	**812**	**165**	**439**	**165**	**375**
电力、热力生产和供应业	812	165	439	165	375
电力生产	210	7	96	32	74
电力供应	602	158	343	133	302
热力生产和供应					
燃气生产和供应业					
燃气生产和供应业					
水的生产和供应业					
自来水生产和供应					
污水处理及其再生利用					
其他水的处理、利用与分配					

1-C-5 分行业内资企业R&D人员情况

行业	R&D人员合计(人)	#女性	#研究人员	#全时人员	R&D人员折合全时当量(人年)
总计	**22349**	**4776**	**8444**	**15148**	**14422**
采矿业	**2059**	**236**	**737**	**1260**	**1328**
煤炭开采和洗选业	1268	92	507	665	766
烟煤和无烟煤开采洗选	1215	92	485	662	727
褐煤开采洗选	53		22	3	39
其他煤炭采选					
石油和天然气开采业					
石油开采					
天然气开采					
黑色金属矿采选业	580	127	129	468	460
铁矿采选	580	127	129	468	460
锰矿、铬矿采选					
其他黑色金属矿采选					
有色金属矿采选业	189	15	93	114	91
常用有色金属矿采选	186	14	91	111	90
贵金属矿采选					
稀有稀土金属矿采选	3	1	2	3	1
非金属矿采选业	22	2	8	13	10
土砂石开采	7	1	3	6	2
化学矿开采					
采盐					
石棉及其他非金属矿采选	15	1	5	7	8
开采专业及辅助性活动					
煤炭开采和洗选专业及辅助性活动					
石油和天然气开采专业及辅助性活动					
其他开采专业及辅助性活动					
其他采矿业					
其他采矿业					
制造业	**19084**	**4289**	**7107**	**13399**	**12495**
农副食品加工业	270	36	95	142	181
谷物磨制	34	4	18	27	32
饲料加工	141	10	57	48	93
植物油加工	6	1	2	5	1
制糖业					
屠宰及肉类加工	81	20	17	55	48
水产品加工					
蔬菜、菌类、水果和坚果加工					
其他农副食品加工	8	1	1	7	7
食品制造业	1708	717	582	1351	898
焙烤食品制造					
糖果、巧克力及蜜饯制造					
方便食品制造	47	13	24	35	5
乳制品制造	967	430	464	855	371
罐头食品制造					
调味品、发酵制品制造	470	167	64	344	339
其他食品制造	224	107	30	117	183
酒、饮料和精制茶制造业	260	68	74	201	156
酒的制造	254	64	71	196	155
饮料制造	6	4	3	5	1
精制茶加工					

1-C-5　续表1

行　业	R&D人员合计（人）	#女性	#研究人员	#全时人员	R&D人员折合全时当量（人年）
烟草制品业	102	28	48	56	66
烟叶复烤					
卷烟制造	102	28	48	56	66
其他烟草制品制造					
纺织业	108	91	62	78	73
棉纺织及印染精加工					
毛纺织及染整精加工					
麻纺织及染整精加工					
丝绢纺织及印染精加工					
化纤织造及印染精加工					
针织或钩针编织物及其制品制造	108	91	62	78	73
家用纺织制成品制造					
产业用纺织制成品制造					
纺织服装、服饰业	303	204	117	270	279
机织服装制造					
针织或钩针编织服装制造	303	204	117	270	279
服饰制造					
皮革、毛皮、羽毛及其制品和制鞋业					
皮革鞣制加工					
皮革制品制造					
毛皮鞣制及制品加工					
羽毛(绒)加工及制品制造					
制鞋业					
木材加工和木、竹、藤、棕、草制品业					
木材加工					
人造板制造					
木质制品制造					
竹、藤、棕、草等制品制造					
家具制造业					
木质家具制造					
竹、藤家具制造					
金属家具制造					
塑料家具制造					
其他家具制造					
造纸和纸制品业					
纸浆制造					
造纸					
纸制品制造					
印刷和记录媒介复制业	8	1	4	7	8
印刷	8	1	4	7	8
装订及印刷相关服务					
记录媒介复制					
文教、工美、体育和娱乐用品制造业					
文教办公用品制造					
乐器制造					
工艺美术及礼仪用品制造					
体育用品制造					
玩具制造					
游艺器材及娱乐用品制造					
石油、煤炭及其他燃料加工业	241	13	65	148	132

1-C-5 续表2

行业	R&D人员合计(人)	#女性	#研究人员	#全时人员	R&D人员折合全时当量(人年)
精炼石油产品制造	132	2	41	55	83
煤炭加工	109	11	24	93	49
核燃料加工					
生物质燃料加工					
化学原料和化学制品制造业	4218	668	1174	2746	2662
基础化学原料制造	2433	319	673	1592	1510
肥料制造	53	5	15	15	31
农药制造	344	157	65	219	215
涂料、油墨、颜料及类似产品制造					
合成材料制造	1145	125	346	751	710
专用化学产品制造	145	54	60	129	102
炸药、火工及焰火产品制造	98	8	15	40	93
日用化学产品制造					
医药制造业	754	326	297	604	537
化学药品原料药制造	193	42	71	168	119
化学药品制剂制造	213	113	67	144	157
中药饮片加工					
中成药生产	124	60	52	101	90
兽用药品制造	149	84	71	124	123
生物药品制品制造	75	27	36	67	48
卫生材料及医药用品制造					
药用辅料及包装材料					
化学纤维制造业					
纤维素纤维原料及纤维制造					
合成纤维制造					
生物基材料制造					
橡胶和塑料制品业	31	7	17	28	23
橡胶制品业	31	7	17	28	23
塑料制品业					
非金属矿物制品业	198	22	42	145	113
水泥、石灰和石膏制造	16	6	1	14	3
石膏、水泥制品及类似制品制造	55	4	15	43	33
砖瓦、石材等建筑材料制造	16	1	6		13
玻璃制造					
玻璃制品制造	18	1	2	16	5
玻璃纤维和玻璃纤维增强塑料制品制造	15	2	3	5	10
陶瓷制品制造	13	2	5	12	5
耐火材料制品制造	8	2	2	7	2
石墨及其他非金属矿物制品制造	57	4	8	48	43
黑色金属冶炼和压延加工业	2556	304	967	1170	1107
炼铁	21	4	2	19	9
炼钢					
钢压延加工	2432	284	952	1066	1022
铁合金冶炼	103	16	13	85	76
有色金属冶炼和压延加工业	1975	475	616	1066	1075
常用有色金属冶炼	1130	237	328	410	398
贵金属冶炼	90	10	29	22	75
稀有稀土金属冶炼	633	212	240	548	505
有色金属合金制造	26	7	11	17	17
有色金属压延加工	96	9	8	69	81
金属制品业	2351	502	1302	2046	2137

1-C-5　续表 3

行　业	R&D人员合计（人）	#女性	#研究人员	#全时人员	R&D人员折合全时当量（人年）
结构性金属制品制造	36	6	15	29	26
金属工具制造					
集装箱及金属包装容器制造	81	17	32	37	57
金属丝绳及其制品制造	1880	390	1071	1680	1823
建筑、安全用金属制品制造					
金属表面处理及热处理加工					
搪瓷制品制造					
金属制日用品制造					
铸造及其他金属制品制造	354	89	184	300	231
通用设备制造业	192	23	51	140	132
锅炉及原动设备制造	12	4	5	10	8
金属加工机械制造	20	1	11	18	10
物料搬运设备制造	7	2	3	6	1
泵、阀门、压缩机及类似机械制造	60	5	10	25	47
轴承、齿轮和传动部件制造					
烘炉、风机、包装等设备制造	29	5	15	23	2
文化、办公用机械制造					
通用零部件制造	64	6	7	58	64
其他通用设备制造业					
专用设备制造业	282	51	118	210	187
采矿、冶金、建筑专用设备制造	82	18	36	73	58
化工、木材、非金属加工专用设备制造	140	25	63	90	90
食品、饮料、烟草及饲料生产专用设备制造					
印刷、制药、日化及日用品生产专用设备制造					
纺织、服装和皮革加工专用设备制造					
电子和电工机械专用设备制造					
农、林、牧、渔专用机械制造	52	6	18	40	31
医疗仪器设备及器械制造	8	2	1	7	8
环保、邮政、社会公共服务及其他专用设备制造					
汽车制造业	309	40	79	278	228
汽车整车制造	74	8	40	67	49
汽车用发动机制造					
改装汽车制造	17	4	9	15	11
低速汽车制造					
电车制造					
汽车车身、挂车制造					
汽车零部件及配件制造	218	28	30	196	168
铁路、船舶、航空航天和其他运输设备制造业	1826	514	1011	1641	1685
铁路运输设备制造	1749	488	996	1575	1656
城市轨道交通设备制造					
船舶及相关装置制造					
航空、航天器及设备制造	77	26	15	66	29
摩托车制造					
自行车和残疾人座车制造					
助动车制造					
非公路休闲车及零配件制造					
潜水救捞及其他未列明运输设备制造					
电气机械和器材制造业	339	76	121	196	198
电机制造	197	42	77	129	128
输配电及控制设备制造	131	33	42	60	61
电线、电缆、光缆及电工器材制造	11	1	2	7	9

1-C-5 续表4

行业	R&D人员合计(人)	#女性	#研究人员	#全时人员	R&D人员折合全时当量(人年)
电池制造					
家用电力器具制造					
非电力家用器具制造					
照明器具制造					
其他电气机械及器材制造					
计算机、通信和其他电子设备制造业	969	106	224	802	578
计算机制造	7	1	2	6	4
通信设备制造					
广播电视设备制造					
雷达及配套设备制造					
非专业视听设备制造					
智能消费设备制造					
电子器件制造	105	11	43	64	80
电子元件及电子专用材料制造	857	94	179	732	494
其他电子设备制造					
仪器仪表制造业					
通用仪器仪表制造					
专用仪器仪表制造					
钟表与计时仪器制造					
光学仪器制造					
衡器制造					
其他仪器仪表制造业					
其他制造业					
日用杂品制造					
核辐射加工					
其他未列明制造业					
废弃资源综合利用业	55	12	26	48	19
金属废料和碎屑加工处理	45	12	23	41	17
非金属废料和碎屑加工处理	10		3	7	2
金属制品、机械和设备修理业	29	5	15	26	19
金属制品修理					
通用设备修理					
专用设备修理					
铁路、船舶、航空航天等运输设备修理					
电气设备修理	29	5	15	26	19
仪器仪表修理					
其他机械和设备修理业					
电力、热力、燃气及水生产和供应业	**1206**	**251**	**600**	**489**	**599**
电力、热力生产和供应业	1060	237	574	370	516
电力生产	458	79	231	237	214
电力供应	602	158	343	133	302
热力生产和供应					
燃气生产和供应业	86	3	15	68	39
燃气生产和供应业	86	3	15	68	39
生物质燃气生产和供应业					
水的生产和供应业	60	11	11	51	44
自来水生产和供应					
污水处理及其再生利用	60	11	11	51	44
海水淡化处理					
其他水的处理、利用与分配					

1-C-6　分行业港澳台商投资企业 R&D 人员情况

行　　业	R&D人员合计（人）	#女性	#研究人员	#全时人员	R&D人员折合全时当量（人年）
总　计	**724**	**178**	**262**	**514**	**441**
采矿业					
煤炭开采和洗选业					
石油和天然气开采业					
黑色金属矿采选业					
有色金属矿采选业					
非金属矿采选业					
开采专业及辅助性活动					
制造业	**724**	**178**	**262**	**514**	**441**
农副食品加工业					
食品制造业	228	62	120	145	93
调味品、发酵制品制造	228	62	120	145	93
酒、饮料和精制茶制造业					
烟草制品业					
纺织业					
纺织服装、服饰业					
皮革、毛皮、羽毛及其制品和制鞋业					
木材加工和木、竹、藤、棕、草制品业					
家具制造业					
造纸和纸制品业					
印刷和记录媒介复制业					
文教、工美、体育和娱乐用品制造业					
石油、煤炭及其他燃料加工业					
化学原料和化学制品制造业	117	7	25	106	96
基础化学原料制造	42	2	2	38	42
肥料制造	75	5	23	68	54
医药制造业	281	108	114	175	171
化学药品原料药制造	281	108	114	175	171
化学纤维制造业					
橡胶和塑料制品业					
非金属矿物制品业					
黑色金属冶炼和压延加工业					
有色金属冶炼和压延加工业	98	1	3	88	80
常用有色金属冶炼	98	1	3	88	80
金属制品业					
通用设备制造业					
专用设备制造业					
汽车制造业					
铁路、船舶、航空航天和其他运输设备制造业					
电气机械和器材制造业					
计算机、通信和其他电子设备制造业					
仪器仪表制造业					
其他制造业					
废弃资源综合利用业					
金属制品、机械和设备修理业					
电力、热力、燃气及水生产和供应业					
电力、热力生产和供应业					
燃气生产和供应业					
水的生产和供应业					

1-C-7 分行业外商投资企业R&D人员情况

行业	R&D人员合计(人)	#女性	#研究人员	#全时人员	R&D人员折合全时当量(人年)
总计	**1486**	**173**	**503**	**985**	**914**
采矿业	**703**	**108**	**292**	**633**	**596**
煤炭开采和洗选业	703	108	292	633	596
烟煤和无烟煤开采洗选	703	108	292	633	596
石油和天然气开采业					
黑色金属矿采选业					
有色金属矿采选业					
非金属矿采选业					
开采专业及辅助性活动					
制造业	**771**	**64**	**207**	**345**	**309**
农副食品加工业					
食品制造业	34	25	14	31	16
乳制品制造	4	1	2	4	1
调味品、发酵制品制造	30	24	12	27	15
酒、饮料和精制茶制造业					
烟草制品业					
纺织业					
纺织服装、服饰业					
皮革、毛皮、羽毛及其制品和制鞋业					
木材加工和木、竹、藤、棕、草制品业					
家具制造业					
造纸和纸制品业					
印刷和记录媒介复制业					
文教、工美、体育和娱乐用品制造业					
石油、煤炭及其他燃料加工业					
化学原料和化学制品制造业	172	13	85	155	81
基础化学原料制造	172	13	85	155	81
医药制造业					
化学纤维制造业					
橡胶和塑料制品业					
非金属矿物制品业	15		5	14	8
玻璃制造	15		5	14	8
黑色金属冶炼和压延加工业	439	19	80	116	130
铁合金冶炼	439	19	80	116	130
有色金属冶炼和压延加工业	111	7	23	29	74
贵金属冶炼	103	1	18	22	69
有色金属合金制造	8	6	5	7	5
金属制品业					
通用设备制造业					
专用设备制造业					
汽车制造业					
铁路、船舶、航空航天和其他运输设备制造业					
电气机械和器材制造业					
计算机、通信和其他电子设备制造业					
仪器仪表制造业					
其他制造业					
废弃资源综合利用业					
金属制品、机械和设备修理业					
电力、热力、燃气及水生产和供应业	**12**	**1**	**4**	**7**	**10**
电力、热力生产和供应业	12	1	4	7	10
电力生产	12	1	4	7	10
燃气生产和供应业					
水的生产和供应业					

1-C-8　各地区企业 R&D 人员情况

地　区	R&D 人员合计（人）	#女性	#研究人员	#全时人员	R&D 人员折合全时当量（人年）
总　计	**24559**	**5127**	**9209**	**16647**	**15777**
呼和浩特市	3802	1214	1453	2669	2011
包 头 市	11014	2186	4424	7765	7694
呼伦贝尔市	584	249	147	444	325
兴 安 盟	152	79	59	132	106
通 辽 市	373	140	109	236	206
赤 峰 市	934	166	271	611	621
锡林郭勒盟	367	66	90	81	213
乌兰察布市	141	24	35	118	96
鄂尔多斯市	5372	624	1947	3261	3218
巴彦淖尔市	869	204	291	568	587
乌 海 市	748	129	293	597	603
阿 拉 善 盟	203	46	90	165	96

1-C-9　各地区大中型企业 R&D 人员情况

地　区	R&D 人员合计（人）	#女性	#研究人员	#全时人员	R&D 人员折合全时当量（人年）
总　计	**17720**	**3614**	**5942**	**10902**	**10126**
呼和浩特市	3450	1115	1362	2392	1809
包 头 市	6179	1086	1936	3559	3342
呼伦贝尔市	540	239	134	412	308
兴 安 盟	44	28	20	40	24
通 辽 市	335	139	98	207	189
赤 峰 市	642	94	184	422	422
锡林郭勒盟	339	64	81	77	193
乌兰察布市	90	11	14	76	60
鄂尔多斯市	4605	514	1526	2590	2688
巴彦淖尔市	705	175	243	474	480
乌 海 市	645	113	261	522	550
阿 拉 善 盟	146	36	83	131	61

1-C-10 各地区内资企业R&D人员情况

地　区	R&D人员合计(人)	#女性	#研究人员	#全时人员	R&D人员折合全时当量(人年)
总　计	**22349**	**4776**	**8444**	**15148**	**14422**
呼和浩特市	3383	1056	1267	2398	1793
包 头 市	10866	2177	4414	7632	7566
呼伦贝尔市	580	248	145	440	324
兴 安 盟	122	55	47	105	91
通 辽 市	358	140	104	222	199
赤 峰 市	922	165	267	604	612
锡林郭勒盟	367	66	90	81	213
乌兰察布市	141	24	35	118	96
鄂尔多斯市	3983	479	1467	2289	2357
巴彦淖尔市	676	191	225	497	473
乌 海 市	748	129	293	597	603
阿拉善盟	203	46	90	165	96

1-C-11 各地区港澳台商投资企业R&D人员情况

地　区	R&D人员合计(人)	#女性	#研究人员	#全时人员	R&D人员折合全时当量(人年)
总　计	**724**	**178**	**262**	**514**	**441**
呼和浩特市	419	158	186	271	218
包 头 市	140	3	5	126	122
呼伦贝尔市					
兴 安 盟					
通 辽 市					
赤 峰 市					
锡林郭勒盟					
乌兰察布市					
鄂尔多斯市	75	5	23	68	54
巴彦淖尔市	90	12	48	49	46
乌 海 市					
阿拉善盟					

1-C-12　各地区外商投资企业 R&D 人员情况

地　　区	R&D 人员合计（人）	#女性	#研究人员	#全时人员	R&D 人员折合全时当量（人年）
总　　计	**1486**	**173**	**503**	**985**	**914**
呼和浩特市					
包 头 市	8	6	5	7	5
呼伦贝尔市	4	1	2	4	1
兴 安 盟	30	24	12	27	15
通 辽 市	15		5	14	8
赤 峰 市	12	1	4	7	10
锡林郭勒盟					
乌兰察布市					
鄂尔多斯市	1314	140	457	904	807
巴彦淖尔市	103	1	18	22	69
乌 海 市					
阿 拉 善 盟					

D. 企业 R&D 经费支出情况

1-D-1.1 分登记注册类型企业 R&D 经费内部支出情况

单位:万元

登记注册类型	R&D 经费内部支出	日常性支出	#人员劳务费	资产性支出	#仪器和设备	#政府资金	#企业资金
总　计	**1033594**	**956193**	**206621**	**77401**	**76044**	**26958**	**990293**
内资企业	**937575**	**861890**	**180432**	**75685**	**74331**	**26535**	**894769**
国有企业	7457	6955	798	502	494	152	6682
集体企业							
股份合作企业							
联营企业							
国有联营企业							
集体联营企业							
国有与集体联营企业							
其他联营企业							
有限责任公司	510195	466894	107140	43301	42392	15473	489268
国有独资公司	54022	49312	10732	4710	4546	10855	42203
其他有限责任公司	456172	417582	96408	38591	37846	4618	447065
股份有限公司	296727	274526	45432	22202	21794	3699	287893
私营企业	94013	87586	16718	6428	6418	333	90945
私营独资企业							
私营合伙企业							
私营有限责任公司	85068	78816	14085	6252	6249	192	82180
私营股份有限公司	8945	8769	2633	176	168	142	8764
其他企业	29183	25931	10344	3252	3233	6877	19983
港、澳、台商投资企业	**28885**	**28235**	**6026**	**650**	**646**	**320**	**28565**
合资经营企业	11127	11127	1841				11127
合作经营企业							
港、澳、台商独资经营企业	17758	17108	4185	650	646	320	17438
港、澳、台商投资股份有限公司							
其他港、澳、台投资企业							
外商投资企业	**67135**	**66068**	**20163**	**1067**	**1067**	**103**	**66959**
中外合资经营企业	15169	14102	4324	1067	1067	103	14993
中外合作经营企业	3805	3805	1450				3805
外资企业							
外商投资股份有限公司	48161	48161	14389				48161
其他外商投资企业							

1-D-1.2 分登记注册类型大中型企业R&D经费内部支出情况

单位:万元

登记注册类型	R&D经费内部支出	日常性支出	#人员劳务费	资产性支出	#仪器和设备	#政府资金	#企业资金
总 计	**825096**	**766774**	**161904**	**58322**	**57126**	**5832**	**806722**
内资企业	**731431**	**674694**	**136614**	**56737**	**55545**	**5409**	**713553**
国有企业							
集体企业							
股份合作企业							
联营企业							
国有联营企业							
集体联营企业							
国有与集体联营企业							
其他联营企业							
有限责任公司	364815	333504	78575	31311	30527	1614	358553
国有独资公司	43113	38403	9578	4710	4546	41	42107
其他有限责任公司	321702	295101	68996	26601	25981	1573	316446
股份有限公司	292896	270695	44978	22202	21794	3659	284102
私营企业	73720	70496	13062	3225	3225	135	70899
私营独资企业							
私营合伙企业							
私营有限责任公司	69943	66718	12137	3225	3225	120	67136
私营股份有限公司	3777	3777	924			15	3763
其他企业							
港、澳、台商投资企业	**27557**	**27006**	**5508**	**551**	**548**	**320**	**27237**
合资经营企业	11127	11127	1841				11127
合作经营企业							
港、澳、台商独资经营企业	16430	15879	3667	551	548	320	16110
港、澳、台商投资股份有限公司							
其他港、澳、台投资企业							
外商投资企业	**66108**	**65074**	**19783**	**1034**	**1034**	**103**	**65932**
中外合资经营企业	14142	13108	3943	1034	1034	103	13966
中外合作经营企业	3805	3805	1450				3805
外资企业							
外商投资股份有限公司	48161	48161	14389				48161
其他外商投资企业							

1-D-1.3 分行业企业R&D经费内部支出情况

单位:万元

行业	R&D经费内部支出	日常性支出	#人员劳务费	资产性支出	#仪器和设备	#政府资金	#企业资金
总计	**1033594**	**956193**	**206621**	**77401**	**76044**	**26958**	**990293**
采矿业	**108914**	**104764**	**33867**	**4151**	**3671**	**240**	**106874**
煤炭开采和洗选业	90891	90277	31517	614	448	180	88911
烟煤和无烟煤开采洗选	90673	90087	31444	586	420	180	88693
褐煤开采洗选	218	190	73	28	28		218
其他煤炭采选							
石油和天然气开采业							
石油开采							
天然气开采							
黑色金属矿采选业	6609	6549	1337	59	50	60	6549
铁矿采选	6609	6549	1337	59	50	60	6549
锰矿、铬矿采选							
其他黑色金属矿采选							
有色金属矿采选业	11049	7572	956	3477	3173		11049
常用有色金属矿采选	5639	2162	921	3477	3173		5639
贵金属矿采选							
稀有稀土金属矿采选	5410	5410	35				5410
非金属矿采选业	365	365	57				365
土砂石开采	104	104	8				104
化学矿开采							
采盐							
石棉及其他非金属矿采选	261	261	49				261
开采专业及辅助性活动							
煤炭开采和洗选专业及辅助性活动							
石油和天然气开采专业及辅助性活动							
其他开采专业及辅助性活动							
其他采矿业							
其他采矿业							
制造业	**874736**	**806414**	**161171**	**68322**	**67458**	**26593**	**833599**
农副食品加工业	11658	11449	1766	209	201	846	10812
谷物磨制	461	382	57	79	71	87	374
饲料加工	9808	9808	1220			60	9748
植物油加工	75	45	16	30	30		75
制糖业							
屠宰及肉类加工	1237	1137	457	100	100	699	538
水产品加工							
蔬菜、菌类、水果和坚果加工							
其他农副食品加工	78	78	15				78
食品制造业	117099	107998	26983	9102	8973	2267	114548
焙烤食品制造							
糖果、巧克力及蜜饯制造							

1-D-1.3　续表1　　　　单位:万元

行　业	R&D经费内部支出	日常性支出	#人员劳务费	资产性支出	#仪器和设备	#政府资金	#企业资金
方便食品制造	1021	995	209	25	25	16	1005
乳制品制造	73706	65458	18487	8247	8137	1828	71603
罐头食品制造							
调味品、发酵制品制造	36479	35954	6769	525	522	423	36056
其他食品制造	5894	5590	1518	304	290		5884
酒、饮料和精制茶制造业	2869	2743	1347	126	123	100	2769
酒的制造	2724	2598	1310	126	123	100	2624
饮料制造	145	145	37				145
精制茶加工							
烟草制品业	3111	2734	1209	377	377		3111
烟叶复烤							
卷烟制造	3111	2734	1209	377	377		3111
其他烟草制品制造							
纺织业	3743	3663	1376	80	80		3743
棉纺织及印染精加工							
毛纺织及染整精加工							
麻纺织及染整精加工							
丝绢纺织及印染精加工							
化纤织造及印染精加工							
针织或钩针编织物及其制品制造	3743	3663	1376	80	80		3743
家用纺织制成品制造							
产业用纺织制成品制造							
纺织服装、服饰业	19750	19264	6218	486	486	557	19192
机织服装制造							
针织或钩针编织服装制造	19750	19264	6218	486	486	557	19192
服饰制造							
皮革、毛皮、羽毛及其制品和制鞋业							
皮革鞣制加工							
皮革制品制造							
毛皮鞣制及制品加工							
羽毛(绒)加工及制品制造							
制鞋业							
木材加工和木、竹、藤、棕、草制品业							
木材加工							
人造板制造							
木质制品制造							
竹、藤、棕、草等制品制造							
家具制造业							
木质家具制造							
竹、藤家具制造							
金属家具制造							
塑料家具制造							
其他家具制造							

1-D-1.3 续表2

单位:万元

行业	R&D经费内部支出	日常性支出	#人员劳务费	资产性支出	#仪器和设备	#政府资金	#企业资金
造纸和纸制品业							
纸浆制造							
造纸							
纸制品制造							
印刷和记录媒介复制业	19	19	3				19
印刷	19	19	3				19
装订及印刷相关服务							
记录媒介复制							
文教、工美、体育和娱乐用品制造业							
文教办公用品制造							
乐器制造							
工艺美术及礼仪用品制造							
体育用品制造							
玩具制造							
游艺器材及娱乐用品制造							
石油、煤炭及其他燃料加工业	11790	9867	2779	1923	1921	10	11780
精炼石油产品制造	6456	4533	1596	1923	1921	10	6446
煤炭加工	5334	5334	1183				5334
核燃料加工							
生物质燃料加工							
化学原料和化学制品制造业	228384	192998	44354	35387	34859	769	222850
基础化学原料制造	122099	100295	24070	21804	21643	334	118129
肥料制造	9139	8454	2351	686	686	20	8796
农药制造	8116	8052	2487	63	63	150	7313
涂料、油墨、颜料及类似产品制造							
合成材料制造	79775	68088	14318	11687	11320	95	79526
专用化学产品制造	8542	7396	967	1146	1146	170	8372
炸药、火工及焰火产品制造	713	712	161	2	2		713
日用化学产品制造							
医药制造业	21492	20806	6936	687	684	897	20574
化学药品原料药制造	8997	8797	2414	200	200		8997
化学药品制剂制造	3560	3560	1344				3560
中药饮片加工							
中成药生产	2373	2282	868	91	90	300	2073
兽用药品制造	5142	4833	1780	309	309	388	4735
生物药品制品制造	1421	1334	530	87	86	210	1209
卫生材料及医药用品制造							
药用辅料及包装材料							
化学纤维制造业							
纤维素纤维原料及纤维制造							
合成纤维制造							
生物基材料制造							

1-D-1.3　续表3　　　　单位:万元

行　业	R&D经费内部支出	日常性支出	#人员劳务费	资产性支出	#仪器和设备	#政府资金	#企业资金
橡胶和塑料制品业	494	494	218				455
橡胶制品业	494	494	218				455
塑料制品业							
非金属矿物制品业	11046	10922	1771	125	106	147	10899
水泥、石灰和石膏制造	1175	1097	108	78	77		1175
石膏、水泥制品及类似制品制造	995	970	293	25	20		995
砖瓦、石材等建筑材料制造	213	213	74				213
玻璃制造	518	518	176				518
玻璃制品制造	1126	1126	171			20	1106
玻璃纤维和玻璃纤维增强塑料制品制造	280	280	76				280
陶瓷制品制造	1455	1448	422	8	8	120	1335
耐火材料制品制造	77	76	28				77
石墨及其他非金属矿物制品制造	5207	5194	425	14	1	7	5200
黑色金属冶炼和压延加工业	143591	142417	9274	1174	1159	215	143296
炼铁	129	129	95				129
炼钢							
钢压延加工	130937	130903	6777	34	34	215	130715
铁合金冶炼	12525	11386	2402	1140	1125		12453
有色金属冶炼和压延加工业	95246	85960	17047	9286	9251	576	91738
常用有色金属冶炼	44316	43727	7727	589	555	41	44275
贵金属冶炼	4809	4791	1914	18	18		4809
稀有稀土金属冶炼	40856	32297	6792	8559	8559	447	37477
有色金属合金制造	944	824	210	120	120		944
有色金属压延加工	4321	4321	404			88	4233
金属制品业	43957	40705	12398	3252	3233	17706	23928
结构性金属制品制造	838	838	266				838
金属工具制造							
集装箱及金属包装容器制造	874	874	297			15	859
金属丝绳及其制品制造	29183	25931	10344	3252	3233	6877	19983
建筑、安全用金属制品制造							
金属表面处理及热处理加工							
搪瓷制品制造							
金属制日用品制造							
铸造及其他金属制品制造	13062	13062	1491			10814	2248
通用设备制造业	2886	2861	428	25	25		2886
锅炉及原动设备制造	1042	1042	103				1042
金属加工机械制造	189	189	72				189
物料搬运设备制造	30	30	10				30
泵、阀门、压缩机及类似机械制造	253	253	73				253
轴承、齿轮和传动部件制造							
烘炉、风机、包装等设备制造	435	410	66	25	25		435
文化、办公用机械制造							

1-D-1.3 续表4

单位:万元

行业	R&D经费内部支出	日常性支出	#人员劳务费	资产性支出	#仪器和设备	#政府资金	#企业资金
通用零部件制造	938	938	105				938
其他通用设备制造业							
专用设备制造业	5392	5136	916	256	202	738	4618
采矿、冶金、建筑专用设备制造	2045	1988	313	57	3	738	1307
化工、木材、非金属加工专用设备制造	2391	2192	412	199	199		2355
食品、饮料、烟草及饲料生产专用设备制造							
印刷、制药、日化及日用品生产专用设备制造							
纺织、服装和皮革加工专用设备制造							
电子和电工机械专用设备制造							
农、林、牧、渔专用机械制造	943	943	184				943
医疗仪器设备及器械制造	13	13	7				13
环保、邮政、社会公共服务及其他专用设备制造							
汽车制造业	11686	7968	2692	3718	3718		9022
汽车整车制造	5380	4661	1279	718	718		5351
汽车用发动机制造							
改装汽车制造	450	450	200				450
低速汽车制造							
电车制造							
汽车车身、挂车制造							
汽车零部件及配件制造	5857	2857	1213	3000	3000		3221
铁路、船舶、航空航天和其他运输设备制造业	59195	57504	11554	1691	1662	1552	57019
铁路运输设备制造	55038	53849	10851	1189	1168	1400	53638
城市轨道交通设备制造							
船舶及相关装置制造							
航空、航天器及设备制造	4157	3655	703	502	494	152	3382
摩托车制造							
自行车和残疾人座车制造							
助动车制造							
非公路休闲车及零配件制造							
潜水救捞及其他未列明运输设备制造							
电气机械和器材制造业	7933	7712	1713	221	200	126	7031
电机制造	6016	5843	1383	173	173	125	5115
输配电及控制设备制造	1574	1553	296	21			1574
电线、电缆、光缆及电工器材制造	343	317	34	26	26	1	342
电池制造							
家用电力器具制造							
非电力家用器具制造							
照明器具制造							
其他电气机械及器材制造							
计算机、通信和其他电子设备制造业	72322	72124	9923	198	198	52	72271
计算机制造	56	56	37				56
通信设备制造							

1-D-1.3　续表5　　　　单位:万元

行　　业	R&D经费内部支出	日常性支出	#人员劳务费	资产性支出	#仪器和设备	#政府资金	#企业资金
广播电视设备制造							
雷达及配套设备制造							
非专业视听设备制造							
智能消费设备制造							
电子器件制造	13117	13117	3231				13117
电子元件及电子专用材料制造	59149	58951	6655	198	198	52	59098
其他电子设备制造							
仪器仪表制造业							
通用仪器仪表制造							
专用仪器仪表制造							
钟表与计时仪器制造							
光学仪器制造							
衡器制造							
其他仪器仪表制造业							
其他制造业							
日用杂品制造							
核辐射加工							
其他未列明制造业							
废弃资源综合利用业	872	871	209	1	1	15	857
金属废料和碎屑加工处理	547	547	178	1	1	15	532
非金属废料和碎屑加工处理	325	325	31				325
金属制品、机械和设备修理业	200	200	57			20	180
金属制品修理							
通用设备修理							
专用设备修理							
铁路、船舶、航空航天等运输设备修理							
电气设备修理	200	200	57			20	180
仪器仪表修理							
其他机械和设备修理业							
电力、热力、燃气及水生产和供应业	**49945**	**45016**	**11584**	**4929**	**4915**	**125**	**49820**
电力、热力生产和供应业	38186	36934	10978	1252	1240	125	38061
电力生产	26508	25256	8314	1252	1240	125	26384
电力供应	11677	11677	2665				11677
热力生产和供应							
燃气生产和供应业	4143	3141	341	1002	1000		4143
燃气生产和供应业	4143	3141	341	1002	1000		4143
生物质燃气生产和供应业							
水的生产和供应业	7616	4941	264	2675	2674		7616
自来水生产和供应							
污水处理及其再生利用	7616	4941	264	2675	2674		7616
海水淡化处理							
其他水的处理、利用与分配							

1-D-1.4 分行业大中型企业 R&D 经费内部支出情况

单位:万元

行业	R&D 经费内部支出	日常性支出	#人员劳务费	资产性支出	#仪器和设备	#政府资金	#企业资金
总计	**825096**	**766774**	**161904**	**58322**	**57126**	**5832**	**806722**
采矿业	**105814**	**101890**	**33147**	**3925**	**3451**	**240**	**103774**
煤炭开采和洗选业	88246	87858	30934	388	228	180	86266
烟煤和无烟煤开采洗选	88028	87668	30861	360	200	180	86048
褐煤开采洗选	218	190	73	28	28		218
其他煤炭采选							
石油和天然气开采业							
石油开采							
天然气开采							
黑色金属矿采选业	6609	6549	1337	59	50	60	6549
铁矿采选	6609	6549	1337	59	50	60	6549
锰矿、铬矿采选							
其他黑色金属矿采选							
有色金属矿采选业	10959	7482	876	3477	3173		10959
常用有色金属矿采选	5549	2072	841	3477	3173		5549
贵金属矿采选							
稀有稀土金属矿采选	5410	5410	35				5410
非金属矿采选业							
土砂石开采							
化学矿开采							
采盐							
石棉及其他非金属矿采选							
开采专业及辅助性活动							
煤炭开采和洗选专业及辅助性活动							
石油和天然气开采专业及辅助性活动							
其他开采专业及辅助性活动							
其他采矿业							
其他采矿业							
制造业	**698532**	**644345**	**122717**	**54187**	**53477**	**5592**	**682199**
农副食品加工业	10460	10460	1533			644	9816
谷物磨制							
饲料加工	9672	9672	1190				9672
植物油加工							
制糖业							
屠宰及肉类加工	788	788	343			644	144
水产品加工							
蔬菜、菌类、水果和坚果加工							
其他农副食品加工							
食品制造业	115435	106494	26593	8941	8813	2211	112949
焙烤食品制造							
糖果、巧克力及蜜饯制造							
方便食品制造							
乳制品制造	73156	65044	18348	8112	8001	1788	71093
罐头食品制造							
调味品、发酵制品制造	36479	35954	6769	525	522	423	36056
其他食品制造	5800	5496	1475	304	290		5800
酒、饮料和精制茶制造业	2724	2598	1310	126	123	100	2624
酒的制造	2724	2598	1310	126	123	100	2624
饮料制造							
精制茶加工							

1-D-1.4　续表1　　　　单位:万元

行　业	R&D经费内部支出	日常性支出	#人员劳务费	资产性支出	#仪器和设备	#政府资金	#企业资金
烟草制品业	3111	2734	1209	377	377		3111
烟叶复烤							
卷烟制造	3111	2734	1209	377	377		3111
其他烟草制品制造							
纺织业	3743	3663	1376	80	80		3743
棉纺织及印染精加工							
毛纺织及染整精加工							
麻纺织及染整精加工							
丝绢纺织及印染精加工							
化纤织造及印染精加工							
针织或钩针编织物及其制品制造	3743	3663	1376	80	80		3743
家用纺织制成品制造							
产业用纺织制成品制造							
纺织服装、服饰业	19750	19264	6218	486	486	557	19192
机织服装制造							
针织或钩针编织服装制造	19750	19264	6218	486	486	557	19192
服饰制造							
皮革、毛皮、羽毛及其制品和制鞋业							
皮革鞣制加工							
皮革制品制造							
毛皮鞣制及制品加工							
羽毛(绒)加工及制品制造							
制鞋业							
木材加工和木、竹、藤、棕、草制品业							
木材加工							
人造板制造							
木质制品制造							
竹、藤、棕、草等制品制造							
家具制造业							
木质家具制造							
竹、藤家具制造							
金属家具制造							
塑料家具制造							
其他家具制造							
造纸和纸制品业							
纸浆制造							
造纸							
纸制品制造							
印刷和记录媒介复制业							
印刷							
装订及印刷相关服务							
记录媒介复制							
文教、工美、体育和娱乐用品制造业							
文教办公用品制造							
乐器制造							
工艺美术及礼仪用品制造							
体育用品制造							
玩具制造							
游艺器材及娱乐用品制造							
石油、煤炭及其他燃料加工业	10074	8151	2470	1923	1921	10	10064

1-D-1.4 续表2 单位:万元

行业	R&D经费内部支出	日常性支出	#人员劳务费	资产性支出	#仪器和设备	#政府资金	#企业资金
精炼石油产品制造	6456	4533	1596	1923	1921	10	6446
煤炭加工	3618	3618	874				3618
核燃料加工							
生物质燃料加工							
化学原料和化学制品制造业	187921	160394	36621	27527	26999	769	182387
基础化学原料制造	83302	69357	16783	13945	13784	334	79333
肥料制造	9105	8420	2330	686	686	20	8763
农药制造	7562	7499	2380	63	63	150	6760
涂料、油墨、颜料及类似产品制造							
合成材料制造	79775	68088	14318	11687	11320	95	79526
专用化学产品制造	8177	7031	810	1146	1146	170	8007
炸药、火工及焰火产品制造							
日用化学产品制造							
医药制造业	17492	16976	5377	515	514	509	16963
化学药品原料药制造	7909	7758	2093	151	151		7909
化学药品制剂制造	2865	2865	942				2865
中药饮片加工							
中成药生产	442	442	108			180	262
兽用药品制造	4904	4624	1719	280	280	150	4735
生物药品制品制造	1371	1287	515	84	83	179	1192
卫生材料及医药用品制造							
药用辅料及包装材料							
化学纤维制造业							
纤维素纤维原料及纤维制造							
合成纤维制造							
生物基材料制造							
橡胶和塑料制品业	407	407	157				407
橡胶制品业	407	407	157				407
塑料制品业							
非金属矿物制品业	6389	6367	747	21	8	120	6269
水泥、石灰和石膏制造							
石膏、水泥制品及类似制品制造							
砖瓦、石材等建筑材料制造							
玻璃制造							
玻璃制品制造							
玻璃纤维和玻璃纤维增强塑料制品制造							
陶瓷制品制造	1455	1448	422	8	8	120	1335
耐火材料制品制造							
石墨及其他非金属矿物制品制造	4933	4920	325	14	1		4933
黑色金属冶炼和压延加工业	138412	137345	8560	1067	1067	215	138117
炼铁							
炼钢							
钢压延加工	127517	127483	6315	34	34	215	127294
铁合金冶炼	10895	9862	2245	1033	1033		10823
有色金属冶炼和压延加工业	89106	80025	16314	9081	9046	386	85788
常用有色金属冶炼	44316	43727	7727	589	555	41	44275
贵金属冶炼	4749	4749	1906				4749
稀有稀土金属冶炼	39424	30932	6653	8491	8491	257	36235
有色金属合金制造							
有色金属压延加工	617	617	27			88	529

1-D-1.4　续表3　　　　单位:万元

行　　业	R&D经费内部支出	日常性支　出	#人　员劳务费	资产性支　出	#仪器和设　备	#政府资金	#企业资金
金属制品业	1938	1938	548			15	1923
结构性金属制品制造							
金属工具制造							
集装箱及金属包装容器制造	874	874	297			15	859
金属丝绳及其制品制造							
建筑、安全用金属制品制造							
金属表面处理及热处理加工							
搪瓷制品制造							
金属制日用品制造							
铸造及其他金属制品制造	1064	1064	251				1064
通用设备制造业	1373	1348	170	25	25		1373
锅炉及原动设备制造							
金属加工机械制造							
物料搬运设备制造							
泵、阀门、压缩机及类似机械制造							
轴承、齿轮和传动部件制造							
烘炉、风机、包装等设备制造	435	410	66	25	25		435
文化、办公用机械制造							
通用零部件制造	938	938	105				938
其他通用设备制造业							
专用设备制造业	2654	2454	445	199	199		2618
采矿、冶金、建筑专用设备制造							
化工、木材、非金属加工专用设备制造	2391	2192	412	199	199		2355
食品、饮料、烟草及饲料生产专用设备制造							
印刷、制药、日化及日用品生产专用设备制造							
纺织、服装和皮革加工专用设备制造							
电子和电工机械专用设备制造							
农、林、牧、渔专用机械制造	263	263	33				263
医疗仪器设备及器械制造							
环保、邮政、社会公共服务及其他专用设备制造							
汽车制造业	10919	7201	2214	3718	3718		8284
汽车整车制造	5063	4344	1001	718	718		5063
汽车用发动机制造							
改装汽车制造							
低速汽车制造							
电车制造							
汽车车身、挂车制造							
汽车零部件及配件制造	5857	2857	1213	3000	3000		3221
铁路、船舶、航空航天和其他运输设备制造业	2761	2761	805				2761
铁路运输设备制造	2761	2761	805				2761
城市轨道交通设备制造							
船舶及相关装置制造							
航空、航天器及设备制造							
摩托车制造							
自行车和残疾人座车制造							
助动车制造							
非公路休闲车及零配件制造							
潜水救捞及其他未列明运输设备制造							
电气机械和器材制造业	4291	4291	593				4291
电机制造	3345	3345	488				3345

1-D-1.4 续表4 单位:万元

行业	R&D经费内部支出	日常性支出	#人员劳务费	资产性支出	#仪器和设备	#政府资金	#企业资金
输配电及控制设备制造	946	946	105				946
电线、电缆、光缆及电工器材制造							
电池制造							
家用电力器具制造							
非电力家用器具制造							
照明器具制造							
其他电气机械及器材制造							
计算机、通信和其他电子设备制造业	69267	69166	9325	101	100	20	69247
计算机制造							
通信设备制造							
广播电视设备制造							
雷达及配套设备制造							
非专业视听设备制造							
智能消费设备制造							
电子器件制造	12611	12611	3038				12611
电子元件及电子专用材料制造	56656	56556	6287	101	100	20	56636
其他电子设备制造							
仪器仪表制造业							
通用仪器仪表制造							
专用仪器仪表制造							
钟表与计时仪器制造							
光学仪器制造							
衡器制造							
其他仪器仪表制造业							
其他制造业							
日用杂品制造							
核辐射加工							
其他未列明制造业							
废弃资源综合利用业	107	106	74	1	1	15	92
金属废料和碎屑加工处理	107	106	74	1	1	15	92
非金属废料和碎屑加工处理							
金属制品、机械和设备修理业	200	200	57			20	180
金属制品修理							
通用设备修理							
专用设备修理							
铁路、船舶、航空航天等运输设备修理							
电气设备修理	200	200	57			20	180
仪器仪表修理							
其他机械和设备修理业							
电力、热力、燃气及水生产和供应业	**20750**	**20540**	**6040**	**210**	**199**		**20750**
电力、热力生产和供应业	20750	20540	6040	210	199		20750
电力生产	9072	8862	3375	210	199		9072
电力供应	11677	11677	2665				11677
热力生产和供应							
燃气生产和供应业							
燃气生产和供应业							
水的生产和供应业							
自来水生产和供应							
污水处理及其再生利用							
其他水的处理、利用与分配							

1-D-1.5　分行业内资企业R&D经费内部支出情况

单位:万元

行　业	R&D经费内部支出	日常性支出	#人员劳务费	资产性支出	#仪器和设备	#政府资金	#企业资金
总　计	**937575**	**861890**	**180432**	**75685**	**74331**	**26535**	**894769**
采矿业	**60753**	**56603**	**19477**	**4151**	**3671**	**240**	**58713**
煤炭开采和洗选业	42730	42116	17127	614	448	180	40750
烟煤和无烟煤开采洗选	42512	41926	17055	586	420	180	40532
褐煤开采洗选	218	190	73	28	28		218
其他煤炭采选							
石油和天然气开采业							
石油开采							
天然气开采							
黑色金属矿采选业	6609	6549	1337	59	50	60	6549
铁矿采选	6609	6549	1337	59	50	60	6549
锰矿、铬矿采选							
其他黑色金属矿采选							
有色金属矿采选业	11049	7572	956	3477	3173		11049
常用有色金属矿采选	5639	2162	921	3477	3173		5639
贵金属矿采选							
稀有稀土金属矿采选	5410	5410	35				5410
非金属矿采选业	365	365	57				365
土砂石开采	104	104	8				104
化学矿开采							
采盐							
石棉及其他非金属矿采选	261	261	49				261
开采专业及辅助性活动							
煤炭开采和洗选专业及辅助性活动							
石油和天然气开采专业及辅助性活动							
其他开采专业及辅助性活动							
其他采矿业							
其他采矿业							
制造业	**827148**	**760510**	**149461**	**66638**	**65778**	**26170**	**786507**
农副食品加工业	11658	11449	1766	209	201	846	10812
谷物磨制	461	382	57	79	71	87	374
饲料加工	9808	9808	1220			60	9748
植物油加工	75	45	16	30	30		75
制糖业							
屠宰及肉类加工	1237	1137	457	100	100	699	538
水产品加工							
蔬菜、菌类、水果和坚果加工							
其他农副食品加工	78	78	15				78
食品制造业	106228	97556	24598	8672	8547	1844	104100
焙烤食品制造							
糖果、巧克力及蜜饯制造							

1-D-1.5 续表1

单位:万元

行业	R&D经费内部支出	日常性支出	#人员劳务费	资产性支出	#仪器和设备	#政府资金	#企业资金
方便食品制造	1021	995	209	25	25	16	1005
乳制品制造	73662	65415	18484	8247	8137	1828	71560
罐头食品制造							
调味品、发酵制品制造	25651	25555	4387	96	96		25651
其他食品制造	5894	5590	1518	304	290		5884
酒、饮料和精制茶制造业	2869	2743	1347	126	123	100	2769
酒的制造	2724	2598	1310	126	123	100	2624
饮料制造	145	145	37				145
精制茶加工							
烟草制品业	3111	2734	1209	377	377		3111
烟叶复烤							
卷烟制造	3111	2734	1209	377	377		3111
其他烟草制品制造							
纺织业	3743	3663	1376	80	80		3743
棉纺织及印染精加工							
毛纺织及染整精加工							
麻纺织及染整精加工							
丝绢纺织及印染精加工							
化纤织造及印染精加工							
针织或钩针编织物及其制品制造	3743	3663	1376	80	80		3743
家用纺织制成品制造							
产业用纺织制成品制造							
纺织服装、服饰业	19750	19264	6218	486	486	557	19192
机织服装制造							
针织或钩针编织服装制造	19750	19264	6218	486	486	557	19192
服饰制造							
皮革、毛皮、羽毛及其制品和制鞋业							
皮革鞣制加工							
皮革制品制造							
毛皮鞣制及制品加工							
羽毛(绒)加工及制品制造							
制鞋业							
木材加工和木、竹、藤、棕、草制品业							
木材加工							
人造板制造							
木质制品制造							
竹、藤、棕、草等制品制造							
家具制造业							
木质家具制造							
竹、藤家具制造							
金属家具制造							
塑料家具制造							
其他家具制造							

1-D-1.5　续表2　　　　单位:万元

行　　业	R&D经费内部支出	日常性支出	#人员劳务费	资产性支出	#仪器和设备	#政府资金	#企业资金
造纸和纸制品业							
纸浆制造							
造纸							
纸制品制造							
印刷和记录媒介复制业	19	19	3				19
印刷	19	19	3				19
装订及印刷相关服务							
记录媒介复制							
文教、工美、体育和娱乐用品制造业							
文教办公用品制造							
乐器制造							
工艺美术及礼仪用品制造							
体育用品制造							
玩具制造							
游艺器材及娱乐用品制造							
石油、煤炭及其他燃料加工业	11790	9867	2779	1923	1921	10	11780
精炼石油产品制造	6456	4533	1596	1923	1921	10	6446
煤炭加工	5334	5334	1183				5334
核燃料加工							
生物质燃料加工							
化学原料和化学制品制造业	214426	179089	40246	35337	34809	769	208892
基础化学原料制造	114318	92564	21566	21754	21593	334	110348
肥料制造	2962	2277	747	686	686	20	2619
农药制造	8116	8052	2487	63	63	150	7313
涂料、油墨、颜料及类似产品制造							
合成材料制造	79775	68088	14318	11687	11320	95	79526
专用化学产品制造	8542	7396	967	1146	1146	170	8372
炸药、火工及焰火产品制造	713	712	161	2	2		713
日用化学产品制造							
医药制造业	14960	14444	5464	516	513	897	14042
化学药品原料药制造	2465	2436	942	29	29		2465
化学药品制剂制造	3560	3560	1344				3560
中药饮片加工							
中成药生产	2373	2282	868	91	90	300	2073
兽用药品制造	5142	4833	1780	309	309	388	4735
生物药品制品制造	1421	1334	530	87	86	210	1209
卫生材料及医药用品制造							
药用辅料及包装材料							
化学纤维制造业							
纤维素纤维原料及纤维制造							
合成纤维制造							
生物基材料制造							

1-D-1.5 续表 3　　　单位:万元

行　业	R&D经费内部支出	日常性支出	#人员劳务费	资产性支出	#仪器和设备	#政府资金	#企业资金
橡胶和塑料制品业	494	494	218				455
橡胶制品业	494	494	218				455
塑料制品业							
非金属矿物制品业	10529	10404	1595	125	106	147	10381
水泥、石灰和石膏制造	1175	1097	108	78	77		1175
石膏、水泥制品及类似制品制造	995	970	293	25	20		995
砖瓦、石材等建筑材料制造	213	213	74				213
玻璃制造							
玻璃制品制造	1126	1126	171			20	1106
玻璃纤维和玻璃纤维增强塑料制品制造	280	280	76				280
陶瓷制品制造	1455	1448	422	8	8	120	1335
耐火材料制品制造	77	76	28				77
石墨及其他非金属矿物制品制造	5207	5194	425	14	1	7	5200
黑色金属冶炼和压延加工业	136833	136693	7503	141	126	215	136611
炼铁	129	129	95				129
炼钢							
钢压延加工	130937	130903	6777	34	34	215	130715
铁合金冶炼	5768	5661	631	107	92		5768
有色金属冶炼和压延加工业	86296	77010	15248	9286	9251	576	82788
常用有色金属冶炼	39367	38778	7490	589	555	41	39326
贵金属冶炼	1004	986	464	18	18		1004
稀有稀土金属冶炼	40856	32297	6792	8559	8559	447	37477
有色金属合金制造	748	628	98	120	120		748
有色金属压延加工	4321	4321	404			88	4233
金属制品业	43957	40705	12398	3252	3233	17706	23928
结构性金属制品制造	838	838	266				838
金属工具制造							
集装箱及金属包装容器制造	874	874	297			15	859
金属丝绳及其制品制造	29183	25931	10344	3252	3233	6877	19983
建筑、安全用金属制品制造							
金属表面处理及热处理加工							
搪瓷制品制造							
金属制日用品制造							
铸造及其他金属制品制造	13062	13062	1491			10814	2248
通用设备制造业	2886	2861	428	25	25		2886
锅炉及原动设备制造	1042	1042	103				1042
金属加工机械制造	189	189	72				189
物料搬运设备制造	30	30	10				30
泵、阀门、压缩机及类似机械制造	253	253	73				253
轴承、齿轮和传动部件制造							
烘炉、风机、包装等设备制造	435	410	66	25	25		435
文化、办公用机械制造							

1-D-1.5　续表4　　　　单位:万元

行　业	R&D经费内部支出	日常性支出		资产性支出		#政府资金	#企业资金
			#人　员劳务费		#仪器和设　备		
通用零部件制造	938	938	105				938
其他通用设备制造业							
专用设备制造业	5392	5136	916	256	202	738	4618
采矿、冶金、建筑专用设备制造	2045	1988	313	57	3	738	1307
化工、木材、非金属加工专用设备制造	2391	2192	412	199	199		2355
食品、饮料、烟草及饲料生产专用设备制造							
印刷、制药、日化及日用品生产专用设备制造							
纺织、服装和皮革加工专用设备制造							
电子和电工机械专用设备制造							
农、林、牧、渔专用机械制造	943	943	184				943
医疗仪器设备及器械制造	13	13	7				13
环保、邮政、社会公共服务及其他专用设备制造							
汽车制造业	11686	7968	2692	3718	3718		9022
汽车整车制造	5380	4661	1279	718	718		5351
汽车用发动机制造							
改装汽车制造	450	450	200				450
低速汽车制造							
电车制造							
汽车车身、挂车制造							
汽车零部件及配件制造	5857	2857	1213	3000	3000		3221
铁路、船舶、航空航天和其他运输设备制造业	59195	57504	11554	1691	1662	1552	57019
铁路运输设备制造	55038	53849	10851	1189	1168	1400	53638
城市轨道交通设备制造							
船舶及相关装置制造							
航空、航天器及设备制造	4157	3655	703	502	494	152	3382
摩托车制造							
自行车和残疾人座车制造							
助动车制造							
非公路休闲车及零配件制造							
潜水救捞及其他未列明运输设备制造							
电气机械和器材制造业	7933	7712	1713	221	200	126	7031
电机制造	6016	5843	1383	173	173	125	5115
输配电及控制设备制造	1574	1553	296	21			1574
电线、电缆、光缆及电工器材制造	343	317	34	26	26	1	342
电池制造							
家用电力器具制造							
非电力家用器具制造							
照明器具制造							
其他电气机械及器材制造							
计算机、通信和其他电子设备制造业	72322	72124	9923	198	198	52	72271
计算机制造	56	56	37				56
通信设备制造							

1-D-1.5 续表5

单位:万元

行业	R&D经费内部支出	日常性支出	#人员劳务费	资产性支出	#仪器和设备	#政府资金	#企业资金
广播电视设备制造							
雷达及配套设备制造							
非专业视听设备制造							
智能消费设备制造							
电子器件制造	13117	13117	3231				13117
电子元件及电子专用材料制造	59149	58951	6655	198	198	52	59098
其他电子设备制造							
仪器仪表制造业							
通用仪器仪表制造							
专用仪器仪表制造							
钟表与计时仪器制造							
光学仪器制造							
衡器制造							
其他仪器仪表制造业							
其他制造业							
日用杂品制造							
核辐射加工							
其他未列明制造业							
废弃资源综合利用业	872	871	209	1	1	15	857
金属废料和碎屑加工处理	547	547	178	1	1	15	532
非金属废料和碎屑加工处理	325	325	31				325
金属制品、机械和设备修理业	200	200	57			20	180
金属制品修理							
通用设备修理							
专用设备修理							
铁路、船舶、航空航天等运输设备修理							
电气设备修理	200	200	57			20	180
仪器仪表修理							
其他机械和设备修理业							
电力、热力、燃气及水生产和供应业	**49674**	**44778**	**11494**	**4896**	**4882**	**125**	**49550**
电力、热力生产和供应业	37915	36696	10888	1219	1208	125	37791
电力生产	26238	25019	8224	1219	1208	125	26113
电力供应	11677	11677	2665				11677
热力生产和供应							
燃气生产和供应业	4143	3141	341	1002	1000		4143
燃气生产和供应业	4143	3141	341	1002	1000		4143
生物质燃气生产和供应业							
水的生产和供应业	7616	4941	264	2675	2674		7616
自来水生产和供应							
污水处理及其再生利用	7616	4941	264	2675	2674		7616
海水淡化处理							
其他水的处理、利用与分配							

1-D-1.6　分行业港澳台商投资企业 R&D 经费内部支出情况

单位：万元

行　业	R&D 经费内部支出	日常性支出	#人员劳务费	资产性支出	#仪器和设备	#政府资金	#企业资金
总　计	**28885**	**28235**	**6026**	**650**	**646**	**320**	**28565**
采矿业							
煤炭开采和洗选业							
石油和天然气开采业							
黑色金属矿采选业							
有色金属矿采选业							
非金属矿采选业							
开采专业及辅助性活动							
制造业	**28885**	**28235**	**6026**	**650**	**646**	**320**	**28565**
农副食品加工业							
食品制造业	10725	10297	2352	429	425	320	10405
调味品、发酵制品制造	10725	10297	2352	429	425	320	10405
酒、饮料和精制茶制造业							
烟草制品业							
纺织业							
纺织服装、服饰业							
皮革、毛皮、羽毛及其制品和制鞋业							
木材加工和木、竹、藤、棕、草制品业							
家具制造业							
造纸和纸制品业							
印刷和记录媒介复制业							
文教、工美、体育和娱乐用品制造业							
石油、煤炭及其他燃料加工业							
化学原料和化学制品制造业	6677	6627	1965	50	50		6677
基础化学原料制造	500	450	361	50	50		500
肥料制造	6177	6177	1604				6177
医药制造业	6533	6361	1472	171	171		6533
化学药品原料药制造	6533	6361	1472	171	171		6533
化学纤维制造业							
橡胶和塑料制品业							
非金属矿物制品业							
黑色金属冶炼和压延加工业							
有色金属冶炼和压延加工业	4950	4950	237				4950
常用有色金属冶炼	4950	4950	237				4950
金属制品业							
通用设备制造业							
专用设备制造业							
汽车制造业							
铁路、船舶、航空航天和其他运输设备制造业							
电气机械和器材制造业							
计算机、通信和其他电子设备制造业							
仪器仪表制造业							
其他制造业							
废弃资源综合利用业							
金属制品、机械和设备修理业							
电力、热力、燃气及水生产和供应业							
电力、热力生产和供应业							
燃气生产和供应业							
水的生产和供应业							

1-D-1.7 分行业外商投资企业 R&D 经费内部支出情况

单位:万元

行业	R&D 经费内部支出	日常性支出		资产性支出		#政府资金	#企业资金
			#人员劳务费		#仪器和设备		
总计	**67135**	**66068**	**20163**	**1067**	**1067**	**103**	**66959**
采矿业	**48161**	**48161**	**14389**				**48161**
煤炭开采和洗选业	48161	48161	14389				48161
烟煤和无烟煤开采洗选	48161	48161	14389				48161
石油和天然气开采业							
黑色金属矿采选业							
有色金属矿采选业							
非金属矿采选业							
开采专业及辅助性活动							
制造业	**18704**	**17670**	**5683**	**1034**	**1034**	**103**	**18528**
农副食品加工业							
食品制造业	146	145	32	1	1	103	43
乳制品制造	43	43	3				43
调味品、发酵制品制造	103	102	29	1	1	103	
酒、饮料和精制茶制造业							
烟草制品业							
纺织业							
纺织服装、服饰业							
皮革、毛皮、羽毛及其制品和制鞋业							
木材加工和木、竹、藤、棕、草制品业							
家具制造业							
造纸和纸制品业							
印刷和记录媒介复制业							
文教、工美、体育和娱乐用品制造业							
石油、煤炭及其他燃料加工业							
化学原料和化学制品制造业	7281	7281	2143				7281
基础化学原料制造	7281	7281	2143				7281
医药制造业							
化学纤维制造业							
橡胶和塑料制品业							
非金属矿物制品业	518	518	176				518
玻璃制造	518	518	176				518
黑色金属冶炼和压延加工业	6758	5725	1771	1033	1033		6685
铁合金冶炼	6758	5725	1771	1033	1033		6685
有色金属冶炼和压延加工业	4001	4001	1561				4001
贵金属冶炼	3805	3805	1450				3805
有色金属合金制造	196	196	112				196
金属制品业							
通用设备制造业							
专用设备制造业							
汽车制造业							
铁路、船舶、航空航天和其他运输设备制造业							
电气机械和器材制造业							
计算机、通信和其他电子设备制造业							
仪器仪表制造业							
其他制造业							
废弃资源综合利用业							
金属制品、机械和设备修理业							
电力、热力、燃气及水生产和供应业	**270**	**238**	**90**	**33**	**33**		**270**
电力、热力生产和供应业	270	238	90	33	33		270
电力生产	270	238	90	33	33		270
燃气生产和供应业							

1-D-1.8　各地区企业 R&D 经费内部支出情况

单位:万元

地　　区	R&D 经费内部支出	日常性支出	#人员劳务费	资产性支出	#仪器和设备	#政府资金	#企业资金
总　　计	**1033594**	**956193**	**206621**	**77401**	**76044**	**26958**	**990293**
呼和浩特市	189778	179242	38953	10536	10399	2985	181591
包 头 市	391041	369151	57341	21890	21740	21094	361186
呼伦贝尔市	20100	20050	2451	51	51	41	20059
兴 安 盟	2035	1956	841	79	72	170	1865
通 辽 市	15307	15213	3613	95	95	268	15039
赤 峰 市	38357	37442	5373	915	902	882	37474
锡林郭勒盟	7842	7367	2639	476	441	100	7742
乌兰察布市	6643	6633	2015	10			6643
鄂尔多斯市	288664	252172	76313	36492	36224	1202	285112
巴彦淖尔市	35571	31679	7477	3892	3597	217	35354
乌 海 市	34523	31690	8866	2833	2391		34494
阿 拉 善 盟	3733	3600	739	133	133		3733

1-D-1.9　各地区大中型企业 R&D 经费内部支出情况

单位:万元

地　　区	R&D 经费内部支出	日常性支出	#人员劳务费	资产性支出	#仪器和设备	#政府资金	#企业资金
总　　计	**825096**	**766774**	**161904**	**58322**	**57126**	**5832**	**806722**
呼和浩特市	180936	171080	37005	9856	9726	2727	173678
包 头 市	260496	247463	30716	13033	13009	902	253933
呼伦贝尔市	19644	19594	2253	51	51	41	19603
兴 安 盟	432	432	290	1	1	103	329
通 辽 市	14437	14343	3362	95	95	268	14169
赤 峰 市	25571	25235	4437	336	323	644	24927
锡林郭勒盟	7599	7124	2557	476	441	100	7499
乌兰察布市	5514	5504	1740	10			5514
鄂尔多斯市	244426	223151	63556	21274	21025	1047	241029
巴彦淖尔市	34068	30328	7161	3741	3447		34068
乌 海 市	28588	19270	8351	9318	8877		28588
阿 拉 善 盟	3384	3252	477	133	133		3384

1-D-1.10 各地区内资企业 R&D 经费内部支出情况

单位:万元

地区	R&D 经费内部支出	日常性支出	#人员劳务费	资产性支出	#仪器和设备	#政府资金	#企业资金
总计	**937575**	**861890**	**180432**	**75685**	**74331**	**26535**	**894769**
呼和浩特市	175016	165075	35828	9941	9807	2665	167149
包头市	385396	363556	56631	21840	21690	21094	355541
呼伦贝尔市	20057	20006	2448	51	51	41	20016
兴安盟	1932	1854	811	79	71	67	1865
通辽市	14790	14695	3437	95	95	268	14522
赤峰市	38087	37704	5283	383	370	882	37204
锡林郭勒盟	7842	7367	2639	476	441	100	7742
乌兰察布市	6643	6633	2015	10			6643
鄂尔多斯市	220287	184328	56406	35959	35691	1202	216808
巴彦淖尔市	29270	25383	5329	3887	3593	217	29053
乌海市	34523	31690	8866	2833	2391		34494
阿拉善盟	3733	3600	739	133	133		3733

1-D-1.11 各地区港澳台商投资企业 R&D 经费内部支出情况

单位:万元

地区	R&D 经费内部支出	日常性支出	#人员劳务费	资产性支出	#仪器和设备	#政府资金	#企业资金
总计	**28885**	**28235**	**6026**	**650**	**646**	**320**	**28565**
呼和浩特市	14762	14167	3126	595	592	320	14442
包头市	5450	5400	598	50	50		5450
呼伦贝尔市							
兴安盟							
通辽市							
赤峰市							
锡林郭勒盟							
乌兰察布市							
鄂尔多斯市	6177	6177	1604				6177
巴彦淖尔市	2496	2491	699	5	5		2496
乌海市							
阿拉善盟							

1-D-1.12　各地区外商投资企业 R&D 经费内部支出情况

单位:万元

地　　区	R&D 经费内部支出	日常性支出	#人员劳务费	资产性支出	#仪器和设备	#政府资金	#企业资金
总　　计	**67135**	**66068**	**20163**	**1067**	**1067**	**103**	**66959**
呼和浩特市							
包 头 市	196	196	112				196
呼伦贝尔市	43	43	3				43
兴 安 盟	103	102	29	1	1	103	
通 辽 市	518	518	176				518
赤 峰 市	270	238	90	33	33		270
锡林郭勒盟							
乌兰察布市							
鄂尔多斯市	62200	61167	18303	1033	1033		62127
巴彦淖尔市	3805	3805	1450				3805
乌 海 市							
阿 拉 善 盟							

1-D-2.1 分登记注册类型企业 R&D 经费外部支出情况

单位:万元

登记注册类型	R&D 经费外部支出	#对境内研究机构支出	#对境内高等学校支出
总 计	**60382**	**12180**	**8315**
内资企业	**48639**	**12180**	**8315**
国有企业	313	39	50
集体企业			
股份合作企业			
联营企业			
国有联营企业			
集体联营企业			
国有与集体联营企业			
其他联营企业			
有限责任公司	27538	5331	2299
国有独资公司	12872	2644	821
其他有限责任公司	14666	2688	1478
股份有限公司	18764	6055	5913
私营企业	1979	754	7
私营独资企业			
私营合伙企业			
私营有限责任公司	1248	683	2
私营股份有限公司	730	71	5
其他企业	46		46
港、澳、台商投资企业			
合资经营企业			
合作经营企业			
港、澳、台商独资经营企业			
港、澳、台商投资股份有限公司			
其他港、澳、台投资企业			
外商投资企业	**11743**		
中外合资经营企业	709		
中外合作经营企业			
外资企业			
外商投资股份有限公司	11035		
其他外商投资企业			

1-D-2.2　分登记注册类型大中型企业 R&D 经费外部支出情况

单位:万元

登记注册类型	R&D 经费外部支出	#对境内研究机构支出	#对境内高等学校支出
总　计	**53429**	**9856**	**7408**
内资企业	**41685**	**9856**	**7408**
国有企业			
集体企业			
股份合作企业			
联营企业			
集体联营企业			
其他联营企业			
有限责任公司	22729	3809	1505
国有独资公司	12872	2644	821
其他有限责任公司	9857	1166	684
股份有限公司	18746	6047	5904
私营企业	210		
私营独资企业			
私营合伙企业			
私营有限责任公司	210		
私营股份有限公司			
其他企业			
港、澳、台商投资企业			
合资经营企业			
合作经营企业			
港、澳、台商独资经营企业			
港、澳、台商投资股份有限公司			
其他港、澳、台投资企业			
外商投资企业	**11743**		
中外合资经营企业	709		
中外合作经营企业			
外资企业			
外商投资股份有限公司	11035		
其他外商投资企业			

1-D-2.3 分行业企业 R&D 经费外部支出情况

单位:万元

行业	R&D 经费外部支出	#对境内研究机构支出	#对境内高等学校支出
总计	**60382**	**12180**	**8315**
采矿业	**24608**	**2228**	**497**
煤炭开采和洗选业	24166	1918	385
烟煤和无烟煤开采洗选	24103	1856	385
褐煤开采洗选	63	63	
其他煤炭采选			
石油和天然气开采业			
石油开采			
天然气开采			
黑色金属矿采选业	124	78	47
铁矿采选	124	78	47
锰矿、铬矿采选			
其他黑色金属矿采选			
有色金属矿采选业	317	232	65
常用有色金属矿采选	317	232	65
贵金属矿采选			
稀有稀土金属矿采选			
非金属矿采选业			
土砂石开采			
化学矿开采			
采盐			
石棉及其他非金属矿采选			
开采专业及辅助性活动			
煤炭开采和洗选专业及辅助性活动			
石油和天然气开采专业及辅助性活动			
其他开采专业及辅助性活动			
其他采矿业			
其他采矿业			
制造业	**33492**	**8920**	**7122**
农副食品加工业	804	28	2
谷物磨制			
饲料加工	788	17	
植物油加工	5	3	1
制糖业			
屠宰及肉类加工	11	7	1
水产品加工			
蔬菜、菌类、水果和坚果加工			
其他农副食品加工			
食品制造业	16161	4600	5220
焙烤食品制造			
糖果、巧克力及蜜饯制造			
方便食品制造			
乳制品制造	15879	4574	5215
罐头食品制造			
调味品、发酵制品制造	281	25	6
其他食品制造			
酒、饮料和精制茶制造业	140	70	20
酒的制造	140	70	20
饮料制造			
精制茶加工			

1-D-2.3　续表1

单位:万元

行　　业	R&D经费外部支出	#对境内研究机构支出	#对境内高等学校支出
烟草制品业	547		
烟叶复烤			
卷烟制造	547		
其他烟草制品制造			
纺织业	200	100	100
棉纺织及印染精加工			
毛纺织及染整精加工			
麻纺织及染整精加工			
丝绢纺织及印染精加工			
化纤织造及印染精加工			
针织或钩针编织物及其制品制造	200	100	100
家用纺织制成品制造			
产业用纺织制成品制造			
纺织服装、服饰业	97	15	44
机织服装制造			
针织或钩针编织服装制造	97	15	44
服饰制造			
皮革、毛皮、羽毛及其制品和制鞋业			
皮革鞣制加工			
皮革制品制造			
毛皮鞣制及制品加工			
羽毛(绒)加工及制品制造			
制鞋业			
木材加工和木、竹、藤、棕、草制品业			
木材加工			
人造板制造			
木质制品制造			
竹、藤、棕、草等制品制造			
家具制造业			
木质家具制造			
竹、藤家具制造			
金属家具制造			
塑料家具制造			
其他家具制造			
造纸和纸制品业			
纸浆制造			
造纸			
纸制品制造			
印刷和记录媒介复制业			
印刷			
装订及印刷相关服务			
记录媒介复制			
文教、工美、体育和娱乐用品制造业			
文教办公用品制造			
乐器制造			
工艺美术及礼仪用品制造			
体育用品制造			
玩具制造			
游艺器材及娱乐用品制造			
石油、煤炭及其他燃料加工业	200		

1-D-2.3 续表2 单位:万元

行业	R&D经费外部支出	#对境内研究机构支出	#对境内高等学校支出
精炼石油产品制造			
煤炭加工	200		
核燃料加工			
生物质燃料加工			
化学原料和化学制品制造业	8110	1090	968
基础化学原料制造	3139	591	728
肥料制造	56		56
农药制造	157		78
涂料、油墨、颜料及类似产品制造			
合成材料制造	2037	499	104
专用化学产品制造	2718		
炸药、火工及焰火产品制造	2		2
日用化学产品制造			
医药制造业	2282	512	530
化学药品原料药制造	4		
化学药品制剂制造	168	24	
中药饮片加工			
中成药生产	1039	383	
兽用药品制造	1037	73	529
生物药品制品制造	33	32	1
卫生材料及医药用品制造			
药用辅料及包装材料			
化学纤维制造业			
纤维素纤维原料及纤维制造			
合成纤维制造			
生物基材料制造			
橡胶和塑料制品业			
橡胶制品业			
塑料制品业			
非金属矿物制品业	349	38	11
水泥、石灰和石膏制造			
石膏、水泥制品及类似制品制造			
砖瓦、石材等建筑材料制造			
玻璃制造			
玻璃制品制造	18	8	10
玻璃纤维和玻璃纤维增强塑料制品制造	30	30	
陶瓷制品制造			
耐火材料制品制造			
石墨及其他非金属矿物制品制造	301		1
黑色金属冶炼和压延加工业	1475	896	46
炼铁			
炼钢			
钢压延加工	1125	896	46
铁合金冶炼	350		
有色金属冶炼和压延加工业	587	457	80
常用有色金属冶炼	16		
贵金属冶炼	26	25	1
稀有稀土金属冶炼	546	432	79
有色金属合金制造			
有色金属压延加工			
金属制品业	46		46

1-D-2.3　续表3　　单位:万元

行　　业	R&D经费外部支出	#对境内研究机构支出	#对境内高等学校支出
结构性金属制品制造			
金属工具制造			
集装箱及金属包装容器制造			
金属丝绳及其制品制造	46		46
建筑、安全用金属制品制造			
金属表面处理及热处理加工			
搪瓷制品制造			
金属制日用品制造			
铸造及其他金属制品制造			
通用设备制造业	297	297	
锅炉及原动设备制造			
金属加工机械制造	297	297	
物料搬运设备制造			
泵、阀门、压缩机及类似机械制造			
轴承、齿轮和传动部件制造			
烘炉、风机、包装等设备制造			
文化、办公用机械制造			
通用零部件制造			
其他通用设备制造业			
专用设备制造业	855		5
采矿、冶金、建筑专用设备制造	850		
化工、木材、非金属加工专用设备制造			
食品、饮料、烟草及饲料生产专用设备制造			
印刷、制药、日化及日用品生产专用设备制造			
纺织、服装和皮革加工专用设备制造			
电子和电工机械专用设备制造			
农、林、牧、渔专用机械制造	5		5
医疗仪器设备及器械制造			
环保、邮政、社会公共服务及其他专用设备制造			
汽车制造业			
汽车整车制造			
汽车用发动机制造			
改装汽车制造			
低速汽车制造			
电车制造			
汽车车身、挂车制造			
汽车零部件及配件制造			
铁路、船舶、航空航天和其他运输设备制造业	890	817	50
铁路运输设备制造	777	777	
城市轨道交通设备制造			
船舶及相关装置制造			
航空、航天器及设备制造	113	39	50
摩托车制造			
自行车和残疾人座车制造			
助动车制造			
非公路休闲车及零配件制造			
潜水救捞及其他未列明运输设备制造			
电气机械和器材制造业	454		
电机制造	454		
输配电及控制设备制造			
电线、电缆、光缆及电工器材制造			

1-D-2.3 续表4

单位:万元

行业	R&D经费外部支出	#对境内研究机构支出	#对境内高等学校支出
电池制造			
家用电力器具制造			
非电力家用器具制造			
照明器具制造			
其他电气机械及器材制造			
计算机、通信和其他电子设备制造业			
计算机制造			
通信设备制造			
广播电视设备制造			
雷达及配套设备制造			
非专业视听设备制造			
智能消费设备制造			
电子器件制造			
电子元件及电子专用材料制造			
其他电子设备制造			
仪器仪表制造业			
通用仪器仪表制造			
专用仪器仪表制造			
钟表与计时仪器制造			
光学仪器制造			
衡器制造			
其他仪器仪表制造业			
其他制造业			
日用杂品制造			
核辐射加工			
其他未列明制造业			
废弃资源综合利用业			
金属废料和碎屑加工处理			
非金属废料和碎屑加工处理			
金属制品、机械和设备修理业			
金属制品修理			
通用设备修理			
专用设备修理			
铁路、船舶、航空航天等运输设备修理			
电气设备修理			
仪器仪表修理			
其他机械和设备修理业			
电力、热力、燃气及水生产和供应业	**2282**	**1033**	**696**
电力、热力生产和供应业	2247	1033	696
电力生产	804	273	13
电力供应	1443	759	683
热力生产和供应			
燃气生产和供应业	2		
燃气生产和供应业	2		
生物质燃气生产和供应业			
水的生产和供应业	34		
自来水生产和供应			
污水处理及其再生利用	34		
海水淡化处理			
其他水的处理、利用与分配			

1-D-2.4　分行业大中型企业 R&D 经费外部支出情况

单位:万元

行　业	R&D 经费外部支出	#对境内研究机构支出	#对境内高等学校支出
总　计	**53429**	**9856**	**7408**
采矿业	**24492**	**2188**	**435**
煤炭开采和洗选业	24166	1918	385
烟煤和无烟煤开采洗选	24103	1856	385
褐煤开采洗选	63	63	
石油和天然气开采业			
黑色金属矿采选业	124	78	47
铁矿采选	124	78	47
有色金属矿采选业	201	192	3
常用有色金属矿采选	201	192	3
非金属矿采选业			
开采专业及辅助性活动			
其他采矿业			
制造业	**27135**	**6880**	**6277**
农副食品加工业	777	6	
饲料加工	770		
屠宰及肉类加工	6	6	
食品制造业	16161	4600	5220
乳制品制造	15879	4574	5215
调味品、发酵制品制造	281	25	6
酒、饮料和精制茶制造业	140	70	20
酒的制造	140	70	20
烟草制品业	547		
卷烟制造	547		
纺织业	200	100	100
针织或钩针编织物及其制品制造	200	100	100
纺织服装、服饰业	97	15	44
针织或钩针编织服装制造	97	15	44
皮革、毛皮、羽毛及其制品和制鞋业			
木材加工和木、竹、藤、棕、草制品业			
家具制造业			
造纸和纸制品业			
印刷和记录媒介复制业			
文教、工美、体育和娱乐用品制造业			
石油、煤炭及其他燃料加工业	200		

1-D-2.4 续表 单位:万元

行业	R&D经费外部支出	#对境内研究机构支出	#对境内高等学校支出
煤炭加工	200		
化学原料和化学制品制造业	5821	633	238
基础化学原料制造	853	134	
肥料制造	56		56
农药制造	157		78
合成材料制造	2037	499	104
专用化学产品制造	2718		
医药制造业	1216	103	529
化学药品原料药制造	4		
化学药品制剂制造	144		
兽用药品制造	1037	73	529
生物药品制品制造	30	30	
非金属矿物制品业	300		
石墨及其他非金属矿物制品制造	300		
黑色金属冶炼和压延加工业	1125	896	46
钢压延加工	1125	896	46
有色金属冶炼和压延加工业	552	457	79
常用有色金属冶炼	16		
贵金属冶炼	25	25	
稀有稀土金属冶炼	512	432	79
金属制品业			
通用设备制造业			
专用设备制造业			
汽车制造业			
铁路、船舶、航空航天和其他运输设备制造业			
电气机械和器材制造业			
计算机、通信和其他电子设备制造业			
仪器仪表制造业			
其他制造业			
废弃资源综合利用业			
金属制品、机械和设备修理业			
电力、热力、燃气及水生产和供应业	**1802**	**788**	**696**
电力、热力生产和供应业	1802	788	696
电力生产	360	29	13
电力供应	1443	759	683
燃气生产和供应业			
水的生产和供应业			

1-D-2.5　分行业内资企业 R&D 经费外部支出情况

单位:万元

行　业	R&D 经费外部支出	#对境内研究机构支出	#对境内高等学校支出
总　计	**48639**	**12180**	**8315**
采矿业	**13573**	**2228**	**497**
煤炭开采和洗选业	13132	1918	385
烟煤和无烟煤开采洗选	13069	1856	385
褐煤开采洗选	63	63	
其他煤炭采选			
石油和天然气开采业			
石油开采			
天然气开采			
黑色金属矿采选业	124	78	47
铁矿采选	124	78	47
锰矿、铬矿采选			
其他黑色金属矿采选			
有色金属矿采选业	317	232	65
常用有色金属矿采选	317	232	65
贵金属矿采选			
稀有稀土金属矿采选			
非金属矿采选业			
土砂石开采			
化学矿开采			
采盐			
石棉及其他非金属矿采选			
开采专业及辅助性活动			
煤炭开采和洗选专业及辅助性活动			
石油和天然气开采专业及辅助性活动			
其他开采专业及辅助性活动			
其他采矿业			
其他采矿业			
制造业	**32784**	**8920**	**7122**
农副食品加工业	804	28	2
谷物磨制			
饲料加工	788	17	
植物油加工	5	3	1
制糖业			
屠宰及肉类加工	11	7	1
水产品加工			
蔬菜、菌类、水果和坚果加工			
其他农副食品加工			
食品制造业	16161	4600	5220
焙烤食品制造			
糖果、巧克力及蜜饯制造			
方便食品制造			
乳制品制造	15879	4574	5215
罐头食品制造			
调味品、发酵制品制造	281	25	6
其他食品制造			
酒、饮料和精制茶制造业	140	70	20
酒的制造	140	70	20
饮料制造			
精制茶加工			

1-D-2.5 续表1 单位:万元

行业	R&D经费外部支出	#对境内研究机构支出	#对境内高等学校支出
烟草制品业	547		
烟叶复烤			
卷烟制造	547		
其他烟草制品制造			
纺织业	200	100	100
棉纺织及印染精加工			
毛纺织及染整精加工			
麻纺织及染整精加工			
丝绢纺织及印染精加工			
化纤织造及印染精加工			
针织或钩针编织物及其制品制造	200	100	100
家用纺织制成品制造			
产业用纺织制成品制造			
纺织服装、服饰业	97	15	44
机织服装制造			
针织或钩针编织服装制造	97	15	44
服饰制造			
皮革、毛皮、羽毛及其制品和制鞋业			
皮革鞣制加工			
皮革制品制造			
毛皮鞣制及制品加工			
羽毛(绒)加工及制品制造			
制鞋业			
木材加工和木、竹、藤、棕、草制品业			
木材加工			
人造板制造			
木质制品制造			
竹、藤、棕、草等制品制造			
家具制造业			
木质家具制造			
竹、藤家具制造			
金属家具制造			
塑料家具制造			
其他家具制造			
造纸和纸制品业			
纸浆制造			
造纸			
纸制品制造			
印刷和记录媒介复制业			
印刷			
装订及印刷相关服务			
记录媒介复制			
文教、工美、体育和娱乐用品制造业			
文教办公用品制造			
乐器制造			
工艺美术及礼仪用品制造			
体育用品制造			
玩具制造			
游艺器材及娱乐用品制造			
石油、煤炭及其他燃料加工业	200		

1-D-2.5　续表2　　　　单位:万元

行　业	R&D经费外部支出	#对境内研究机构支出	#对境内高等学校支出
精炼石油产品制造			
煤炭加工	200		
核燃料加工			
生物质燃料加工			
化学原料和化学制品制造业	7401	1090	968
基础化学原料制造	2431	591	728
肥料制造	56		56
农药制造	157		78
涂料、油墨、颜料及类似产品制造			
合成材料制造	2037	499	104
专用化学产品制造	2718		
炸药、火工及焰火产品制造	2		2
日用化学产品制造			
医药制造业	2282	512	530
化学药品原料药制造	4		
化学药品制剂制造	168	24	
中药饮片加工			
中成药生产	1039	383	
兽用药品制造	1037	73	529
生物药品制品制造	33	32	1
卫生材料及医药用品制造			
药用辅料及包装材料			
化学纤维制造业			
纤维素纤维原料及纤维制造			
合成纤维制造			
生物基材料制造			
橡胶和塑料制品业			
橡胶制品业			
塑料制品业			
非金属矿物制品业	349	38	11
水泥、石灰和石膏制造			
石膏、水泥制品及类似制品制造			
砖瓦、石材等建筑材料制造			
玻璃制造			
玻璃制品制造	18	8	10
玻璃纤维和玻璃纤维增强塑料制品制造	30	30	
陶瓷制品制造			
耐火材料制品制造			
石墨及其他非金属矿物制品制造	301		1
黑色金属冶炼和压延加工业	1475	896	46
炼铁			
炼钢			
钢压延加工	1125	896	46
铁合金冶炼	350		
有色金属冶炼和压延加工业	587	457	80
常用有色金属冶炼	16		
贵金属冶炼	26	25	1
稀有稀土金属冶炼	546	432	79
有色金属合金制造			
有色金属压延加工			
金属制品业	46		46

1-D-2.5 续表3

单位:万元

行业	R&D 经费外部支出	#对境内研究机构支出	#对境内高等学校支出
结构性金属制品制造			
金属工具制造			
集装箱及金属包装容器制造			
金属丝绳及其制品制造	46		46
建筑、安全用金属制品制造			
金属表面处理及热处理加工			
搪瓷制品制造			
金属制日用品制造			
铸造及其他金属制品制造			
通用设备制造业	297	297	
锅炉及原动设备制造			
金属加工机械制造	297	297	
物料搬运设备制造			
泵、阀门、压缩机及类似机械制造			
轴承、齿轮和传动部件制造			
烘炉、风机、包装等设备制造			
文化、办公用机械制造			
通用零部件制造			
其他通用设备制造业			
专用设备制造业	855		5
采矿、冶金、建筑专用设备制造	850		
化工、木材、非金属加工专用设备制造			
食品、饮料、烟草及饲料生产专用设备制造			
印刷、制药、日化及日用品生产专用设备制造			
纺织、服装和皮革加工专用设备制造			
电子和电工机械专用设备制造			
农、林、牧、渔专用机械制造	5		5
医疗仪器设备及器械制造			
环保、邮政、社会公共服务及其他专用设备制造			
汽车制造业			
汽车整车制造			
汽车用发动机制造			
改装汽车制造			
低速汽车制造			
电车制造			
汽车车身、挂车制造			
汽车零部件及配件制造			
铁路、船舶、航空航天和其他运输设备制造业	890	817	50
铁路运输设备制造	777	777	
城市轨道交通设备制造			
船舶及相关装置制造			
航空、航天器及设备制造	113	39	50
摩托车制造			
自行车和残疾人座车制造			
助动车制造			
非公路休闲车及零配件制造			
潜水救捞及其他未列明运输设备制造			
电气机械和器材制造业	454		
电机制造	454		
输配电及控制设备制造			
电线、电缆、光缆及电工器材制造			

1-D-2.5　续表4　　　　单位:万元

行　业	R&D经费外部支出	#对境内研究机构支出	#对境内高等学校支出
电池制造			
家用电力器具制造			
非电力家用器具制造			
照明器具制造			
其他电气机械及器材制造			
计算机、通信和其他电子设备制造业			
计算机制造			
通信设备制造			
广播电视设备制造			
雷达及配套设备制造			
非专业视听设备制造			
智能消费设备制造			
电子器件制造			
电子元件及电子专用材料制造			
其他电子设备制造			
仪器仪表制造业			
通用仪器仪表制造			
专用仪器仪表制造			
钟表与计时仪器制造			
光学仪器制造			
衡器制造			
其他仪器仪表制造业			
其他制造业			
日用杂品制造			
核辐射加工			
其他未列明制造业			
废弃资源综合利用业			
金属废料和碎屑加工处理			
非金属废料和碎屑加工处理			
金属制品、机械和设备修理业			
金属制品修理			
通用设备修理			
专用设备修理			
铁路、船舶、航空航天等运输设备修理			
电气设备修理			
仪器仪表修理			
其他机械和设备修理业			
电力、热力、燃气及水生产和供应业	**2282**	**1033**	**696**
电力、热力生产和供应业	2247	1033	696
电力生产	804	273	13
电力供应	1443	759	683
热力生产和供应			
燃气生产和供应业	2		
燃气生产和供应业	2		
生物质燃气生产和供应业			
水的生产和供应业	34		
自来水生产和供应			
污水处理及其再生利用	34		
海水淡化处理			
其他水的处理、利用与分配			

1-D-2.6 分行业外商投资企业 R&D 经费外部支出情况

单位:万元

行　业	R&D 经费外部支出	#对境内研究机构支出	#对境内高等学校支出
总　计	**11743**		
采矿业	**11035**		
煤炭开采和洗选业	11035		
石油和天然气开采业			
黑色金属矿采选业			
有色金属矿采选业			
非金属矿采选业			
开采专业及辅助性活动			
制造业	**709**		
农副食品加工业			
食品制造业			
酒、饮料和精制茶制造业			
烟草制品业			
纺织业			
纺织服装、服饰业			
皮革、毛皮、羽毛及其制品和制鞋业			
木材加工和木、竹、藤、棕、草制品业			
家具制造业			
造纸和纸制品业			
印刷和记录媒介复制业			
文教、工美、体育和娱乐用品制造业			
石油、煤炭及其他燃料加工业			
化学原料和化学制品制造业	709		
医药制造业			
化学纤维制造业			
橡胶和塑料制品业			
非金属矿物制品业			
黑色金属冶炼和压延加工业			
有色金属冶炼和压延加工业			
金属制品业			
通用设备制造业			
专用设备制造业			
汽车制造业			
铁路、船舶、航空航天和其他运输设备制造业			
电气机械和器材制造业			
计算机、通信和其他电子设备制造业			
仪器仪表制造业			
其他制造业			
废弃资源综合利用业			
金属制品、机械和设备修理业			
电力、热力、燃气及水生产和供应业			
电力、热力生产和供应业			
燃气生产和供应业			
水的生产和供应业			

1-D-2.7　各地区企业 R&D 经费外部支出情况

单位:万元

地　　区	R&D 经费外部支出	#对境内研究机构支出	#对境内高等学校支出
总　　计	**60382**	**12180**	**8315**
呼和浩特市	19849	5486	6566
包 头 市	5345	2504	251
呼伦贝尔市	373	18	31
兴 安 盟	453	383	
通 辽 市	426	25	6
赤 峰 市	812	38	4
锡林郭勒盟	316	316	
乌兰察布市			
鄂尔多斯市	32231	3071	1287
巴彦淖尔市	414	175	170
乌 海 市	164	164	
阿 拉 善 盟			

1-D-2.8　各地区大中型企业 R&D 经费外部支出情况

单位:万元

地　　区	R&D 经费外部支出	#对境内研究机构支出	#对境内高等学校支出
总　　计	**53429**	**9856**	**7408**
呼和浩特市	19028	5437	6505
包 头 市	2326	1426	202
呼伦贝尔市	352	16	13
兴 安 盟	70		
通 辽 市	425.6	25.3	5.6
赤 峰 市	787	14	3
锡林郭勒盟	316	316	
乌兰察布市			
鄂尔多斯市	29700	2369	560
巴彦淖尔市	290	120	120
乌 海 市	134	134	
阿 拉 善 盟			

1-D-2.9 各地区内资企业 R&D 经费外部支出情况

单位:万元

地　　区	R&D 经费外部支出	#对境内研究机构支出	#对境内高等学校支出
总　　计	**48639**	**12180**	**8315**
呼和浩特市	19849	5486	6566
包 头 市	5345	2504	251
呼伦贝尔市	373	18	31
兴 安 盟	453	383	
通 辽 市	426	25	6
赤 峰 市	812	38	4
锡林郭勒盟	316	316	
乌兰察布市			
鄂尔多斯市	20488	3071	1287
巴彦淖尔市	414	175	170
乌 海 市	164	164	
阿 拉 善 盟			

1-D-2.10 各地区外商投资企业 R&D 经费外部支出情况

单位:万元

地　　区	R&D 经费外部支出	#对境内研究机构支出	#对境内高等学校支出
总　　计	**11743**		
呼和浩特市			
包 头 市			
呼伦贝尔市			
兴 安 盟			
通 辽 市			
赤 峰 市			
锡林郭勒盟			
乌兰察布市			
鄂尔多斯市	11743		
巴彦淖尔市			
乌 海 市			
阿 拉 善 盟			

E. 企业 R&D 项目情况

1-E-1　分登记注册类型企业全部 R&D 项目情况

登记注册类型	项目数（项）	参加项目人员（人）	项目人员折合全时当量（人年）	项目经费内部支出（万元）
总　计	**2318**	**21988**	**13999**	**972268**
内资企业	**2066**	**19996**	**12736**	**878065**
国有企业	12	92	55	7422
集体企业				
股份合作企业				
联营企业				
国有联营企业				
集体联营企业				
国有与集体联营企业				
其他联营企业				
有限责任公司	1066	11288	7113	482454
国有独资公司	168	1730	863	42765
其他有限责任公司	898	9558	6250	439689
股份有限公司	599	4796	2550	268360
私营企业	275	2109	1359	90670
私营独资企业				
私营合伙企业				
私营有限责任公司	183	1664	1025	82484
私营股份有限公司	92	445	333	8186
其他企业	114	1711	1659	29158
港、澳、台商投资企业	**74**	**690**	**420**	**27279**
合资经营企业	14	161	125	11126
合作经营企业				
港、澳、台商独资经营企业	60	529	294	16153
港、澳、台商投资股份有限公司				
其他港、澳、台投资企业				
外商投资企业	**178**	**1302**	**844**	**66925**
中外合资经营企业	47	524	200	15097
中外合作经营企业	7	86	57	3668
外资企业				
外商投资股份有限公司	124	692	586	48160
其他外商投资企业				

1-E-2 分登记注册类型大中型企业全部R&D项目情况

登记注册类型	项目数(项)	参加项目人员(人)	项目人员折合全时当量(人年)	项目经费内部支出(万元)
总　计	**1657**	**16208**	**9245**	**773400**
内资企业	**1435**	**14333**	**8069**	**681551**
国有企业				
集体企业				
股份合作企业				
联营企业				
国有联营企业				
集体联营企业				
国有与集体联营企业				
其他联营企业				
有限责任公司	747	8306	4796	345504
国有独资公司	148	1494	700	34263
其他有限责任公司	599	6812	4096	311241
股份有限公司	574	4672	2455	264530
私营企业	114	1355	818	71518
私营独资企业				
私营合伙企业				
私营有限责任公司	93	1213	716	67740
私营股份有限公司	21	142	102	3777
其他企业				
港、澳、台商投资企业	**53**	**611**	**355**	**25951**
合资经营企业	14	161	125	11126
合作经营企业				
港、澳、台商独资经营企业	39	450	230	14825
港、澳、台商投资股份有限公司				
其他港、澳、台投资企业				
外商投资企业	**169**	**1264**	**821**	**65898**
中外合资经营企业	38	486	177	14070
中外合作经营企业	7	86	57	3668
外资企业				
外商投资股份有限公司	124	692	586	48160
其他外商投资企业				

1-E-3　分行业企业全部 R&D 项目情况

行　业	项目数（项）	参加项目人员（人）	项目人员折合全时当量（人年）	项目经费内部支出（万元）
总　计	**2318**	**21988**	**13999**	**972268**
采矿业	**294**	**2498**	**1729**	**108117**
煤炭开采和洗选业	241	1879	1296	90610
烟煤和无烟煤开采洗选	238	1829	1259	90430
褐煤开采洗选	3	50	37	180
其他煤炭采选				
石油和天然气开采业				
石油开采				
天然气开采				
黑色金属矿采选业	29	447	354	6524
铁矿采选	29	447	354	6524
锰矿、铬矿采选				
其他黑色金属矿采选				
有色金属矿采选业	21	153	69	10618
常用有色金属矿采选	20	151	69	5208
贵金属矿采选				
稀有稀土金属矿采选	1	2	1	5410
非金属矿采选业	3	19	9	365
土砂石开采	1	5	2	104
化学矿开采				
采盐				
石棉及其他非金属矿采选	2	14	7	261
开采专业及辅助性活动				
煤炭开采和洗选专业及辅助性活动				
石油和天然气开采专业及辅助性活动				
其他开采专业及辅助性活动				
其他采矿业				
其他采矿业				
制造业	**1879**	**18335**	**11693**	**822882**
农副食品加工业	30	245	163	10973
谷物磨制	3	28	26	453
饲料加工	12	135	90	9131
植物油加工	1	6	1	75
制糖业				
屠宰及肉类加工	12	69	41	1237
水产品加工				
蔬菜、菌类、水果和坚果加工				
其他农副食品加工	2	7	6	77
食品制造业	203	1846	951	93036
焙烤食品制造				
糖果、巧克力及蜜饯制造				
方便食品制造	2	21	3	1017
乳制品制造	127	920	352	50350
罐头食品制造				
调味品、发酵制品制造	57	702	432	35790
其他食品制造	17	203	165	5880
酒、饮料和精制茶制造业	26	253	152	1965
酒的制造	18	247	151	1957
饮料制造	8	6	1	8
精制茶加工				

1-E-3 续表1

行　业	项目数（项）	参加项目人员（人）	项目人员折合全时当量（人年）	项目经费内部支出（万元）
烟草制品业	9	94	61	1762
烟叶复烤				
卷烟制造	9	94	61	1762
其他烟草制品制造				
纺织业	7	106	72	2744
棉纺织及印染精加工				
毛纺织及染整精加工				
麻纺织及染整精加工				
丝绢纺织及印染精加工				
化纤织造及印染精加工				
针织或钩针编织物及其制品制造	7	106	72	2744
家用纺织制成品制造				
产业用纺织制成品制造				
纺织服装、服饰业	42	280	259	19750
机织服装制造				
针织或钩针编织服装制造	42	280	259	19750
服饰制造				
皮革、毛皮、羽毛及其制品和制鞋业				
皮革鞣制加工				
皮革制品制造				
毛皮鞣制及制品加工				
羽毛(绒)加工及制品制造				
制鞋业				
木材加工和木、竹、藤、棕、草制品业				
木材加工				
人造板制造				
木质制品制造				
竹、藤、棕、草等制品制造				
家具制造业				
木质家具制造				
竹、藤家具制造				
金属家具制造				
塑料家具制造				
其他家具制造				
造纸和纸制品业				
纸浆制造				
造纸				
纸制品制造				
印刷和记录媒介复制业	1	7	7	19
印刷	1	7	7	19
装订及印刷相关服务				
记录媒介复制				
文教、工美、体育和娱乐用品制造业				
文教办公用品制造				
乐器制造				
工艺美术及礼仪用品制造				
体育用品制造				
玩具制造				
游艺器材及娱乐用品制造				
石油、煤炭及其他燃料加工业	25	219	121	11787

1-E-3　续表2

行　业	项目数（项）	参加项目人员（人）	项目人员折合全时当量（人年）	项目经费内部支出（万元）
精炼石油产品制造	10	116	74	6453
煤炭加工	15	103	47	5334
核燃料加工				
生物质燃料加工				
化学原料和化学制品制造业	339	3967	2502	218798
基础化学原料制造	178	2287	1412	120899
肥料制造	15	115	77	8038
农药制造	20	297	188	8116
涂料、油墨、颜料及类似产品制造				
合成材料制造	90	1041	641	72491
专用化学产品制造	29	133	94	8542
炸药、火工及焰火产品制造	7	94	90	713
日用化学产品制造				
医药制造业	173	957	654	20144
化学药品原料药制造	35	442	271	7882
化学药品制剂制造	35	196	144	3559
中药饮片加工				
中成药生产	23	111	80	2260
兽用药品制造	57	136	112	5142
生物药品制品制造	23	72	47	1301
卫生材料及医药用品制造				
药用辅料及包装材料				
化学纤维制造业				
纤维素纤维原料及纤维制造				
合成纤维制造				
生物基材料制造				
橡胶和塑料制品业	5	22	15	453
橡胶制品业	5	22	15	453
塑料制品业				
非金属矿物制品业	29	189	108	10176
水泥、石灰和石膏制造	1	14	2	1174
石膏、水泥制品及类似制品制造	6	50	30	990
砖瓦、石材等建筑材料制造	1	15	12	213
玻璃制造	1	15	8	518
玻璃制品制造	3	12	3	1126
玻璃纤维和玻璃纤维增强塑料制品制造	1	12	8	280
陶瓷制品制造	1	13	5	604
耐火材料制品制造	2	6	1	77
石墨及其他非金属矿物制品制造	13	52	39	5194
黑色金属冶炼和压延加工业	253	2712	1131	143524
炼铁	1	15	7	129
炼钢				
钢压延加工	211	2300	965	130886
铁合金冶炼	41	397	160	12510
有色金属冶炼和压延加工业	213	2037	1133	89872
常用有色金属冶炼	51	1157	443	43286
贵金属冶炼	14	170	127	4672
稀有稀土金属冶炼	123	598	477	36689
有色金属合金制造	15	31	19	906
有色金属压延加工	10	81	67	4320
金属制品业	160	2133	1941	41555

1-E-3 续表3

行业	项目数(项)	参加项目人员(人)	项目人员折合全时当量(人年)	项目经费内部支出(万元)
结构性金属制品制造	6	28	20	837
金属工具制造				
集装箱及金属包装容器制造	12	73	51	874
金属丝绳及其制品制造	114	1711	1659	29158
建筑、安全用金属制品制造				
金属表面处理及热处理加工				
搪瓷制品制造				
金属制日用品制造				
铸造及其他金属制品制造	28	321	210	10686
通用设备制造业	36	174	121	2886
锅炉及原动设备制造	6	9	6	1042
金属加工机械制造	11	16	8	188
物料搬运设备制造	1	6	1	30
泵、阀门、压缩机及类似机械制造	7	53	41	253
轴承、齿轮和传动部件制造				
烘炉、风机、包装等设备制造	3	27	2	435
文化、办公用机械制造				
通用零部件制造	8	63	63	938
其他通用设备制造业				
专用设备制造业	52	243	160	4629
采矿、冶金、建筑专用设备制造	13	67	46	1984
化工、木材、非金属加工专用设备制造	19	123	80	1890
食品、饮料、烟草及饲料生产专用设备制造				
印刷、制药、日化及日用品生产专用设备制造				
纺织、服装和皮革加工专用设备制造				
电子和电工机械专用设备制造				
农、林、牧、渔专用机械制造	18	46	27	742
医疗仪器设备及器械制造	2	7	7	13
环保、邮政、社会公共服务及其他专用设备制造				
汽车制造业	18	286	211	11256
汽车整车制造	8	65	42	5380
汽车用发动机制造				
改装汽车制造	2	13	9	20
低速汽车制造				
电车制造				
汽车车身、挂车制造				
汽车零部件及配件制造	8	208	160	5857
铁路、船舶、航空航天和其他运输设备制造业	89	1271	1166	59138
铁路运输设备制造	78	1209	1142	55016
城市轨道交通设备制造				
船舶及相关装置制造				
航空、航天器及设备制造	11	62	25	4122
摩托车制造				
自行车和残疾人座车制造				
助动车制造				
非公路休闲车及零配件制造				
潜水救捞及其他未列明运输设备制造				
电气机械和器材制造业	67	307	180	6998
电机制造	50	180	117	5649
输配电及控制设备制造	14	117	55	1006
电线、电缆、光缆及电工器材制造	3	10	8	343

1-E-3　续表4

行　业	项目数（项）	参加项目人员（人）	项目人员折合全时当量（人年）	项目经费内部支出（万元）
电池制造				
家用电力器具制造				
非电力家用器具制造				
照明器具制造				
其他电气机械及器材制造				
计算机、通信和其他电子设备制造业	90	913	549	70420
计算机制造	1	7	4	56
通信设备制造				
广播电视设备制造				
雷达及配套设备制造				
非专业视听设备制造				
智能消费设备制造				
电子器件制造	30	97	75	13117
电子元件及电子专用材料制造	59	809	469	57246
其他电子设备制造				
仪器仪表制造业				
通用仪器仪表制造				
专用仪器仪表制造				
钟表与计时仪器制造				
光学仪器制造				
衡器制造				
其他仪器仪表制造业				
其他制造业				
日用杂品制造				
核辐射加工				
其他未列明制造业				
废弃资源综合利用业	10	46	16	799
金属废料和碎屑加工处理	9	38	14	475
非金属废料和碎屑加工处理	1	8	1	325
金属制品、机械和设备修理业	2	28	18	200
金属制品修理				
通用设备修理				
专用设备修理				
铁路、船舶、航空航天等运输设备修理				
电气设备修理	2	28	18	200
仪器仪表修理				
其他机械和设备修理业				
电力、热力、燃气及水生产和供应业	**145**	**1155**	**577**	**41270**
电力、热力生产和供应业	140	1035	511	30966
电力生产	56	440	213	22316
电力供应	84	595	298	8650
热力生产和供应				
燃气生产和供应业	3	67	28	2689
燃气生产和供应业	3	67	28	2689
生物质燃气生产和供应业				
水的生产和供应业	2	53	38	7615
自来水生产和供应				
污水处理及其再生利用	2	53	38	7615
海水淡化处理				
其他水的处理、利用与分配				

1-E-4 分行业大中型企业全部 R&D 项目情况

行业	项目数(项)	参加项目人员(人)	项目人员折合全时当量(人年)	项目经费内部支出(万元)
总计	**1657**	**16208**	**9245**	**773400**
采矿业	**285**	**2399**	**1661**	**105032**
煤炭开采和洗选业	240	1829	1251	87971
烟煤和无烟煤开采洗选	237	1779	1213	87791
褐煤开采洗选	3	50	37	180
其他煤炭采选				
石油和天然气开采业				
石油开采				
天然气开采				
黑色金属矿采选业	29	447	354	6524
铁矿采选	29	447	354	6524
锰矿、铬矿采选				
其他黑色金属矿采选				
有色金属矿采选业	16	123	56	10538
常用有色金属矿采选	15	121	55	5128
贵金属矿采选				
稀有稀土金属矿采选	1	2	1	5410
非金属矿采选业				
土砂石开采				
化学矿开采				
采盐				
石棉及其他非金属矿采选				
开采专业及辅助性活动				
煤炭开采和洗选专业及辅助性活动				
石油和天然气开采专业及辅助性活动				
其他开采专业及辅助性活动				
其他采矿业				
其他采矿业				
制造业	**1255**	**13023**	**7217**	**651647**
农副食品加工业	11	153	102	9819
谷物磨制				
饲料加工	9	115	86	9031
植物油加工				
制糖业				
屠宰及肉类加工	2	38	16	788
水产品加工				
蔬菜、菌类、水果和坚果加工				
其他农副食品加工				
食品制造业	191	1776	939	91458
焙烤食品制造				
糖果、巧克力及蜜饯制造				
方便食品制造				
乳制品制造	121	876	346	49883
罐头食品制造				
调味品、发酵制品制造	57	702	432	35790
其他食品制造	13	198	161	5786
酒、饮料和精制茶制造业	18	247	151	1957
酒的制造	18	247	151	1957
饮料制造				
精制茶加工				

1-E-4　续表1

行　业	项目数（项）	参加项目人　员（人）	项目人员折合全时当量（人年）	项目经费内部支出（万元）
烟草制品业	9	94	61	1762
烟叶复烤				
卷烟制造	9	94	61	1762
其他烟草制品制造				
纺织业	7	106	72	2744
棉纺织及印染精加工				
毛纺织及染整精加工				
麻纺织及染整精加工				
丝绢纺织及印染精加工				
化纤织造及印染精加工				
针织或钩针编织物及其制品制造	7	106	72	2744
家用纺织制成品制造				
产业用纺织制成品制造				
纺织服装、服饰业	42	280	259	19750
机织服装制造				
针织或钩针编织服装制造	42	280	259	19750
服饰制造				
皮革、毛皮、羽毛及其制品和制鞋业				
皮革鞣制加工				
皮革制品制造				
毛皮鞣制及制品加工				
羽毛(绒)加工及制品制造				
制鞋业				
木材加工和木、竹、藤、棕、草制品业				
木材加工				
人造板制造				
木质制品制造				
竹、藤、棕、草等制品制造				
家具制造业				
木质家具制造				
竹、藤家具制造				
金属家具制造				
塑料家具制造				
其他家具制造				
造纸和纸制品业				
纸浆制造				
造纸				
纸制品制造				
印刷和记录媒介复制业				
印刷				
装订及印刷相关服务				
记录媒介复制				
文教、工美、体育和娱乐用品制造业				
文教办公用品制造				
乐器制造				
工艺美术及礼仪用品制造				
体育用品制造				
玩具制造				
游艺器材及娱乐用品制造				
石油、煤炭及其他燃料加工业	19	202	104	10071

1-E-4 续表2

行　业	项目数（项）	参加项目人员（人）	项目人员折合全时当量（人年）	项目经费内部支出（万元）
精炼石油产品制造	10	116	74	6453
煤炭加工	9	86	30	3618
核燃料加工				
生物质燃料加工				
化学原料和化学制品制造业	264	3346	2003	178423
基础化学原料制造	122	1809	1030	82189
肥料制造	12	109	74	8004
农药制造	16	278	178	7562
涂料、油墨、颜料及类似产品制造				
合成材料制造	90	1041	641	72491
专用化学产品制造	24	109	81	8177
炸药、火工及焰火产品制造				
日用化学产品制造				
医药制造业	95	673	474	16256
化学药品原料药制造	18	364	244	6794
化学药品制剂制造	7	135	98	2865
中药饮片加工				
中成药生产	1	10	9	442
兽用药品制造	51	97	80	4904
生物药品制品制造	18	67	44	1251
卫生材料及医药用品制造				
药用辅料及包装材料				
化学纤维制造业				
纤维素纤维原料及纤维制造				
合成纤维制造				
生物基材料制造				
橡胶和塑料制品业	1	6	2	407
橡胶制品业	1	6	2	407
塑料制品业				
非金属矿物制品业	8	55	34	5524
水泥、石灰和石膏制造				
石膏、水泥制品及类似制品制造				
砖瓦、石材等建筑材料制造				
玻璃制造				
玻璃制品制造				
玻璃纤维和玻璃纤维增强塑料制品制造				
陶瓷制品制造	1	13	5	604
耐火材料制品制造				
石墨及其他非金属矿物制品制造	7	42	29	4920
黑色金属冶炼和压延加工业	231	2578	1013	138412
炼铁				
炼钢				
钢压延加工	198	2199	868	127517
铁合金冶炼	33	379	144	10895
有色金属冶炼和压延加工业	178	1896	1025	84024
常用有色金属冶炼	51	1157	443	43286
贵金属冶炼	12	154	114	4611
稀有稀土金属冶炼	114	567	457	35510
有色金属合金制造				
有色金属压延加工	1	18	11	617

1-E-4　续表3

行　业	项目数（项）	参加项目人员（人）	项目人员折合全时当量（人年）	项目经费内部支出（万元）
金属制品业	18	135	88	1929
结构性金属制品制造				
金属工具制造				
集装箱及金属包装容器制造	12	73	51	874
金属丝绳及其制品制造				
建筑、安全用金属制品制造				
金属表面处理及热处理加工				
搪瓷制品制造				
金属制日用品制造				
铸造及其他金属制品制造	6	62	37	1055
通用设备制造业	11	90	65	1373
锅炉及原动设备制造				
金属加工机械制造				
物料搬运设备制造				
泵、阀门、压缩机及类似机械制造				
轴承、齿轮和传动部件制造				
烘炉、风机、包装等设备制造	3	27	2	435
文化、办公用机械制造				
通用零部件制造	8	63	63	938
其他通用设备制造业				
专用设备制造业	32	133	85	2146
采矿、冶金、建筑专用设备制造				
化工、木材、非金属加工专用设备制造	19	123	80	1890
食品、饮料、烟草及饲料生产专用设备制造				
印刷、制药、日化及日用品生产专用设备制造				
纺织、服装和皮革加工专用设备制造				
电子和电工机械专用设备制造				
农、林、牧、渔专用机械制造	13	10	6	256
医疗仪器设备及器械制造				
环保、邮政、社会公共服务及其他专用设备制造				
汽车制造业	11	243	191	10919
汽车整车制造	3	35	31	5063
汽车用发动机制造				
改装汽车制造				
低速汽车制造				
电车制造				
汽车车身、挂车制造				
汽车零部件及配件制造	8	208	160	5857
铁路、船舶、航空航天和其他运输设备制造业	22	53	40	2762
铁路运输设备制造	22	53	40	2762
城市轨道交通设备制造				
船舶及相关装置制造				
航空、航天器及设备制造				
摩托车制造				
自行车和残疾人座车制造				
助动车制造				
非公路休闲车及零配件制造				
潜水救捞及其他未列明运输设备制造				
电气机械和器材制造业	15	153	76	4290
电机制造	7	62	45	3345

1-E-4 续表4

行　业	项目数 (项)	参加项目 人　员 (人)	项目人员折合 全时当量 (人年)	项目经费 内部支出 (万元)
输配电及控制设备制造	8	91	31	945
电线、电缆、光缆及电工器材制造				
电池制造				
家用电力器具制造				
非电力家用器具制造				
照明器具制造				
其他电气机械及器材制造				
计算机、通信和其他电子设备制造业	67	750	409	67381
计算机制造				
通信设备制造				
广播电视设备制造				
雷达及配套设备制造				
非专业视听设备制造				
智能消费设备制造				
电子器件制造	29	29	7	12611
电子元件及电子专用材料制造	38	721	402	54770
其他电子设备制造				
仪器仪表制造业				
通用仪器仪表制造				
专用仪器仪表制造				
钟表与计时仪器制造				
光学仪器制造				
衡器制造				
其他仪器仪表制造业				
其他制造业				
日用杂品制造				
核辐射加工				
其他未列明制造业				
废弃资源综合利用业	3	26	5	40
金属废料和碎屑加工处理	3	26	5	40
非金属废料和碎屑加工处理				
金属制品、机械和设备修理业	2	28	18	200
金属制品修理				
通用设备修理				
专用设备修理				
铁路、船舶、航空航天等运输设备修理				
电气设备修理	2	28	18	200
仪器仪表修理				
其他机械和设备修理业				
电力、热力、燃气及水生产和供应业	**117**	**786**	**367**	**16722**
电力、热力生产和供应业	117	786	367	16722
电力生产	33	191	69	8072
电力供应	84	595	298	8650
热力生产和供应				
燃气生产和供应业				
燃气生产和供应业				
水的生产和供应业				
自来水生产和供应				
污水处理及其再生利用				
其他水的处理、利用与分配				

1-E-5　分行业内资企业全部 R&D 项目情况

行　业	项目数（项）	参加项目人员（人）	项目人员折合全时当量（人年）	项目经费内部支出（万元）
总　计	**2066**	**19996**	**12736**	**878065**
采矿业	**170**	**1806**	**1143**	**59956**
煤炭开采和洗选业	117	1187	710	42449
烟煤和无烟煤开采洗选	114	1137	673	42269
褐煤开采洗选	3	50	37	180
其他煤炭采选				
石油和天然气开采业				
石油开采				
天然气开采				
黑色金属矿采选业	29	447	354	6524
铁矿采选	29	447	354	6524
锰矿、铬矿采选				
其他黑色金属矿采选				
有色金属矿采选业	21	153	69	10618
常用有色金属矿采选	20	151	69	5208
贵金属矿采选				
稀有稀土金属矿采选	1	2	1	5410
非金属矿采选业	3	19	9	365
土砂石开采	1	5	2	104
化学矿开采				
采盐				
石棉及其他非金属矿采选	2	14	7	261
开采专业及辅助性活动				
煤炭开采和洗选专业及辅助性活动				
石油和天然气开采专业及辅助性活动				
其他开采专业及辅助性活动				
其他采矿业				
其他采矿业				
制造业	**1753**	**17047**	**11025**	**777109**
农副食品加工业	30	245	163	10973
谷物磨制	3	28	26	453
饲料加工	12	135	90	9131
植物油加工	1	6	1	75
制糖业				
屠宰及肉类加工	12	69	41	1237
水产品加工				
蔬菜、菌类、水果和坚果加工				
其他农副食品加工	2	7	6	77
食品制造业	175	1593	846	82654
焙烤食品制造				
糖果、巧克力及蜜饯制造				
方便食品制造	2	21	3	1017
乳制品制造	126	917	351	50307
罐头食品制造				
调味品、发酵制品制造	30	452	328	25451
其他食品制造	17	203	165	5880
酒、饮料和精制茶制造业	26	253	152	1965
酒的制造	18	247	151	1957
饮料制造	8	6	1	8
精制茶加工				

1-E-5 续表1

行　业	项目数（项）	参加项目人员（人）	项目人员折合全时当量（人年）	项目经费内部支出（万元）
烟草制品业	9	94	61	1762
烟叶复烤				
卷烟制造	9	94	61	1762
其他烟草制品制造				
纺织业	7	106	72	2744
棉纺织及印染精加工				
毛纺织及染整精加工				
麻纺织及染整精加工				
丝绢纺织及印染精加工				
化纤织造及印染精加工				
针织或钩针编织物及其制品制造	7	106	72	2744
家用纺织制成品制造				
产业用纺织制成品制造				
纺织服装、服饰业	42	280	259	19750
机织服装制造				
针织或钩针编织服装制造	42	280	259	19750
服饰制造				
皮革、毛皮、羽毛及其制品和制鞋业				
皮革鞣制加工				
皮革制品制造				
毛皮鞣制及制品加工				
羽毛(绒)加工及制品制造				
制鞋业				
木材加工和木、竹、藤、棕、草制品业				
木材加工				
人造板制造				
木质制品制造				
竹、藤、棕、草等制品制造				
家具制造业				
木质家具制造				
竹、藤家具制造				
金属家具制造				
塑料家具制造				
其他家具制造				
造纸和纸制品业				
纸浆制造				
造纸				
纸制品制造				
印刷和记录媒介复制业	1	7	7	19
印刷	1	7	7	19
装订及印刷相关服务				
记录媒介复制				
文教、工美、体育和娱乐用品制造业				
文教办公用品制造				
乐器制造				
工艺美术及礼仪用品制造				
体育用品制造				
玩具制造				
游艺器材及娱乐用品制造				
石油、煤炭及其他燃料加工业	25	219	121	11787

1-E-5　续表2

行　　业	项目数（项）	参加项目人　员（人）	项目人员折合全时当量（人年）	项目经费内部支出（万元）
精炼石油产品制造	10	116	74	6453
煤炭加工	15	103	47	5334
核燃料加工				
生物质燃料加工				
化学原料和化学制品制造业	310	3703	2340	204913
基础化学原料制造	157	2089	1297	113190
肥料制造	7	49	29	1861
农药制造	20	297	188	8116
涂料、油墨、颜料及类似产品制造				
合成材料制造	90	1041	641	72491
专用化学产品制造	29	133	94	8542
炸药、火工及焰火产品制造	7	94	90	713
日用化学产品制造				
医药制造业	144	691	491	14726
化学药品原料药制造	6	176	108	2465
化学药品制剂制造	35	196	144	3559
中药饮片加工				
中成药生产	23	111	80	2260
兽用药品制造	57	136	112	5142
生物药品制品制造	23	72	47	1301
卫生材料及医药用品制造				
药用辅料及包装材料				
化学纤维制造业				
纤维素纤维原料及纤维制造				
合成纤维制造				
生物基材料制造				
橡胶和塑料制品业	5	22	15	453
橡胶制品业	5	22	15	453
塑料制品业				
非金属矿物制品业	28	174	101	9658
水泥、石灰和石膏制造	1	14	2	1174
石膏、水泥制品及类似制品制造	6	50	30	990
砖瓦、石材等建筑材料制造	1	15	12	213
玻璃制造				
玻璃制品制造	3	12	3	1126
玻璃纤维和玻璃纤维增强塑料制品制造	1	12	8	280
陶瓷制品制造	1	13	5	604
耐火材料制品制造	2	6	1	77
石墨及其他非金属矿物制品制造	13	52	39	5194
黑色金属冶炼和压延加工业	232	2411	1042	136767
炼铁	1	15	7	129
炼钢				
钢压延加工	211	2300	965	130886
铁合金冶炼	20	96	71	5752
有色金属冶炼和压延加工业	195	1848	993	81059
常用有色金属冶炼	45	1062	365	38336
贵金属冶炼	7	84	69	1004
稀有稀土金属冶炼	123	598	477	36689
有色金属合金制造	10	23	14	710
有色金属压延加工	10	81	67	4320
金属制品业	160	2133	1941	41555

1-E-5 续表3

行　业	项目数（项）	参加项目人员（人）	项目人员折合全时当量（人年）	项目经费内部支出（万元）
结构性金属制品制造	6	28	20	837
金属工具制造				
集装箱及金属包装容器制造	12	73	51	874
金属丝绳及其制品制造	114	1711	1659	29158
建筑、安全用金属制品制造				
金属表面处理及热处理加工				
搪瓷制品制造				
金属制日用品制造				
铸造及其他金属制品制造	28	321	210	10686
通用设备制造业	36	174	121	2886
锅炉及原动设备制造	6	9	6	1042
金属加工机械制造	11	16	8	188
物料搬运设备制造	1	6	1	30
泵、阀门、压缩机及类似机械制造	7	53	41	253
轴承、齿轮和传动部件制造				
烘炉、风机、包装等设备制造	3	27	2	435
文化、办公用机械制造				
通用零部件制造	8	63	63	938
其他通用设备制造业				
专用设备制造业	52	243	160	4629
采矿、冶金、建筑专用设备制造	13	67	46	1984
化工、木材、非金属加工专用设备制造	19	123	80	1890
食品、饮料、烟草及饲料生产专用设备制造				
印刷、制药、日化及日用品生产专用设备制造				
纺织、服装和皮革加工专用设备制造				
电子和电工机械专用设备制造				
农、林、牧、渔专用机械制造	18	46	27	742
医疗仪器设备及器械制造	2	7	7	13
环保、邮政、社会公共服务及其他专用设备制造				
汽车制造业	18	286	211	11256
汽车整车制造	8	65	42	5380
汽车用发动机制造				
改装汽车制造	2	13	9	20
低速汽车制造				
电车制造				
汽车车身、挂车制造				
汽车零部件及配件制造	8	208	160	5857
铁路、船舶、航空航天和其他运输设备制造业	89	1271	1166	59138
铁路运输设备制造	78	1209	1142	55016
城市轨道交通设备制造				
船舶及相关装置制造				
航空、航天器及设备制造	11	62	25	4122
摩托车制造				
自行车和残疾人座车制造				
助动车制造				
非公路休闲车及零配件制造				
潜水救捞及其他未列明运输设备制造				
电气机械和器材制造业	67	307	180	6998
电机制造	50	180	117	5649
输配电及控制设备制造	14	117	55	1006
电线、电缆、光缆及电工器材制造	3	10	8	343

1-E-5　续表4

行　业	项目数（项）	参加项目人　员（人）	项目人员折合全时当量（人年）	项目经费内部支出（万元）
电池制造				
家用电力器具制造				
非电力家用器具制造				
照明器具制造				
其他电气机械及器材制造				
计算机、通信和其他电子设备制造业	90	913	549	70420
计算机制造	1	7	4	56
通信设备制造				
广播电视设备制造				
雷达及配套设备制造				
非专业视听设备制造				
智能消费设备制造				
电子器件制造	30	97	75	13117
电子元件及电子专用材料制造	59	809	469	57246
其他电子设备制造				
仪器仪表制造业				
通用仪器仪表制造				
专用仪器仪表制造				
钟表与计时仪器制造				
光学仪器制造				
衡器制造				
其他仪器仪表制造业				
其他制造业				
日用杂品制造				
核辐射加工				
其他未列明制造业				
废弃资源综合利用业	10	46	16	799
金属废料和碎屑加工处理	9	38	14	475
非金属废料和碎屑加工处理	1	8	1	325
金属制品、机械和设备修理业	2	28	18	200
金属制品修理				
通用设备修理				
专用设备修理				
铁路、船舶、航空航天等运输设备修理				
电气设备修理	2	28	18	200
仪器仪表修理				
其他机械和设备修理业				
电力、热力、燃气及水生产和供应业	**143**	**1143**	**568**	**41000**
电力、热力生产和供应业	138	1023	501	30696
电力生产	54	428	203	22046
电力供应	84	595	298	8650
热力生产和供应				
燃气生产和供应业	3	67	28	2689
燃气生产和供应业	3	67	28	2689
生物质燃气生产和供应业				
水的生产和供应业	2	53	38	7615
自来水生产和供应				
污水处理及其再生利用	2	53	38	7615
海水淡化处理				
其他水的处理、利用与分配				

1-E-6 分行业港澳台商投资企业全部 R&D 项目情况

行业	项目数(项)	参加项目人员(人)	项目人员折合全时当量(人年)	项目经费内部支出(万元)
总计	**74**	**690**	**420**	**27279**
采矿业				
煤炭开采和洗选业				
石油和天然气开采业				
黑色金属矿采选业				
有色金属矿采选业				
非金属矿采选业				
开采专业及辅助性活动				
制造业	**74**	**690**	**420**	**27279**
农副食品加工业				
食品制造业	26	222	90	10236
调味品、发酵制品制造	26	222	90	10236
酒、饮料和精制茶制造业				
烟草制品业				
纺织业				
纺织服装、服饰业				
皮革、毛皮、羽毛及其制品和制鞋业				
木材加工和木、竹、藤、棕、草制品业				
家具制造业				
造纸和纸制品业				
印刷和记录媒介复制业				
文教、工美、体育和娱乐用品制造业				
石油、煤炭及其他燃料加工业				
化学原料和化学制品制造业	13	107	89	6677
基础化学原料制造	5	41	41	500
肥料制造	8	66	48	6177
医药制造业	29	266	163	5417
化学药品原料药制造	29	266	163	5417
化学纤维制造业				
橡胶和塑料制品业				
非金属矿物制品业				
黑色金属冶炼和压延加工业				
有色金属冶炼和压延加工业	6	95	78	4950
常用有色金属冶炼	6	95	78	4950
金属制品业				
通用设备制造业				
专用设备制造业				
汽车制造业				
铁路、船舶、航空航天和其他运输设备制造业				
电气机械和器材制造业				
计算机、通信和其他电子设备制造业				
仪器仪表制造业				
其他制造业				
废弃资源综合利用业				
金属制品、机械和设备修理业				
电力、热力、燃气及水生产和供应业				
电力、热力生产和供应业				
燃气生产和供应业				
水的生产和供应业				

1-E-7　分行业外商投资企业全部 R&D 项目情况

行　业	项目数（项）	参加项目人　员（人）	项目人员折合全时当量（人年）	项目经费内部支出（万元）
总　计	**178**	**1302**	**844**	**66925**
采矿业	**124**	**692**	**586**	**48160**
煤炭开采和洗选业	124	692	586	48160
烟煤和无烟煤开采洗选	124	692	586	48160
石油和天然气开采业				
黑色金属矿采选业				
有色金属矿采选业				
非金属矿采选业				
开采专业及辅助性活动				
制造业	**52**	**598**	**248**	**18494**
农副食品加工业				
食品制造业	2	31	15	146
乳制品制造	1	3	1	43
调味品、发酵制品制造	1	28	14	103
酒、饮料和精制茶制造业				
烟草制品业				
纺织业				
纺织服装、服饰业				
皮革、毛皮、羽毛及其制品和制鞋业				
木材加工和木、竹、藤、棕、草制品业				
家具制造业				
造纸和纸制品业				
印刷和记录媒介复制业				
文教、工美、体育和娱乐用品制造业				
石油、煤炭及其他燃料加工业				
化学原料和化学制品制造业	16	157	74	7209
基础化学原料制造	16	157	74	7209
医药制造业				
化学纤维制造业				
橡胶和塑料制品业				
非金属矿物制品业	1	15	8	518
玻璃制造	1	15	8	518
黑色金属冶炼和压延加工业	21	301	89	6758
铁合金冶炼	21	301	89	6758
有色金属冶炼和压延加工业	12	94	63	3864
贵金属冶炼	7	86	57	3668
有色金属合金制造	5	8	5	196
金属制品业				
通用设备制造业				
专用设备制造业				
汽车制造业				
铁路、船舶、航空航天和其他运输设备制造业				
电气机械和器材制造业				
计算机、通信和其他电子设备制造业				
仪器仪表制造业				
其他制造业				
废弃资源综合利用业				
金属制品、机械和设备修理业				
电力、热力、燃气及水生产和供应业	**2**	**12**	**10**	**270**
电力、热力生产和供应业	2	12	10	270
燃气生产和供应业				
水的生产和供应业				

1-E-8 各地区企业全部 R&D 项目情况

地区	项目数(项)	参加项目人员(人)	项目人员折合全时当量(人年)	项目经费内部支出(万元)
总计	**2318**	**21988**	**13999**	**972268**
呼和浩特市	466	3564	1881	160539
包头市	900	9768	6680	378692
呼伦贝尔市	47	558	314	19822
兴安盟	29	128	89	1670
通辽市	21	348	191	15307
赤峰市	76	875	582	27287
锡林郭勒盟	29	327	186	7692
乌兰察布市	26	130	90	6632
鄂尔多斯市	567	4830	2930	264068
巴彦淖尔市	93	772	524	31544
乌海市	56	623	495	55989
阿拉善盟	8	65	38	3028

1-E-9 各地区大中型企业全部 R&D 项目情况

地区	项目数(项)	参加项目人员(人)	项目人员折合全时当量(人年)	项目经费内部支出(万元)
总计	**1657**	**16208**	**9245**	**773400**
呼和浩特市	393	3271	1713	151858
包头市	533	5775	3100	253810
呼伦贝尔市	39	520	298	19576
兴安盟	3	35	18	186
通辽市	15	312	174	14437
赤峰市	31	603	394	24638
锡林郭勒盟	24	302	168	7449
乌兰察布市	13	84	57	5504
鄂尔多斯市	489	4135	2440	209196
巴彦淖尔市	69	620	424	30076
乌海市	47	536	452	53992
阿拉善盟	1	15	6	2679

1-E-10　各地区内资企业全部 R&D 项目情况

地　　区	项目数（项）	参加项目人　　员（人）	项目人员折合全时当量（人年）	项目经费内部支出（万元）
总　　计	**2066**	**19996**	**12736**	**878065**
呼和浩特市	414	3158	1670	146266
包　头　市	884	9624	6556	373046
呼伦贝尔市	46	555	313	19779
兴　安　盟	28	100	75	1567
通　辽　市	20	333	183	14789
赤　峰　市	74	863	572	27017
锡林郭勒盟	29	327	186	7692
乌兰察布市	26	130	90	6632
鄂尔多斯市	398	3614	2132	195764
巴彦淖尔市	83	604	425	26496
乌　海　市	56	623	495	55989
阿　拉　善　盟	8	65	38	3028

1-E-11　各地区港澳台商投资企业全部 R&D 项目情况

地　　区	项目数（项）	参加项目人　　员（人）	项目人员折合全时当量（人年）	项目经费内部支出（万元）
总　　计	**74**	**690**	**420**	**27279**
呼和浩特市	52	406	211	14272
包　头　市	11	136	119	5449
呼伦贝尔市				
兴　安　盟				
通　辽　市				
赤　峰　市				
锡林郭勒盟				
乌兰察布市				
鄂尔多斯市	8	66	48	6177
巴彦淖尔市	3	82	42	1380
乌　海　市				
阿　拉　善　盟				

1-E-12 各地区外商投资企业全部R&D项目情况

地　区	项目数 (项)	参加项目 人　员 (人)	项目人员折合 全时当量 (人年)	项目经费 内部支出 (万元)
总　计	**178**	**1302**	**844**	**66925**
呼和浩特市				
包 头 市	5	8	5	196
呼伦贝尔市	1	3	1	43
兴 安 盟	1	28	14	103
通 辽 市	1	15	8	518
赤 峰 市	2	12	10	270
锡林郭勒盟				
乌兰察布市				
鄂尔多斯市	161	1150	750	62127
巴彦淖尔市	7	86	57	3668
乌 海 市				
阿 拉 善 盟				

F. 企业办研发机构情况

1-F-1　分登记注册类型企业办研发机构情况

登记注册类型	机构数（个）	机构人员数（人）	#博士	#硕士	机构经费支出（万元）	仪器和设备原价（万元）
总　计	**159**	**12919**	**211**	**1760**	**289116**	**271701**
内资企业	**150**	**12334**	**184**	**1693**	**275388**	**257263**
国有企业	2	167		25	9062	562
集体企业						
股份合作企业						
联营企业						
国有联营企业						
集体联营企业						
国有与集体联营企业						
其他联营企业						
有限责任公司	87	6835	68	695	184542	127328
国有独资公司	14	1042	4	162	21497	9801
其他有限责任公司	73	5793	64	533	163045	117527
股份有限公司	41	2684	90	613	70224	75451
私营企业	19	507	25	35	7009	7136
私营独资企业						
私营合伙企业						
私营有限责任公司	13	347	12	17	5530	3365
私营股份有限公司	6	160	13	18	1479	3771
其他企业	1	2141	1	325	4551	46786
港、澳、台商投资企业	**6**	**460**	**11**	**53**	**12600**	**9661**
合资经营企业						
合作经营企业						
港、澳、台商独资经营企业	6	460	11	53	12600	9661
港、澳、台商投资股份有限公司						
其他港、澳、台投资企业						
外商投资企业	**3**	**125**	**16**	**14**	**1128**	**4777**
中外合资经营企业	3	125	16	14	1128	4777
中外合作经营企业						
外资企业						
外商投资股份有限公司						
其他外商投资企业						

1-F-2 分登记注册类型大中型企业办研发机构情况

登记注册类型	机构数（个）	机构人员数（人）	#博士	#硕士	机构经费支出（万元）	仪器和设备原价（万元）
总　计	**93**	**6023**	**154**	**838**	**199292**	**180231**
内资企业	**87**	**5545**	**128**	**773**	**186847**	**167236**
国有企业						
集体企业						
股份合作企业						
联营企业						
国有联营企业						
集体联营企业						
国有与集体联营企业						
其他联营企业						
有限责任公司	41	2623	38	159	114601	89041
国有独资公司	4	309	2	13	10970	5721
其他有限责任公司	37	2314	36	146	103631	83320
股份有限公司	39	2612	90	609	68166	73529
私营企业	7	310		5	4080	4666
私营独资企业						
私营合伙企业						
私营有限责任公司	4	238		3	3206	1963
私营股份有限公司	3	72		2	875	2703
其他企业						
港、澳、台商投资企业	**4**	**401**	**11**	**53**	**12087**	**9472**
合资经营企业						
合作经营企业						
港、澳、台商独资经营企业	4	401	11	53	12087	9472
港、澳、台商投资股份有限公司						
其他港、澳、台投资企业						
外商投资企业	**2**	**77**	**15**	**12**	**358**	**3522**
中外合资经营企业	2	77	15	12	358	3522
中外合作经营企业						
外资企业						
外商投资股份有限公司						
其他外商投资企业						

1-F-3　分行业企业办研发机构情况

行　　业	机构数（个）	机　构人员数（人）	#博士	#硕士	机构经费支　　出（万元）	仪 器 和设备原价（万元）
总　计	**159**	**12919**	**211**	**1760**	**289116**	**271701**
采矿业	**5**	**249**	**2**	**29**	**3977**	**850**
煤炭开采和洗选业	5	249	2	29	3977	850
烟煤和无烟煤开采洗选	5	249	2	29	3977	850
褐煤开采洗选						
其他煤炭采选						
石油和天然气开采业						
石油开采						
天然气开采						
黑色金属矿采选业						
铁矿采选						
锰矿、铬矿采选						
其他黑色金属矿采选						
有色金属矿采选业						
常用有色金属矿采选						
贵金属矿采选						
稀有稀土金属矿采选						
非金属矿采选业						
土砂石开采						
化学矿开采						
采盐						
石棉及其他非金属矿采选						
开采专业及辅助性活动						
煤炭开采和洗选专业及辅助性活动						
石油和天然气开采专业及辅助性活动						
其他开采专业及辅助性活动						
其他采矿业						
其他采矿业						
制造业	**147**	**12158**	**185**	**1628**	**280455**	**267557**
农副食品加工业	5	40	15	13	570	764
谷物磨制	1	22	11	11	270	650
饲料加工	1	7	4		215	5
植物油加工	1	5		2	50	20
制糖业						
屠宰及肉类加工	1	1			25	10
水产品加工						
蔬菜、菌类、水果和坚果加工	1	5			10	79
其他农副食品加工						
食品制造业	24	2181	100	422	74892	59823
焙烤食品制造						
糖果、巧克力及蜜饯制造						
方便食品制造						
乳制品制造	21	1512	77	361	43817	38889
罐头食品制造						
调味品、发酵制品制造	3	669	23	61	31075	20934
其他食品制造						
酒、饮料和精制茶制造业	6	219	5	7	2131	2108
酒的制造	6	219	5	7	2131	2108
饮料制造						
精制茶加工						

1-F-3 续表1

行业	机构数(个)	机构人员数(人)	#博士	#硕士	机构经费支出(万元)	仪器和设备原价(万元)
烟草制品业	1	59	1	5	3137	4846
烟叶复烤						
卷烟制造	1	59	1	5	3137	4846
其他烟草制品制造						
纺织业	1	160	1	1	403	761
棉纺织及印染精加工						
毛纺织及染整精加工						
麻纺织及染整精加工						
丝绢纺织及印染精加工						
化纤织造及印染精加工						
针织或钩针编织物及其制品制造	1	160	1	1	403	761
家用纺织制成品制造						
产业用纺织制成品制造						
纺织服装、服饰业	3	322	5	17	6423	11467
机织服装制造						
针织或钩针编织服装制造	3	322	5	17	6423	11467
服饰制造						
皮革、毛皮、羽毛及其制品和制鞋业						
皮革鞣制加工						
皮革制品制造						
毛皮鞣制及制品加工						
羽毛(绒)加工及制品制造						
制鞋业						
木材加工和木、竹、藤、棕、草制品业						
木材加工						
人造板制造						
木质制品制造						
竹、藤、棕、草等制品制造						
家具制造业						
木质家具制造						
竹、藤家具制造						
金属家具制造						
塑料家具制造						
其他家具制造						
造纸和纸制品业						
纸浆制造						
造纸						
纸制品制造						
印刷和记录媒介复制业						
印刷						
装订及印刷相关服务						
记录媒介复制						
文教、工美、体育和娱乐用品制造业						
文教办公用品制造						
乐器制造						
工艺美术及礼仪用品制造						
体育用品制造						
玩具制造						
游艺器材及娱乐用品制造						
石油、煤炭及其他燃料加工业	3	93	1	2	4822	20807

1-F-3　续表2

行　业	机构数（个）	机　构人员数（人）	#博士	#硕士	机构经费支　出（万元）	仪 器 和设备原价（万元）
精炼石油产品制造	3	93	1	2	4822	20807
煤炭加工						
核燃料加工						
生物质燃料加工						
化学原料和化学制品制造业	31	1762	18	124	76446	51044
基础化学原料制造	10	556	1	75	23769	13678
肥料制造						
农药制造	1	206	1	6	7135	3639
涂料、油墨、颜料及类似产品制造						
合成材料制造	12	873	15	20	41707	30406
专用化学产品制造	6	107	1	20	3638	3126
炸药、火工及焰火产品制造	2	20		3	196	195
日用化学产品制造						
医药制造业	15	545	1	59	4502	9840
化学药品原料药制造	5	288		15	1772	3863
化学药品制剂制造	1	24			408	32
中药饮片加工						
中成药生产	4	108		11	1174	400
兽用药品制造	2	42	1	11	256	2134
生物药品制品制造	3	83		22	892	3411
卫生材料及医药用品制造						
药用辅料及包装材料						
化学纤维制造业						
纤维素纤维原料及纤维制造						
合成纤维制造						
生物基材料制造						
橡胶和塑料制品业						
橡胶制品业						
塑料制品业						
非金属矿物制品业	5	89		2	2176	1386
水泥、石灰和石膏制造	1	3			5	8
石膏、水泥制品及类似制品制造						
砖瓦、石材等建筑材料制造	1	11			154	425
玻璃制造						
玻璃制品制造						
玻璃纤维和玻璃纤维增强塑料制品制造						
陶瓷制品制造	2	53		2	1706	818
耐火材料制品制造	1	22			311	135
石墨及其他非金属矿物制品制造						
黑色金属冶炼和压延加工业	5	326	18	91	4814	19854
炼铁						
炼钢						
钢压延加工	4	277	3	80	4695	19194
铁合金冶炼	1	49	15	11	119	659
有色金属冶炼和压延加工业	5	468	12	147	15395	9175
常用有色金属冶炼	1	43			980	35
贵金属冶炼						
稀有稀土金属冶炼	3	417	12	142	14202	8972
有色金属合金制造	1	8		5	213	168
有色金属压延加工						
金属制品业	14	2928	5	465	15962	53854

1-F-3 续表3

行 业	机构数（个）	机构人员数（人）	#博士	#硕士	机构经费支出（万元）	仪器和设备原价（万元）
结构性金属制品制造						
金属工具制造						
集装箱及金属包装容器制造	3	72		2	875	2703
金属丝绳及其制品制造	1	2141	1	325	4551	46786
建筑、安全用金属制品制造						
金属表面处理及热处理加工	1	10	2	3	295	300
搪瓷制品制造						
金属制日用品制造						
铸造及其他金属制品制造	9	705	2	135	10242	4065
通用设备制造业	3	50	1	8	927	680
锅炉及原动设备制造						
金属加工机械制造	1	16	1	1	493	28
物料搬运设备制造						
泵、阀门、压缩机及类似机械制造						
轴承、齿轮和传动部件制造						
烘炉、风机、包装等设备制造	1	26		7	284	573
文化、办公用机械制造						
通用零部件制造	1	8			150	80
其他通用设备制造业						
专用设备制造业	1	10			350	12
采矿、冶金、建筑专用设备制造	1	10			350	12
化工、木材、非金属加工专用设备制造						
食品、饮料、烟草及饲料生产专用设备制造						
印刷、制药、日化及日用品生产专用设备制造						
纺织、服装和皮革加工专用设备制造						
电子和电工机械专用设备制造						
农、林、牧、渔专用机械制造						
医疗仪器设备及器械制造						
环保、邮政、社会公共服务及其他专用设备制造						
汽车制造业	2	167		25	9062	562
汽车整车制造	2	167		25	9062	562
汽车用发动机制造						
改装汽车制造						
低速汽车制造						
电车制造						
汽车车身、挂车制造						
汽车零部件及配件制造						
铁路、船舶、航空航天和其他运输设备制造业	15	2465	2	216	44364	14967
铁路运输设备制造	15	2465	2	216	44364	14967
城市轨道交通设备制造						
船舶及相关装置制造						
航空、航天器及设备制造						
摩托车制造						
自行车和残疾人座车制造						
助动车制造						
非公路休闲车及零配件制造						
潜水救捞及其他未列明运输设备制造						
电气机械和器材制造业	4	100		6	4340	386
电机制造	2	82		6	3592	285
输配电及控制设备制造						
电线、电缆、光缆及电工器材制造	2	18			748	100

1-F-3　续表4

行　业	机构数（个）	机构人员数（人）	#博士	#硕士	机构经费支出（万元）	仪器和设备原价（万元）
电池制造						
家用电力器具制造						
非电力家用器具制造						
照明器具制造						
其他电气机械及器材制造						
计算机、通信和其他电子设备制造业	3	156		12	9738	4872
计算机制造						
通信设备制造						
广播电视设备制造						
雷达及配套设备制造						
非专业视听设备制造						
智能消费设备制造						
电子器件制造						
电子元件及电子专用材料制造	3	156		12	9738	4872
其他电子设备制造						
仪器仪表制造业						
通用仪器仪表制造						
专用仪器仪表制造						
钟表与计时仪器制造						
光学仪器制造						
衡器制造						
其他仪器仪表制造业						
其他制造业						
日用杂品制造						
核辐射加工						
其他未列明制造业						
废弃资源综合利用业						
金属废料和碎屑加工处理						
非金属废料和碎屑加工处理						
金属制品、机械和设备修理业	1	18		6	4	350
金属制品修理						
通用设备修理						
专用设备修理						
铁路、船舶、航空航天等运输设备修理						
电气设备修理	1	18		6	4	350
仪器仪表修理						
其他机械和设备修理业						
电力、热力、燃气及水生产和供应业	**7**	**512**	**24**	**103**	**4684**	**3294**
电力、热力生产和供应业	5	465	11	93	4153	2450
电力生产	5	465	11	93	4153	2450
电力供应						
热力生产和供应						
燃气生产和供应业	1	24		1	3	8
燃气生产和供应业	1	24		1	3	8
生物质燃气生产和供应业						
水的生产和供应业	1	23	13	9	527	836
自来水生产和供应						
污水处理及其再生利用	1	23	13	9	527	836
海水淡化处理						
其他水的处理、利用与分配						

1-F-4 分行业大中型企业办研发机构情况

行业	机构数（个）	机构人员数（人）	#博士	#硕士	机构经费支出（万元）	仪器和设备原价（万元）
总 计	**93**	**6023**	**154**	**838**	**199292**	**180231**
采矿业	**5**	**249**	**2**	**29**	**3977**	**850**
煤炭开采和洗选业	5	249	2	29	3977	850
烟煤和无烟煤开采洗选	5	249	2	29	3977	850
褐煤开采洗选						
其他煤炭采选						
石油和天然气开采业						
石油开采						
天然气开采						
黑色金属矿采选业						
铁矿采选						
锰矿、铬矿采选						
其他黑色金属矿采选						
有色金属矿采选业						
常用有色金属矿采选						
贵金属矿采选						
稀有稀土金属矿采选						
非金属矿采选业						
土砂石开采						
化学矿开采						
采盐						
石棉及其他非金属矿采选						
开采专业及辅助性活动						
煤炭开采和洗选专业及辅助性活动						
石油和天然气开采专业及辅助性活动						
其他开采专业及辅助性活动						
其他采矿业						
其他采矿业						
制造业	**88**	**5774**	**152**	**809**	**195315**	**179381**
农副食品加工业	1	7	4		215	5
谷物磨制						
饲料加工	1	7	4		215	5
植物油加工						
制糖业						
屠宰及肉类加工						
水产品加工						
蔬菜、菌类、水果和坚果加工						
其他农副食品加工						
食品制造业	23	2155	89	409	74658	59210
焙烤食品制造						
糖果、巧克力及蜜饯制造						
方便食品制造						
乳制品制造	20	1486	66	348	43584	38276
罐头食品制造						
调味品、发酵制品制造	3	669	23	61	31075	20934
其他食品制造						
酒、饮料和精制茶制造业	6	219	5	7	2131	2108
酒的制造	6	219	5	7	2131	2108
饮料制造						
精制茶加工						

1-F-4　续表1

行　　业	机构数（个）	机　构人员数（人）	#博士	#硕士	机构经费支　出（万元）	仪 器 和设备原价（万元）
烟草制品业	1	59	1	5	3137	4846
烟叶复烤						
卷烟制造	1	59	1	5	3137	4846
其他烟草制品制造						
纺织业	1	160	1	1	403	761
棉纺织及印染精加工						
毛纺织及染整精加工						
麻纺织及染整精加工						
丝绢纺织及印染精加工						
化纤织造及印染精加工						
针织或钩针编织物及其制品制造	1	160	1	1	403	761
家用纺织制成品制造						
产业用纺织制成品制造						
纺织服装、服饰业	3	322	5	17	6423	11467
机织服装制造						
针织或钩针编织服装制造	3	322	5	17	6423	11467
服饰制造						
皮革、毛皮、羽毛及其制品和制鞋业						
皮革鞣制加工						
皮革制品制造						
毛皮鞣制及制品加工						
羽毛(绒)加工及制品制造						
制鞋业						
木材加工和木、竹、藤、棕、草制品业						
木材加工						
人造板制造						
木质制品制造						
竹、藤、棕、草等制品制造						
家具制造业						
木质家具制造						
竹、藤家具制造						
金属家具制造						
塑料家具制造						
其他家具制造						
造纸和纸制品业						
纸浆制造						
造纸						
纸制品制造						
印刷和记录媒介复制业						
印刷						
装订及印刷相关服务						
记录媒介复制						
文教、工美、体育和娱乐用品制造业						
文教办公用品制造						
乐器制造						
工艺美术及礼仪用品制造						
体育用品制造						
玩具制造						
游艺器材及娱乐用品制造						
石油、煤炭及其他燃料加工业	3	93	1	2	4822	20807

1-F-4　续表2

行　　业	机构数（个）	机　构人员数（人）	#博士	#硕士	机构经费支　　出（万元）	仪 器 和设备原价（万元）
精炼石油产品制造	3	93	1	2	4822	20807
煤炭加工						
核燃料加工						
生物质燃料加工						
化学原料和化学制品制造业	24	1311	17	63	65846	38279
基础化学原料制造	4	110		14	13205	1013
肥料制造						
农药制造	1	206	1	6	7135	3639
涂料、油墨、颜料及类似产品制造						
合成材料制造	12	873	15	20	41707	30406
专用化学产品制造	6	107	1	20	3638	3126
炸药、火工及焰火产品制造	1	15		3	160	95
日用化学产品制造						
医药制造业	7	353		37	2622	7184
化学药品原料药制造	4	270		15	1730	3774
化学药品制剂制造						
中药饮片加工						
中成药生产						
兽用药品制造						
生物药品制品制造	3	83		22	892	3411
卫生材料及医药用品制造						
药用辅料及包装材料						
化学纤维制造业						
纤维素纤维原料及纤维制造						
合成纤维制造						
生物基材料制造						
橡胶和塑料制品业						
橡胶制品业						
塑料制品业						
非金属矿物制品业	2	53		2	1706	818
水泥、石灰和石膏制造						
石膏、水泥制品及类似制品制造						
砖瓦、石材等建筑材料制造						
玻璃制造						
玻璃制品制造						
玻璃纤维和玻璃纤维增强塑料制品制造						
陶瓷制品制造	2	53		2	1706	818
耐火材料制品制造						
石墨及其他非金属矿物制品制造						
黑色金属冶炼和压延加工业	3	240	18	86	3150	17786
炼铁						
炼钢						
钢压延加工	2	191	3	75	3031	17127
铁合金冶炼	1	49	15	11	119	659
有色金属冶炼和压延加工业	3	412	11	140	14412	7753
常用有色金属冶炼	1	43			980	35
贵金属冶炼						
稀有稀土金属冶炼	2	369	11	140	13432	7718
有色金属合金制造						
有色金属压延加工						

1-F-4　续表3

行　　业	机构数（个）	机构人员数（人）			机构经费支出（万元）	仪器和设备原价（万元）
			#博士	#硕士		
金属制品业	3	72		2	875	2703
结构性金属制品制造						
金属工具制造						
集装箱及金属包装容器制造	3	72		2	875	2703
金属丝绳及其制品制造						
建筑、安全用金属制品制造						
金属表面处理及热处理加工						
搪瓷制品制造						
金属制日用品制造						
铸造及其他金属制品制造						
通用设备制造业						
锅炉及原动设备制造						
金属加工机械制造						
物料搬运设备制造						
泵、阀门、压缩机及类似机械制造						
轴承、齿轮和传动部件制造						
烘炉、风机、包装等设备制造						
文化、办公用机械制造						
通用零部件制造						
其他通用设备制造业						
专用设备制造业						
采矿、冶金、建筑专用设备制造						
化工、木材、非金属加工专用设备制造						
食品、饮料、烟草及饲料生产专用设备制造						
印刷、制药、日化及日用品生产专用设备制造						
纺织、服装和皮革加工专用设备制造						
电子和电工机械专用设备制造						
农、林、牧、渔专用机械制造						
医疗仪器设备及器械制造						
环保、邮政、社会公共服务及其他专用设备制造						
汽车制造业						
汽车整车制造						
汽车用发动机制造						
改装汽车制造						
低速汽车制造						
电车制造						
汽车车身、挂车制造						
汽车零部件及配件制造						
铁路、船舶、航空航天和其他运输设备制造业	3	84		15	1614	157
铁路运输设备制造	3	84		15	1614	157
城市轨道交通设备制造						
船舶及相关装置制造						
航空、航天器及设备制造						
摩托车制造						
自行车和残疾人座车制造						
助动车制造						
非公路休闲车及零配件制造						
潜水救捞及其他未列明运输设备制造						
电气机械和器材制造业	1	60		5	3562	275
电机制造	1	60		5	3562	275

1-F-4 续表4

行业	机构数（个）	机构人员数（人）	#博士	#硕士	机构经费支出（万元）	仪器和设备原价（万元）
输配电及控制设备制造						
电线、电缆、光缆及电工器材制造						
电池制造						
家用电力器具制造						
非电力家用器具制造						
照明器具制造						
其他电气机械及器材制造						
计算机、通信和其他电子设备制造业	3	156		12	9738	4872
计算机制造						
通信设备制造						
广播电视设备制造						
雷达及配套设备制造						
非专业视听设备制造						
智能消费设备制造						
电子器件制造						
电子元件及电子专用材料制造	3	156		12	9738	4872
其他电子设备制造						
仪器仪表制造业						
通用仪器仪表制造						
专用仪器仪表制造						
钟表与计时仪器制造						
光学仪器制造						
衡器制造						
其他仪器仪表制造业						
其他制造业						
日用杂品制造						
核辐射加工						
其他未列明制造业						
废弃资源综合利用业						
金属废料和碎屑加工处理						
非金属废料和碎屑加工处理						
金属制品、机械和设备修理业	1	18		6	4	350
金属制品修理						
通用设备修理						
专用设备修理						
铁路、船舶、航空航天等运输设备修理						
电气设备修理	1	18		6	4	350
仪器仪表修理						
其他机械和设备修理业						
电力、热力、燃气及水生产和供应业						
电力、热力生产和供应业						
电力生产						
电力供应						
热力生产和供应						

1-F-5　分行业内资企业办研发机构情况

行　业	机构数（个）	机构人员数（人）	#博士	#硕士	机构经费支出（万元）	仪器和设备原价（万元）
总　计	**150**	**12334**	**184**	**1693**	**275388**	**257263**
采矿业	**5**	**249**	**2**	**29**	**3977**	**850**
煤炭开采和洗选业	5	249	2	29	3977	850
烟煤和无烟煤开采洗选	5	249	2	29	3977	850
褐煤开采洗选						
其他煤炭采选						
石油和天然气开采业						
石油开采						
天然气开采						
黑色金属矿采选业						
铁矿采选						
锰矿、铬矿采选						
其他黑色金属矿采选						
有色金属矿采选业						
常用有色金属矿采选						
贵金属矿采选						
稀有稀土金属矿采选						
非金属矿采选业						
土砂石开采						
化学矿开采						
采盐						
石棉及其他非金属矿采选						
开采专业及辅助性活动						
煤炭开采和洗选专业及辅助性活动						
石油和天然气开采专业及辅助性活动						
其他开采专业及辅助性活动						
其他采矿业						
其他采矿业						
制造业	**138**	**11573**	**158**	**1561**	**266728**	**253119**
农副食品加工业	5	40	15	13	570	764
谷物磨制	1	22	11	11	270	650
饲料加工	1	7	4		215	5
植物油加工	1	5		2	50	20
制糖业						
屠宰及肉类加工	1	1			25	10
水产品加工						
蔬菜、菌类、水果和坚果加工	1	5			10	79
其他农副食品加工						
食品制造业	22	1930	89	383	63950	50589
焙烤食品制造						
糖果、巧克力及蜜饯制造						
方便食品制造						
乳制品制造	21	1512	77	361	43817	38889
罐头食品制造						
调味品、发酵制品制造	1	418	12	22	20133	11700
其他食品制造						
酒、饮料和精制茶制造业	6	219	5	7	2131	2108
酒的制造	6	219	5	7	2131	2108
饮料制造						
精制茶加工						

1-F-5 续表1

行业	机构数(个)	机构人员数(人)	#博士	#硕士	机构经费支出(万元)	仪器和设备原价(万元)
烟草制品业	1	59	1	5	3137	4846
烟叶复烤						
卷烟制造	1	59	1	5	3137	4846
其他烟草制品制造						
纺织业	1	160	1	1	403	761
棉纺织及印染精加工						
毛纺织及染整精加工						
麻纺织及染整精加工						
丝绢纺织及印染精加工						
化纤织造及印染精加工						
针织或钩针编织物及其制品制造	1	160	1	1	403	761
家用纺织制成品制造						
产业用纺织制成品制造						
纺织服装、服饰业	3	322	5	17	6423	11467
机织服装制造						
针织或钩针编织服装制造	3	322	5	17	6423	11467
服饰制造						
皮革、毛皮、羽毛及其制品和制鞋业						
皮革鞣制加工						
皮革制品制造						
毛皮鞣制及制品加工						
羽毛(绒)加工及制品制造						
制鞋业						
木材加工和木、竹、藤、棕、草制品业						
木材加工						
人造板制造						
木质制品制造						
竹、藤、棕、草等制品制造						
家具制造业						
木质家具制造						
竹、藤家具制造						
金属家具制造						
塑料家具制造						
其他家具制造						
造纸和纸制品业						
纸浆制造						
造纸						
纸制品制造						
印刷和记录媒介复制业						
印刷						
装订及印刷相关服务						
记录媒介复制						
文教、工美、体育和娱乐用品制造业						
文教办公用品制造						
乐器制造						
工艺美术及礼仪用品制造						
体育用品制造						
玩具制造						
游艺器材及娱乐用品制造						
石油、煤炭及其他燃料加工业	3	93	1	2	4822	20807

1-F-5　续表 2

行　业	机构数（个）	机构人员数（人）	#博士	#硕士	机构经费支出（万元）	仪器和设备原价（万元）
精炼石油产品制造	3	93	1	2	4822	20807
煤炭加工						
核燃料加工						
生物质燃料加工						
化学原料和化学制品制造业	30	1721	18	124	75976	50944
基础化学原料制造	9	515	1	75	23299	13578
肥料制造						
农药制造	1	206	1	6	7135	3639
涂料、油墨、颜料及类似产品制造						
合成材料制造	12	873	15	20	41707	30406
专用化学产品制造	6	107	1	20	3638	3126
炸药、火工及焰火产品制造	2	20		3	196	195
日用化学产品制造						
医药制造业	11	349	1	44	3076	6650
化学药品原料药制造	1	92			346	673
化学药品制剂制造	1	24			408	32
中药饮片加工						
中成药生产	4	108		11	1174	400
兽用药品制造	2	42	1	11	256	2134
生物药品制品制造	3	83		22	892	3411
卫生材料及医药用品制造						
药用辅料及包装材料						
化学纤维制造业						
纤维素纤维原料及纤维制造						
合成纤维制造						
生物基材料制造						
橡胶和塑料制品业						
橡胶制品业						
塑料制品业						
非金属矿物制品业	5	89		2	2176	1386
水泥、石灰和石膏制造	1	3			5	8
石膏、水泥制品及类似制品制造						
砖瓦、石材等建筑材料制造	1	11			154	425
玻璃制造						
玻璃制品制造						
玻璃纤维和玻璃纤维增强塑料制品制造						
陶瓷制品制造	2	53		2	1706	818
耐火材料制品制造	1	22			311	135
石墨及其他非金属矿物制品制造						
黑色金属冶炼和压延加工业	4	277	3	80	4695	19194
炼铁						
炼钢						
钢压延加工	4	277	3	80	4695	19194
铁合金冶炼						
有色金属冶炼和压延加工业	4	420	11	145	14625	7921
常用有色金属冶炼	1	43			980	35
贵金属冶炼						
稀有稀土金属冶炼	2	369	11	140	13432	7718
有色金属合金制造	1	8		5	213	168
有色金属压延加工						
金属制品业	14	2928	5	465	15962	53854

1-F-5 续表3

行业	机构数（个）	机构人员数（人）	#博士	#硕士	机构经费支出（万元）	仪器和设备原价（万元）
结构性金属制品制造						
金属工具制造						
集装箱及金属包装容器制造	3	72		2	875	2703
金属丝绳及其制品制造	1	2141	1	325	4551	46786
建筑、安全用金属制品制造						
金属表面处理及热处理加工	1	10	2	3	295	300
搪瓷制品制造						
金属制日用品制造						
铸造及其他金属制品制造	9	705	2	135	10242	4065
通用设备制造业	3	50	1	8	927	680
锅炉及原动设备制造						
金属加工机械制造	1	16	1	1	493	28
物料搬运设备制造						
泵、阀门、压缩机及类似机械制造						
轴承、齿轮和传动部件制造						
烘炉、风机、包装等设备制造	1	26		7	284	573
文化、办公用机械制造						
通用零部件制造	1	8			150	80
其他通用设备制造业						
专用设备制造业	1	10			350	12
采矿、冶金、建筑专用设备制造	1	10			350	12
化工、木材、非金属加工专用设备制造						
食品、饮料、烟草及饲料生产专用设备制造						
印刷、制药、日化及日用品生产专用设备制造						
纺织、服装和皮革加工专用设备制造						
电子和电工机械专用设备制造						
农、林、牧、渔专用机械制造						
医疗仪器设备及器械制造						
环保、邮政、社会公共服务及其他专用设备制造						
汽车制造业	2	167		25	9062	562
汽车整车制造	2	167		25	9062	562
汽车用发动机制造						
改装汽车制造						
低速汽车制造						
电车制造						
汽车车身、挂车制造						
汽车零部件及配件制造						
铁路、船舶、航空航天和其他运输设备制造业	15	2465	2	216	44364	14967
铁路运输设备制造	15	2465	2	216	44364	14967
城市轨道交通设备制造						
船舶及相关装置制造						
航空、航天器及设备制造						
摩托车制造						
自行车和残疾人座车制造						
助动车制造						
非公路休闲车及零配件制造						
潜水救捞及其他未列明运输设备制造						
电气机械和器材制造业	4	100		6	4340	386
电机制造	2	82		6	3592	285
输配电及控制设备制造						
电线、电缆、光缆及电工器材制造	2	18			748	100

1-F-5　续表4

行　业	机构数（个）	机　构人员数（人）	#博士	#硕士	机构经费支　出（万元）	仪 器 和设备原价（万元）
电池制造						
家用电力器具制造						
非电力家用器具制造						
照明器具制造						
其他电气机械及器材制造						
计算机、通信和其他电子设备制造业	3	156		12	9738	4872
计算机制造						
通信设备制造						
广播电视设备制造						
雷达及配套设备制造						
非专业视听设备制造						
智能消费设备制造						
电子器件制造						
电子元件及电子专用材料制造	3	156		12	9738	4872
其他电子设备制造						
仪器仪表制造业						
通用仪器仪表制造						
专用仪器仪表制造						
钟表与计时仪器制造						
光学仪器制造						
衡器制造						
其他仪器仪表制造业						
其他制造业						
日用杂品制造						
核辐射加工						
其他未列明制造业						
废弃资源综合利用业						
金属废料和碎屑加工处理						
非金属废料和碎屑加工处理						
金属制品、机械和设备修理业	1	18		6	4	350
金属制品修理						
通用设备修理						
专用设备修理						
铁路、船舶、航空航天等运输设备修理						
电气设备修理	1	18		6	4	350
仪器仪表修理						
其他机械和设备修理业						
电力、热力、燃气及水生产和供应业	**7**	**512**	**24**	**103**	**4684**	**3294**
电力、热力生产和供应业	5	465	11	93	4153	2450
电力生产	5	465	11	93	4153	2450
电力供应						
热力生产和供应						
燃气生产和供应业	1	24		1	3	8
燃气生产和供应业	1	24		1	3	8
生物质燃气生产和供应业						
水的生产和供应业	1	23	13	9	527	836
自来水生产和供应						
污水处理及其再生利用	1	23	13	9	527	836
海水淡化处理						
其他水的处理、利用与分配						

1-F-6 分行业港澳台商投资企业办研发机构情况

行　业	机构数（个）	机构人员数（人）	#博士	#硕士	机构经费支出（万元）	仪器和设备原价（万元）
总　计	**6**	**460**	**11**	**53**	**12600**	**9661**
采矿业						
煤炭开采和洗选业						
石油和天然气开采业						
黑色金属矿采选业						
有色金属矿采选业						
非金属矿采选业						
开采专业及辅助性活动						
制造业	**6**	**460**	**11**	**53**	**12600**	**9661**
农副食品加工业						
食品制造业	1	223	11	38	10703	6372
调味品、发酵制品制造	1	223	11	38	10703	6372
酒、饮料和精制茶制造业						
烟草制品业						
纺织业						
纺织服装、服饰业						
皮革、毛皮、羽毛及其制品和制鞋业						
木材加工和木、竹、藤、棕、草制品业						
家具制造业						
造纸和纸制品业						
印刷和记录媒介复制业						
文教、工美、体育和娱乐用品制造业						
石油、煤炭及其他燃料加工业						
化学原料和化学制品制造业	1	41			470	100
基础化学原料制造	1	41			470	100
医药制造业	4	196		15	1427	3190
化学药品原料药制造	4	196		15	1427	3190
化学纤维制造业						
橡胶和塑料制品业						
非金属矿物制品业						
黑色金属冶炼和压延加工业						
有色金属冶炼和压延加工业						
金属制品业						
通用设备制造业						
专用设备制造业						
汽车制造业						
铁路、船舶、航空航天和其他运输设备制造业						
电气机械和器材制造业						
计算机、通信和其他电子设备制造业						
仪器仪表制造业						
其他制造业						
废弃资源综合利用业						
金属制品、机械和设备修理业						
电力、热力、燃气及水生产和供应业						
电力、热力生产和供应业						
燃气生产和供应业						
水的生产和供应业						

1-F-7　分行业外商投资企业办研发机构情况

行　业	机构数（个）	机　构人员数（人）	#博士	#硕士	机构经费支　出（万元）	仪 器 和设备原价（万元）
总　计	**3**	**125**	**16**	**14**	**1128**	**4777**
采矿业						
煤炭开采和洗选业						
石油和天然气开采业						
黑色金属矿采选业						
有色金属矿采选业						
非金属矿采选业						
开采专业及辅助性活动						
制造业	**3**	**125**	**16**	**14**	**1128**	**4777**
农副食品加工业						
食品制造业	1	28		1	239	2863
调味品、发酵制品制造	1	28		1	239	2863
酒、饮料和精制茶制造业						
烟草制品业						
纺织业						
纺织服装、服饰业						
皮革、毛皮、羽毛及其制品和制鞋业						
木材加工和木、竹、藤、棕、草制品业						
家具制造业						
造纸和纸制品业						
印刷和记录媒介复制业						
文教、工美、体育和娱乐用品制造业						
石油、煤炭及其他燃料加工业						
化学原料和化学制品制造业						
医药制造业						
化学纤维制造业						
橡胶和塑料制品业						
非金属矿物制品业						
黑色金属冶炼和压延加工业	1	49	15	11	119	659
铁合金冶炼	1	49	15	11	119	659
有色金属冶炼和压延加工业	1	48	1	2	770	1254
稀有稀土金属冶炼	1	48	1	2	770	1254
金属制品业						
通用设备制造业						
专用设备制造业						
汽车制造业						
铁路、船舶、航空航天和其他运输设备制造业						
电气机械和器材制造业						
计算机、通信和其他电子设备制造业						
仪器仪表制造业						
其他制造业						
废弃资源综合利用业						
金属制品、机械和设备修理业						
电力、热力、燃气及水生产和供应业						
电力、热力生产和供应业						
燃气生产和供应业						
水的生产和供应业						

1-F-8 各地区企业办研发机构情况

地　区	机构数（个）	机构人员数（人）			机构经费支出（万元）	仪器和设备原价（万元）
			#博士	#硕士		
总　计	**159**	**12919**	**211**	**1760**	**289116**	**271701**
呼和浩特市	41	2432	83	446	78432	64231
包头市	57	6701	26	962	97168	107781
呼伦贝尔市						
兴安盟	2	50	11	12	509	3513
通辽市	2	480	12	23	20193	11790
赤峰市	5	205	1	16	4318	3507
锡林郭勒盟	4	92		7	1270	976
乌兰察布市	3	106		16	636	268
鄂尔多斯市	25	1740	50	231	65089	50803
巴彦淖尔市	9	435	14	32	3063	3900
乌海市	3	421		2	6551	1575
阿拉善盟	8	257	14	13	11886	23357

1-F-9 各地区大中型企业办研发机构情况

地　区	机构数（个）	机构人员数（人）			机构经费支出（万元）	仪器和设备原价（万元）
			#博士	#硕士		
总　计	**93**	**6023**	**154**	**838**	**199292**	**180231**
呼和浩特市	36	2343	83	443	76359	63887
包头市	19	1027	17	253	25716	37273
呼伦贝尔市						
兴安盟	1	28		1	239	2863
通辽市	2	480	12	23	20193	11790
赤峰市	2	152		5	3908	949
锡林郭勒盟	2	63			981	395
乌兰察布市						
鄂尔多斯市	16	891	25	85	50797	35002
巴彦淖尔市	5	385	3	14	2665	3148
乌海市	3	421		2	6551	1575
阿拉善盟	7	233	14	12	11883	23349

1-F-10　各地区内资企业办研发机构情况

地　　区	机构数（个）	机　构人员数（人）	#博士	#硕士	机构经费支　出（万元）	仪 器 和设备原价（万元）
总　　计	**150**	**12334**	**184**	**1693**	**275388**	**257263**
呼和浩特市	37	2139	72	401	67085	55952
包　头　市	55	6612	25	960	95928	106426
呼伦贝尔市						
兴　安　盟	1	22	11	11	270	650
通　辽　市	2	480	12	23	20193	11790
赤　峰　市	5	205	1	16	4318	3507
锡林郭勒盟	4	92		7	1270	976
乌兰察布市	3	106		16	636	268
鄂尔多斯市	24	1691	35	220	64970	50144
巴彦淖尔市	8	309	14	24	2281	2617
乌　海　市	3	421		2	6551	1575
阿 拉 善 盟	8	257	14	13	11886	23357

1-F-11　各地区港澳台商投资企业办研发机构情况

地　　区	机构数（个）	机　构人员数（人）	#博士	#硕士	机构经费支　出（万元）	仪 器 和设备原价（万元）
总　　计	**6**	**460**	**11**	**53**	**12600**	**9661**
呼和浩特市	4	293	11	45	11347	8279
包　头　市	1	41			470	100
呼伦贝尔市						
兴　安　盟						
通　辽　市						
赤　峰　市						
锡林郭勒盟						
乌兰察布市						
鄂尔多斯市						
巴彦淖尔市	1	126		8	783	1283
乌　海　市						
阿 拉 善 盟						

1-F-12 各地区外商投资企业办研发机构情况

地区	机构数（个）	机构人员数（人）	#博士	#硕士	机构经费支出（万元）	仪器和设备原价（万元）
总计	**3**	**125**	**16**	**14**	**1128**	**4777**
呼和浩特市						
包头市	1	48	1	2	770	1254
呼伦贝尔市						
兴安盟	1	28		1	239	2863
通辽市						
赤峰市						
锡林郭勒盟						
乌兰察布市						
鄂尔多斯市	1	49	15	11	119	659
巴彦淖尔市						
乌海市						
阿拉善盟						

G. 企业新产品开发及销售情况

1-G-1　分登记注册类型企业新产品开发及销售情况

单位:万元

登记注册类型	新产品开发项目数（项）	新产品开发经费支出	新产品销售收入	#出口
总　计	**1686**	**710278**	**10282645**	**603472**
内资企业	**1590**	**676031**	**9859071**	**590145**
国有企业	23	13907	228946	1293
集体企业				
股份合作企业				
联营企业				
国有联营企业				
集体联营企业				
国有与集体联营企业				
其他联营企业				
有限责任公司	726	303627	5487148	421236
国有独资公司	74	26860	367738	
其他有限责任公司	652	276767	5119410	421236
股份有限公司	523	280951	3580704	167293
私营企业	217	47452	212604	324
私营独资企业				
私营合伙企业				
私营有限责任公司	130	40984	135597	
私营股份有限公司	87	6469	77007	324
其他企业	101	30095	349670	
港、澳、台商投资企业	**36**	**15325**	**352869**	**13257**
合资经营企业	14	4926	35189	
合作经营企业				
港、澳、台商独资经营企业	22	10399	317680	13257
港、澳、台商投资股份有限公司				
其他港、澳、台投资企业				
外商投资企业	**60**	**18922**	**70706**	**70**
中外合资经营企业	31	10562	70706	70
中外合作经营企业				
外资企业				
外商投资股份有限公司	29	8360		
其他外商投资企业				

1-G-2 分登记注册类型大中型企业新产品开发及销售情况

单位:万元

登记注册类型	新产品开发项目数(项)	新产品开发经费支出	新产品销售收入	#出口
总　计	**1043**	**543896**	**7753363**	**559625**
内资企业	**964**	**511277**	**7460092**	**546368**
国有企业				
集体企业				
股份合作企业				
联营企业				
国有联营企业				
集体联营企业				
国有与集体联营企业				
其他联营企业				
有限责任公司	447	205022	3802279	379362
国有独资公司	63	20350	367685	
其他有限责任公司	384	184672	3434593	379362
股份有限公司	477	274138	3578664	167005
私营企业	40	32118	79149	
私营独资企业				
私营合伙企业				
私营有限责任公司	35	31701	77742	
私营股份有限公司	5	417	1407	
其他企业				
港、澳、台商投资企业	**34**	**15032**	**293183**	**13257**
合资经营企业	13	4669	35189	
合作经营企业				
港、澳、台商独资经营企业	21	10363	257994	13257
港、澳、台商投资股份有限公司				
其他港、澳、台投资企业				
外商投资企业	**45**	**17587**	**88**	
中外合资经营企业	16	9228	88	
中外合作经营企业				
外资企业				
外商投资股份有限公司	29	8360		
其他外商投资企业				

1-G-3　分行业企业新产品开发及销售情况

单位：万元

行　业	新产品开发项目数（项）	新产品开发经费支出	新产品销售收入	#出口
总　计	**1686**	**710278**	**10282645**	**603472**
采矿业	**94**	**22257**	**333868**	
煤炭开采和洗选业	60	17741	205012	
烟煤和无烟煤开采洗选	60	17741	205012	
褐煤开采洗选				
其他煤炭采选				
石油和天然气开采业				
石油开采				
天然气开采				
黑色金属矿采选业	16	1556		
铁矿采选	16	1556		
锰矿、铬矿采选				
其他黑色金属矿采选				
有色金属矿采选业	11	1989	124328	
常用有色金属矿采选	11	1989	123686	
贵金属矿采选				
稀有稀土金属矿采选			642	
非金属矿采选业	7	971	4528	
土砂石开采	5	710	367	
化学矿开采				
采盐				
石棉及其他非金属矿采选	2	261	4161	
开采专业及辅助性活动				
煤炭开采和洗选专业及辅助性活动				
石油和天然气开采专业及辅助性活动				
其他开采专业及辅助性活动				
其他采矿业				
其他采矿业				
制造业	**1510**	**662367**	**9326618**	**603472**
农副食品加工业	58	14922	390247	
谷物磨制	4	560	713	
饲料加工	17	10640	357484	
植物油加工	7	294	234	
制糖业				
屠宰及肉类加工	22	2990	27453	
水产品加工				
蔬菜、菌类、水果和坚果加工	5	259	4364	
其他农副食品加工	3	179		
食品制造业	250	117400	2354628	13257
焙烤食品制造				
糖果、巧克力及蜜饯制造				
方便食品制造	1	4		
乳制品制造	188	87899	2110211	
罐头食品制造				
调味品、发酵制品制造	48	26997	243924	13257
其他食品制造	13	2500	493	
酒、饮料和精制茶制造业	14	1926	32447	6
酒的制造	13	1893	32258	6
饮料制造	1	34	189	
精制茶加工				

1-G-3 续表1

单位:万元

行业	新产品开发项目数(项)	新产品开发经费支出	新产品销售收入	#出口
烟草制品业	7	2962	10311	
烟叶复烤				
卷烟制造	7	2962	10311	
其他烟草制品制造				
纺织业	6	3645	3265	1960
棉纺织及印染精加工				
毛纺织及染整精加工				
麻纺织及染整精加工				
丝绢纺织及印染精加工				
化纤织造及印染精加工				
针织或钩针编织物及其制品制造	6	3645	3265	1960
家用纺织制成品制造				
产业用纺织制成品制造				
纺织服装、服饰业	53	24637	226525	46604
机织服装制造				
针织或钩针编织服装制造	53	24637	226525	46604
服饰制造				
皮革、毛皮、羽毛及其制品和制鞋业				
皮革鞣制加工				
皮革制品制造				
毛皮鞣制及制品加工				
羽毛(绒)加工及制品制造				
制鞋业				
木材加工和木、竹、藤、棕、草制品业				
木材加工				
人造板制造				
木质制品制造				
竹、藤、棕、草等制品制造				
家具制造业				
木质家具制造				
竹、藤家具制造				
金属家具制造				
塑料家具制造				
其他家具制造				
造纸和纸制品业				
纸浆制造				
造纸				
纸制品制造				
印刷和记录媒介复制业	1	19		
印刷	1	19		
装订及印刷相关服务				
记录媒介复制				
文教、工美、体育和娱乐用品制造业				
文教办公用品制造				
乐器制造				
工艺美术及礼仪用品制造				
体育用品制造				
玩具制造				
游艺器材及娱乐用品制造				
石油、煤炭及其他燃料加工业	3	2510	5452	

1-G-3　续表 2　　单位:万元

行　业	新产品开发项目数（项）	新产品开发经费支出	新产品销售收入	#出口
精炼石油产品制造	3	2510	5152	
煤炭加工			300	
核燃料加工				
生物质燃料加工				
化学原料和化学制品制造业	142	108297	1396801	25397
基础化学原料制造	49	50224	582566	23453
肥料制造	17	9131	38205	
农药制造	11	5314	3769	190
涂料、油墨、颜料及类似产品制造	3	1256	153641	
合成材料制造	30	33120	481119	1754
专用化学产品制造	26	8376	137487	
炸药、火工及焰火产品制造	6	876	15	
日用化学产品制造				
医药制造业	182	27162	234751	25380
化学药品原料药制造	26	10665	23133	
化学药品制剂制造	43	4873	21351	324
中药饮片加工				
中成药生产	35	3862	13868	
兽用药品制造	43	3954	143292	368
生物药品制品制造	35	3809	33106	24689
卫生材料及医药用品制造				
药用辅料及包装材料				
化学纤维制造业				
纤维素纤维原料及纤维制造				
合成纤维制造				
生物基材料制造				
橡胶和塑料制品业	2	419	2140	
橡胶制品业	1	407	2140	
塑料制品业	1	12		
非金属矿物制品业	18	7108	92462	26
水泥、石灰和石膏制造	1	1176	3506	
石膏、水泥制品及类似制品制造	7	1028	850	
砖瓦、石材等建筑材料制造	2	522	1871	
玻璃制造			69307	26
玻璃制品制造	3	1126		
玻璃纤维和玻璃纤维增强塑料制品制造				
陶瓷制品制造	1	1456	2650	
耐火材料制品制造	1	125	143	
石墨及其他非金属矿物制品制造	3	1675	14136	
黑色金属冶炼和压延加工业	133	112408	754296	70000
炼铁				
炼钢				
钢压延加工	125	106800	754296	70000
铁合金冶炼	8	5608		
有色金属冶炼和压延加工业	127	48450	471740	44
常用有色金属冶炼	10	9406	141582	
贵金属冶炼	6	960	41316	
稀有稀土金属冶炼	93	34007	235677	44
有色金属合金制造	9	619	1959	
有色金属压延加工	9	3458	51206	
金属制品业	128	39506	360766	

1-G-3 续表3 单位:万元

行 业	新产品开发项目数(项)	新产品开发经费支出	新产品销售收入	#出口
结构性金属制品制造	2	111		
金属工具制造				
集装箱及金属包装容器制造	5	417	1407	
金属丝绳及其制品制造	101	30095	349670	
建筑、安全用金属制品制造				
金属表面处理及热处理加工	3	352	2340	
搪瓷制品制造				
金属制日用品制造				
铸造及其他金属制品制造	17	8531	7349	
通用设备制造业	38	3353	22713	
锅炉及原动设备制造	5	1027		
金属加工机械制造	10	167		
物料搬运设备制造	4	124	2066	
泵、阀门、压缩机及类似机械制造	6	227	2919	
轴承、齿轮和传动部件制造				
烘炉、风机、包装等设备制造	5	869	6392	
文化、办公用机械制造				
通用零部件制造	8	938	11337	
其他通用设备制造业				
专用设备制造业	39	3808	21067	
采矿、冶金、建筑专用设备制造	6	887	4272	
化工、木材、非金属加工专用设备制造	7	1542	13874	
食品、饮料、烟草及饲料生产专用设备制造				
印刷、制药、日化及日用品生产专用设备制造				
纺织、服装和皮革加工专用设备制造				
电子和电工机械专用设备制造				
农、林、牧、渔专用机械制造	23	1359	2922	
医疗仪器设备及器械制造	3	20		
环保、邮政、社会公共服务及其他专用设备制造				
汽车制造业	30	20069	213613	51688
汽车整车制造	19	13595	210813	51688
汽车用发动机制造				
改装汽车制造	2	450		
低速汽车制造				
电车制造				
汽车车身、挂车制造				
汽车零部件及配件制造	9	6024	2800	
铁路、船舶、航空航天和其他运输设备制造业	97	57974	810227	45568
铁路运输设备制造	85	55458	723638	45568
城市轨道交通设备制造				
船舶及相关装置制造				
航空、航天器及设备制造	12	2516	86589	
摩托车制造				
自行车和残疾人座车制造				
助动车制造				
非公路休闲车及零配件制造				
潜水救捞及其他未列明运输设备制造				
电气机械和器材制造业	72	10363	143569	
电机制造	51	6442	128514	
输配电及控制设备制造	15	3204	1500	
电线、电缆、光缆及电工器材制造	6	717	13556	

1-G-3　续表4　　　　单位:万元

行　业	新产品开发项目数(项)	新产品开发经费支出	新产品销售收入	#出口
电池制造				
家用电力器具制造				
非电力家用器具制造				
照明器具制造				
其他电气机械及器材制造				
计算机、通信和其他电子设备制造业	103	54918	1778663	323542
计算机制造	8	352	760	
通信设备制造				
广播电视设备制造	1	278		
雷达及配套设备制造				
非专业视听设备制造			52266	
智能消费设备制造				
电子器件制造	30	13117	832256	285450
电子元件及电子专用材料制造	64	41171	893381	38092
其他电子设备制造				
仪器仪表制造业				
通用仪器仪表制造				
专用仪器仪表制造				
钟表与计时仪器制造				
光学仪器制造				
衡器制造				
其他仪器仪表制造业				
其他制造业				
日用杂品制造				
核辐射加工				
其他未列明制造业				
废弃资源综合利用业	3	95		
金属废料和碎屑加工处理	3	95		
非金属废料和碎屑加工处理				
金属制品、机械和设备修理业	4	416	935	
金属制品修理				
通用设备修理				
专用设备修理				
铁路、船舶、航空航天等运输设备修理				
电气设备修理	4	416	935	
仪器仪表修理				
其他机械和设备修理业				
电力、热力、燃气及水生产和供应业	**82**	**25655**	**622159**	
电力、热力生产和供应业	72	24834	622159	
电力生产	36	19236	622159	
电力供应	36	5598		
热力生产和供应				
燃气生产和供应业	9	579		
燃气生产和供应业	9	579		
生物质燃气生产和供应业				
水的生产和供应业	1	242		
自来水生产和供应				
污水处理及其再生利用	1	242		
海水淡化处理				
其他水的处理、利用与分配				

1-G-4 分行业大中型企业新产品开发及销售情况

单位:万元

行业	新产品开发项目数(项)	新产品开发经费支出	新产品销售收入	#出口
总计	**1043**	**543896**	**7753363**	**559625**
采矿业	**83**	**21255**	**329340**	
煤炭开采和洗选业	59	17729	205012	
烟煤和无烟煤开采洗选	59	17729	205012	
褐煤开采洗选				
其他煤炭采选				
石油和天然气开采业				
石油开采				
天然气开采				
黑色金属矿采选业	16	1556		
铁矿采选	16	1556		
锰矿、铬矿采选				
其他黑色金属矿采选				
有色金属矿采选业	8	1970	124328	
常用有色金属矿采选	8	1970	123686	
贵金属矿采选				
稀有稀土金属矿采选			642	
非金属矿采选业				
土砂石开采				
化学矿开采				
采盐				
石棉及其他非金属矿采选				
开采专业及辅助性活动				
煤炭开采和洗选专业及辅助性活动				
石油和天然气开采专业及辅助性活动				
其他开采专业及辅助性活动				
其他采矿业				
其他采矿业				
制造业	**895**	**512855**	**7424023**	**559625**
农副食品加工业	14	11826	373604	
谷物磨制				
饲料加工	9	9568	347430	
植物油加工				
制糖业				
屠宰及肉类加工	5	2258	26173	
水产品加工				
蔬菜、菌类、水果和坚果加工				
其他农副食品加工				
食品制造业	233	116368	2347998	13257
焙烤食品制造				
糖果、巧克力及蜜饯制造				
方便食品制造				
乳制品制造	180	87049	2104073	
罐头食品制造				
调味品、发酵制品制造	48	26997	243924	13257
其他食品制造	5	2322		
酒、饮料和精制茶制造业	13	1893	32258	6
酒的制造	13	1893	32258	6
饮料制造				
精制茶加工				

1-G-4　续表1　　　　单位:万元

行　　业	新产品开发项目数(项)	新产品开发经费支出	新产品销售收入	#出口
烟草制品业	7	2962	10311	
烟叶复烤				
卷烟制造	7	2962	10311	
其他烟草制品制造				
纺织业	6	3645	3265	1960
棉纺织及印染精加工				
毛纺织及染整精加工				
麻纺织及染整精加工				
丝绢纺织及印染精加工				
化纤织造及印染精加工				
针织或钩针编织物及其制品制造	6	3645	3265	1960
家用纺织制成品制造				
产业用纺织制成品制造				
纺织服装、服饰业	43	24489	226243	46604
机织服装制造				
针织或钩针编织服装制造	43	24489	226243	46604
服饰制造				
皮革、毛皮、羽毛及其制品和制鞋业				
皮革鞣制加工				
皮革制品制造				
毛皮鞣制及制品加工				
羽毛(绒)加工及制品制造				
制鞋业				
木材加工和木、竹、藤、棕、草制品业				
木材加工				
人造板制造				
木质制品制造				
竹、藤、棕、草等制品制造				
家具制造业				
木质家具制造				
竹、藤家具制造				
金属家具制造				
塑料家具制造				
其他家具制造				
造纸和纸制品业				
纸浆制造				
造纸				
纸制品制造				
印刷和记录媒介复制业				
印刷				
装订及印刷相关服务				
记录媒介复制				
文教、工美、体育和娱乐用品制造业				
文教办公用品制造				
乐器制造				
工艺美术及礼仪用品制造				
体育用品制造				
玩具制造				
游艺器材及娱乐用品制造				
石油、煤炭及其他燃料加工业	3	2510	5452	

1-G-4 续表 2 单位:万元

行　业	新产品开发项目数(项)	新产品开发经费支出	新产品销售收入	#出口
精炼石油产品制造	3	2510	5152	
煤炭加工			300	
核燃料加工				
生物质燃料加工				
化学原料和化学制品制造业	100	98212	1011457	25397
基础化学原料制造	30	43838	203337	23453
肥料制造	9	7423	35648	
农药制造	7	4760	211	190
涂料、油墨、颜料及类似产品制造	2	998	153641	
合成材料制造	30	33120	481119	1754
专用化学产品制造	22	8072	137487	
炸药、火工及焰火产品制造			15	
日用化学产品制造				
医药制造业	79	20367	196262	24689
化学药品原料药制造	19	9762	23133	
化学药品制剂制造	13	3691		
中药饮片加工				
中成药生产	1	442		
兽用药品制造	29	3351	141323	
生物药品制品制造	17	3121	31805	24689
卫生材料及医药用品制造				
药用辅料及包装材料				
化学纤维制造业				
纤维素纤维原料及纤维制造				
合成纤维制造				
生物基材料制造				
橡胶和塑料制品业	1	407	401	
橡胶制品业	1	407	401	
塑料制品业				
非金属矿物制品业	3	2171	2650	
水泥、石灰和石膏制造				
石膏、水泥制品及类似制品制造				
砖瓦、石材等建筑材料制造				
玻璃制造				
玻璃制品制造				
玻璃纤维和玻璃纤维增强塑料制品制造				
陶瓷制品制造	1	1456	2650	
耐火材料制品制造				
石墨及其他非金属矿物制品制造	2	715		
黑色金属冶炼和压延加工业	125	110291	719784	70000
炼铁				
炼钢				
钢压延加工	117	104683	719784	70000
铁合金冶炼	8	5608		
有色金属冶炼和压延加工业	95	41151	417210	
常用有色金属冶炼	10	9406	141582	
贵金属冶炼	5	588	41316	
稀有稀土金属冶炼	79	30539	234312	
有色金属合金制造				
有色金属压延加工	1	617		

1-G-4　续表3

单位:万元

行　业	新产品开发项目数（项）	新产品开发经费支出	新产品销售收入	#出口
金属制品业	10	1392	7456	
结构性金属制品制造				
金属工具制造				
集装箱及金属包装容器制造	5	417	1407	
金属丝绳及其制品制造				
建筑、安全用金属制品制造				
金属表面处理及热处理加工				
搪瓷制品制造				
金属制日用品制造				
铸造及其他金属制品制造	5	975	6049	
通用设备制造业	10	1207	11337	
锅炉及原动设备制造				
金属加工机械制造				
物料搬运设备制造				
泵、阀门、压缩机及类似机械制造				
轴承、齿轮和传动部件制造				
烘炉、风机、包装等设备制造	2	269		
文化、办公用机械制造				
通用零部件制造	8	938	11337	
其他通用设备制造业				
专用设备制造业	25	1951	13874	
采矿、冶金、建筑专用设备制造				
化工、木材、非金属加工专用设备制造	7	1542	13874	
食品、饮料、烟草及饲料生产专用设备制造				
印刷、制药、日化及日用品生产专用设备制造				
纺织、服装和皮革加工专用设备制造				
电子和电工机械专用设备制造				
农、林、牧、渔专用机械制造	18	409		
医疗仪器设备及器械制造				
环保、邮政、社会公共服务及其他专用设备制造				
汽车制造业	12	11045	70623	50395
汽车整车制造	4	5188	67823	50395
汽车用发动机制造				
改装汽车制造				
低速汽车制造				
电车制造				
汽车车身、挂车制造				
汽车零部件及配件制造	8	5857	2800	
铁路、船舶、航空航天和其他运输设备制造业	31	3545	113978	4062
铁路运输设备制造	31	3545	113978	4062
城市轨道交通设备制造				
船舶及相关装置制造				
航空、航天器及设备制造				
摩托车制造				
自行车和残疾人座车制造				
助动车制造				
非公路休闲车及零配件制造				
潜水救捞及其他未列明运输设备制造				
电气机械和器材制造业	16	6283	95521	
电机制造	9	3829	95521	

1-G-4 续表4

单位:万元

行业	新产品开发项目数(项)	新产品开发经费支出	新产品销售收入	#出口
输配电及控制设备制造	7	2455		
电线、电缆、光缆及电工器材制造				
电池制造				
家用电力器具制造				
非电力家用器具制造				
照明器具制造				
其他电气机械及器材制造				
计算机、通信和其他电子设备制造业	62	50633	1763406	323255
计算机制造				
通信设备制造				
广播电视设备制造				
雷达及配套设备制造				
非专业视听设备制造			52266	
智能消费设备制造				
电子器件制造	29	12611	832256	285450
电子元件及电子专用材料制造	33	38022	878884	37805
其他电子设备制造				
仪器仪表制造业				
通用仪器仪表制造				
专用仪器仪表制造				
钟表与计时仪器制造				
光学仪器制造				
衡器制造				
其他仪器仪表制造业				
其他制造业				
日用杂品制造				
核辐射加工				
其他未列明制造业				
废弃资源综合利用业	3	95		
金属废料和碎屑加工处理	3	95		
非金属废料和碎屑加工处理				
金属制品、机械和设备修理业	4	416	935	
金属制品修理				
通用设备修理				
专用设备修理				
铁路、船舶、航空航天等运输设备修理				
电气设备修理	4	416	935	
仪器仪表修理				
其他机械和设备修理业				
电力、热力、燃气及水生产和供应业	**65**	**9787**		
电力、热力生产和供应业	56	9208		
电力生产	20	3610		
电力供应	36	5598		
热力生产和供应				
燃气生产和供应业	9	579		
燃气生产和供应业	9	579		
水的生产和供应业				
自来水生产和供应				
污水处理及其再生利用				
其他水的处理、利用与分配				

1-G-5　分行业内资企业新产品开发及销售情况

单位:万元

行　业	新产品开发项目数(项)	新产品开发经费支出	新产品销售收入	#出口
总　计	**1590**	**676031**	**9859071**	**590145**
采矿业	**65**	**13897**	**333868**	
煤炭开采和洗选业	31	9382	205012	
烟煤和无烟煤开采洗选	31	9382	205012	
褐煤开采洗选				
其他煤炭采选				
石油和天然气开采业				
石油开采				
天然气开采				
黑色金属矿采选业	16	1556		
铁矿采选	16	1556		
锰矿、铬矿采选				
其他黑色金属矿采选				
有色金属矿采选业	11	1989	124328	
常用有色金属矿采选	11	1989	123686	
贵金属矿采选				
稀有稀土金属矿采选			642	
非金属矿采选业	7	971	4528	
土砂石开采	5	710	367	
化学矿开采				
采盐				
石棉及其他非金属矿采选	2	261	4161	
开采专业及辅助性活动				
煤炭开采和洗选专业及辅助性活动				
石油和天然气开采专业及辅助性活动				
其他开采专业及辅助性活动				
其他采矿业				
其他采矿业				
制造业	**1454**	**637379**	**8903044**	**590145**
农副食品加工业	57	14904	390247	
谷物磨制	4	560	713	
饲料加工	17	10640	357484	
植物油加工	6	276	234	
制糖业				
屠宰及肉类加工	22	2990	27453	
水产品加工				
蔬菜、菌类、水果和坚果加工	5	259	4364	
其他农副食品加工	3	179		
食品制造业	235	112226	2119680	
焙烤食品制造				
糖果、巧克力及蜜饯制造				
方便食品制造	1	4		
乳制品制造	187	87856	2110211	
罐头食品制造				
调味品、发酵制品制造	34	21866	8976	
其他食品制造	13	2500	493	
酒、饮料和精制茶制造业	14	1926	32447	6
酒的制造	13	1893	32258	6
饮料制造	1	34	189	
精制茶加工				

1-G-5 续表1 单位:万元

行业	新产品开发项目数(项)	新产品开发经费支出	新产品销售收入	#出口
烟草制品业	7	2962	10311	
烟叶复烤				
卷烟制造	7	2962	10311	
其他烟草制品制造				
纺织业	6	3645	3265	1960
棉纺织及印染精加工				
毛纺织及染整精加工				
麻纺织及染整精加工				
丝绢纺织及印染精加工				
化纤织造及印染精加工				
针织或钩针编织物及其制品制造	6	3645	3265	1960
家用纺织制成品制造				
产业用纺织制成品制造				
纺织服装、服饰业	53	24637	226525	46604
机织服装制造				
针织或钩针编织服装制造	53	24637	226525	46604
服饰制造				
皮革、毛皮、羽毛及其制品和制鞋业				
皮革鞣制加工				
皮革制品制造				
毛皮鞣制及制品加工				
羽毛(绒)加工及制品制造				
制鞋业				
木材加工和木、竹、藤、棕、草制品业				
木材加工				
人造板制造				
木质制品制造				
竹、藤、棕、草等制品制造				
家具制造业				
木质家具制造				
竹、藤家具制造				
金属家具制造				
塑料家具制造				
其他家具制造				
造纸和纸制品业				
纸浆制造				
造纸				
纸制品制造				
印刷和记录媒介复制业	1	19		
印刷	1	19		
装订及印刷相关服务				
记录媒介复制				
文教、工美、体育和娱乐用品制造业				
文教办公用品制造				
乐器制造				
工艺美术及礼仪用品制造				
体育用品制造				
玩具制造				
游艺器材及娱乐用品制造				
石油、煤炭及其他燃料加工业	3	2510	5452	

1-G-5　续表2　　单位:万元

行　业	新产品开发项目数(项)	新产品开发经费支出	新产品销售收入	#出口
精炼石油产品制造	3	2510	5152	
煤炭加工			300	
核燃料加工				
生物质燃料加工				
化学原料和化学制品制造业	130	100433	1301926	25397
基础化学原料制造	42	46707	522880	23453
肥料制造	13	5041	3016	
农药制造	11	5314	3769	190
涂料、油墨、颜料及类似产品制造	2	998	153641	
合成材料制造	30	33120	481119	1754
专用化学产品制造	26	8376	137487	
炸药、火工及焰火产品制造	6	876	15	
日用化学产品制造				
医药制造业	173	21792	211617	25380
化学药品原料药制造	17	5294		
化学药品制剂制造	43	4873	21351	324
中药饮片加工				
中成药生产	35	3862	13868	
兽用药品制造	43	3954	143292	368
生物药品制品制造	35	3809	33106	24689
卫生材料及医药用品制造				
药用辅料及包装材料				
化学纤维制造业				
纤维素纤维原料及纤维制造				
合成纤维制造				
生物基材料制造				
橡胶和塑料制品业	2	419	2140	
橡胶制品业	1	407	2140	
塑料制品业	1	12		
非金属矿物制品业	18	7108	23156	
水泥、石灰和石膏制造	1	1176	3506	
石膏、水泥制品及类似制品制造	7	1028	850	
砖瓦、石材等建筑材料制造	2	522	1871	
玻璃制造				
玻璃制品制造	3	1126		
玻璃纤维和玻璃纤维增强塑料制品制造				
陶瓷制品制造	1	1456	2650	
耐火材料制品制造	1	125	143	
石墨及其他非金属矿物制品制造	3	1675	14136	
黑色金属冶炼和压延加工业	125	106800	754296	70000
炼铁				
炼钢				
钢压延加工	125	106800	754296	70000
铁合金冶炼				
有色金属冶炼和压延加工业	116	47497	470429	
常用有色金属冶炼	10	9406	141582	
贵金属冶炼	6	960	41316	
稀有稀土金属冶炼	87	33250	234365	
有色金属合金制造	4	423	1959	
有色金属压延加工	9	3458	51206	
金属制品业	128	39506	360766	

1-G-5 续表3

单位:万元

行业	新产品开发项目数(项)	新产品开发经费支出	新产品销售收入	#出口
结构性金属制品制造	2	111		
金属工具制造				
集装箱及金属包装容器制造	5	417	1407	
金属丝绳及其制品制造	101	30095	349670	
建筑、安全用金属制品制造				
金属表面处理及热处理加工	3	352	2340	
搪瓷制品制造				
金属制日用品制造				
铸造及其他金属制品制造	17	8531	7349	
通用设备制造业	38	3353	22713	
锅炉及原动设备制造	5	1027		
金属加工机械制造	10	167		
物料搬运设备制造	4	124	2066	
泵、阀门、压缩机及类似机械制造	6	227	2919	
轴承、齿轮和传动部件制造				
烘炉、风机、包装等设备制造	5	869	6392	
文化、办公用机械制造				
通用零部件制造	8	938	11337	
其他通用设备制造业				
专用设备制造业	39	3808	21067	
采矿、冶金、建筑专用设备制造	6	887	4272	
化工、木材、非金属加工专用设备制造	7	1542	13874	
食品、饮料、烟草及饲料生产专用设备制造				
印刷、制药、日化及日用品生产专用设备制造				
纺织、服装和皮革加工专用设备制造				
电子和电工机械专用设备制造				
农、林、牧、渔专用机械制造	23	1359	2922	
医疗仪器设备及器械制造	3	20		
环保、邮政、社会公共服务及其他专用设备制造				
汽车制造业	30	20069	213613	51688
汽车整车制造	19	13595	210813	51688
汽车用发动机制造				
改装汽车制造	2	450		
低速汽车制造				
电车制造				
汽车车身、挂车制造				
汽车零部件及配件制造	9	6024	2800	
铁路、船舶、航空航天和其他运输设备制造业	97	57974	810227	45568
铁路运输设备制造	85	55458	723638	45568
城市轨道交通设备制造				
船舶及相关装置制造				
航空、航天器及设备制造	12	2516	86589	
摩托车制造				
自行车和残疾人座车制造				
助动车制造				
非公路休闲车及零配件制造				
潜水救捞及其他未列明运输设备制造				
电气机械和器材制造业	72	10363	143569	
电机制造	51	6442	128514	
输配电及控制设备制造	15	3204	1500	
电线、电缆、光缆及电工器材制造	6	717	13556	

1-G-5　续表4　　　　　　　　　　　　单位:万元

行　业	新产品开发项目数(项)	新产品开发经费支出	新产品销售收入	#出口
电池制造				
家用电力器具制造				
非电力家用器具制造				
照明器具制造				
其他电气机械及器材制造				
计算机、通信和其他电子设备制造业	103	54918	1778663	323542
计算机制造	8	352	760	
通信设备制造				
广播电视设备制造	1	278		
雷达及配套设备制造				
非专业视听设备制造			52266	
智能消费设备制造				
电子器件制造	30	13117	832256	285450
电子元件及电子专用材料制造	64	41171	893381	38092
其他电子设备制造				
仪器仪表制造业				
通用仪器仪表制造				
专用仪器仪表制造				
钟表与计时仪器制造				
光学仪器制造				
衡器制造				
其他仪器仪表制造业				
其他制造业				
日用杂品制造				
核辐射加工				
其他未列明制造业				
废弃资源综合利用业	3	95		
金属废料和碎屑加工处理	3	95		
非金属废料和碎屑加工处理				
金属制品、机械和设备修理业	4	416	935	
金属制品修理				
通用设备修理				
专用设备修理				
铁路、船舶、航空航天等运输设备修理				
电气设备修理	4	416	935	
仪器仪表修理				
其他机械和设备修理业				
电力、热力、燃气及水生产和供应业	**71**	**24755**	**622159**	
电力、热力生产和供应业	70	24514	622159	
电力生产	34	18916	622159	
电力供应	36	5598		
热力生产和供应				
燃气生产和供应业				
燃气生产和供应业				
生物质燃气生产和供应业				
水的生产和供应业	1	242		
自来水生产和供应				
污水处理及其再生利用	1	242		
海水淡化处理				
其他水的处理、利用与分配				

1-G-6 分行业港澳台商投资企业新产品开发及销售情况

单位:万元

行业	新产品开发项目数(项)	新产品开发经费支出	新产品销售收入	#出口
总计	**36**	**15325**	**352869**	**13257**
采矿业	**27**	**14746**	**352869**	**13257**
煤炭开采和洗选业				
石油和天然气开采业				
黑色金属矿采选业				
有色金属矿采选业				
非金属矿采选业				
开采专业及辅助性活动				
制造业				
农副食品加工业				
食品制造业	13	5028	234861	13257
调味品、发酵制品制造	13	5028	234861	13257
酒、饮料和精制茶制造业				
烟草制品业				
纺织业				
纺织服装、服饰业				
皮革、毛皮、羽毛及其制品和制鞋业				
木材加工和木、竹、藤、棕、草制品业				
家具制造业				
造纸和纸制品业				
印刷和记录媒介复制业				
文教、工美、体育和娱乐用品制造业				
石油、煤炭及其他燃料加工业				
化学原料和化学制品制造业	5	4347	94875	
肥料制造	4	4090	35189	
涂料、油墨、颜料及类似产品制造	1	258		
医药制造业	9	5371	23133	
化学药品原料药制造	9	5371	23133	
化学纤维制造业				
橡胶和塑料制品业				
非金属矿物制品业				
黑色金属冶炼和压延加工业				
有色金属冶炼和压延加工业				
金属制品业				
通用设备制造业				
专用设备制造业				
汽车制造业				
铁路、船舶、航空航天和其他运输设备制造业				
电气机械和器材制造业				
计算机、通信和其他电子设备制造业				
仪器仪表制造业				
其他制造业				
废弃资源综合利用业				
金属制品、机械和设备修理业				
电力、热力、燃气及水生产和供应业	**9**	**579**		
电力、热力生产和供应业				
燃气生产和供应业	9	579		
燃气生产和供应业	9	579		
水的生产和供应业				

1-G-7　分行业外商投资企业新产品开发及销售情况

单位:万元

行　业	新产品开发项目数(项)	新产品开发经费支出	新产品销售收入	#出口
总　计	**60**	**18922**	**70706**	**70**
采矿业	**29**	**8360**		
煤炭开采和洗选业	29	8360		
烟煤和无烟煤开采洗选	29	8360		
石油和天然气开采业				
黑色金属矿采选业				
有色金属矿采选业				
非金属矿采选业				
开采专业及辅助性活动				
制造业	**29**	**10242**	**70706**	**70**
农副食品加工业	1	18		
植物油加工	1	18		
食品制造业	2	146	88	
乳制品制造	1	43		
调味品、发酵制品制造	1	103	88	
酒、饮料和精制茶制造业				
烟草制品业				
纺织业				
纺织服装、服饰业				
皮革、毛皮、羽毛及其制品和制鞋业				
木材加工和木、竹、藤、棕、草制品业				
家具制造业				
造纸和纸制品业				
印刷和记录媒介复制业				
文教、工美、体育和娱乐用品制造业				
石油、煤炭及其他燃料加工业				
化学原料和化学制品制造业	7	3517		
基础化学原料制造	7	3517		
医药制造业				
化学纤维制造业				
橡胶和塑料制品业				
非金属矿物制品业			69307	26
玻璃制造			69307	26
黑色金属冶炼和压延加工业	8	5608		
铁合金冶炼	8	5608		
有色金属冶炼和压延加工业	11	953	1311	44
稀有稀土金属冶炼	6	757	1311	44
有色金属合金制造	5	196		
金属制品业				
通用设备制造业				
专用设备制造业				
汽车制造业				
铁路、船舶、航空航天和其他运输设备制造业				
电气机械和器材制造业				
计算机、通信和其他电子设备制造业				
仪器仪表制造业				
其他制造业				
废弃资源综合利用业				
金属制品、机械和设备修理业				
电力、热力、燃气及水生产和供应业	**2**	**321**		
电力、热力生产和供应业	2	321		
电力生产	2	321		
燃气生产和供应业				
水的生产和供应业				

1-G-8 各地区企业新产品开发及销售情况

单位:万元

地　　区	新产品开发项目数(项)	新产品开发经费支出	新产品销售收入	#出口
总　　计	**1686**	**710278**	**10282645**	**603472**
呼和浩特市	466	163683	3561306	75941
包 头 市	711	310964	2837289	167587
呼伦贝尔市	45	15339	61408	
兴 安 盟	30	1774	18130	
通 辽 市	28	13140	85978	32
赤 峰 市	90	37423	577430	23597
锡林郭勒盟	21	3362	151908	
乌兰察布市	11	1639	187701	1754
鄂尔多斯市	187	100886	2241015	332055
巴彦淖尔市	53	12923	63364	1960
乌 海 市	35	46359	343476	547
阿拉善盟	9	2787	153641	

1-G-9 各地区大中型企业新产品开发及销售情况

单位:万元

地　　区	新产品开发项目数(项)	新产品开发经费支出	新产品销售收入	#出口
总　　计	**1043**	**543896**	**7753363**	**559625**
呼和浩特市	352	153110	3440819	75941
包 头 市	359	189635	1526722	124457
呼伦贝尔市	37	14662	58499	
兴 安 盟	3	432	88	
通 辽 市	20	12639	12143	6
赤 峰 市	43	29830	553135	22906
锡林郭勒盟	9	2251	145505	
乌兰察布市			171500	1754
鄂尔多斯市	164	82484	1305845	332055
巴彦淖尔市	23	11306	52898	1960
乌 海 市	29	44866	332569	547
阿拉善盟	4	2681	153641	

1-G-10　各地区内资企业新产品开发及销售情况

单位:万元

地　　区	新产品开发项目数(项)	新产品开发经费支出	新产品销售收入	#出口
总　　计	**1590**	**676031**	**9859071**	**590145**
呼和浩特市	441	157451	3326445	62684
包头市	700	310011	2776292	167543
呼伦贝尔市	44	15296	26220	
兴安盟	28	1654	18042	
通辽市	28	13140	16672	6
赤峰市	88	37103	577430	23597
锡林郭勒盟	21	3362	151908	
乌兰察布市	11	1639	187701	1754
鄂尔多斯市	139	79312	2241015	332055
巴彦淖尔市	46	7919	40230	1960
乌海市	35	46359	343476	547
阿拉善盟	9	2787	153641	

1-G-11　各地区港澳台商投资企业新产品开发及销售情况

单位:万元

地　　区	新产品开发项目数(项)	新产品开发经费支出	新产品销售收入	#出口
总　　计	**36**	**15325**	**352869**	**13257**
呼和浩特市	25	6232	234861	13257
包头市			59686	
呼伦贝尔市			35189	
兴安盟				
通辽市				
赤峰市				
锡林郭勒盟				
乌兰察布市				
鄂尔多斯市	4	4090		
巴彦淖尔市	7	5003	23133	
乌海市				
阿拉善盟				

1-G-12 各地区外商投资企业新产品开发及销售情况

单位:万元

地　　区	新产品开发项目数(项)	新产品开发经费支出	新产品销售收入	#出口
总　　计	**60**	**18922**	**70706**	**70**
呼和浩特市				
包　头　市	11	953	1311	44
呼伦贝尔市	1	43		
兴　安　盟	2	121	88	
通　辽　市			69307	26
赤　峰　市	2	321		
锡林郭勒盟				
乌兰察布市				
鄂尔多斯市	44	17484		
巴彦淖尔市				
乌　海　市				
阿 拉 善 盟				

H. 企业自主知识产权及相关情况

1-H-1　分登记注册类型企业自主知识产权及相关情况

登记注册类型	专　利 申请数 （件）	#发明专利	有效发明 专利数 （件）	拥有注册 商标数 （件）	形成国家 或行业 标准数 （项）
总　计	**3769**	**1440**	**3909**	**10393**	**152**
内资企业	**3584**	**1401**	**3830**	**10388**	**145**
国有企业	133	61	101	748	2
集体企业					
股份合作企业					
联营企业					
国有联营企业					
集体联营企业					
国有与集体联营企业					
其他联营企业					
有限责任公司	1872	677	1524	1765	68
国有独资公司	558	194	284	32	13
其他有限责任公司	1314	483	1240	1733	55
股份有限公司	1281	538	1482	7481	63
私营企业	207	79	287	330	8
私营独资企业					
私营合伙企业					
私营有限责任公司	169	65	191	112	7
私营股份有限公司	38	14	96	218	1
其他企业	91	46	436	64	4
港、澳、台商投资企业	**34**	**13**	**61**	**3**	**7**
合资经营企业	22	2	4		
合作经营企业					
港、澳、台商独资经营企业	12	11	57	3	7
港、澳、台商投资股份有限公司					
其他港、澳、台投资企业					
外商投资企业	**151**	**26**	**18**	**2**	
中外合资经营企业	77	26	16	2	
中外合作经营企业					
外资企业					
外商投资股份有限公司	74		2		
其他外商投资企业					

1-H-2 分登记注册类型大中型企业自主知识产权及相关情况

登记注册类型	专利申请数(件)	#发明专利	有效发明专利数(件)	拥有注册商标数(件)	形成国家或行业标准数(项)
总计	**2936**	**1020**	**2413**	**7877**	**98**
内资企业	**2756**	**981**	**2348**	**7874**	**91**
国有企业					
集体企业					
股份合作企业					
联营企业					
国有联营企业					
集体联营企业					
国有与集体联营企业					
其他联营企业					
有限责任公司	1419	414	884	432	28
国有独资公司	469	122	198	31	11
其他有限责任公司	950	292	686	401	17
股份有限公司	1249	528	1391	7432	63
私营企业	88	39	73	10	
私营独资企业					
私营合伙企业					
私营有限责任公司	83	35	37	10	
私营股份有限公司	5	4	36		
其他企业					
港、澳、台商投资企业	**34**	**13**	**56**	**3**	**7**
合资经营企业	22	2	1		
合作经营企业					
港、澳、台商独资经营企业	12	11	55	3	7
港、澳、台商投资股份有限公司					
其他港、澳、台投资企业					
外商投资企业	**146**	**26**	**9**		
中外合资经营企业	72	26	7		
中外合作经营企业					
外资企业					
外商投资股份有限公司	74		2		
其他外商投资企业					

1-H-3　分行业企业自主知识产权及相关情况

行　业	专　利 申请数 （件）	#发明专利	有效发明 专利数 （件）	拥有注册 商标数 （件）	形成国家 或行业 标准数 （项）
总　计	**3769**	**1440**	**3909**	**10393**	**152**
采矿业	**528**	**133**	**212**	**189**	
煤炭开采和洗选业	482	125	174		
烟煤和无烟煤开采洗选	401	94	143		
褐煤开采洗选	81	31	31		
其他煤炭采选					
石油和天然气开采业					
石油开采					
天然气开采					
黑色金属矿采选业	16		2	188	
铁矿采选	16		2	188	
锰矿、铬矿采选					
其他黑色金属矿采选					
有色金属矿采选业	23	3	2		
常用有色金属矿采选	23	3	2		
贵金属矿采选					
稀有稀土金属矿采选					
非金属矿采选业	7	5	34	1	
土砂石开采	3	3	34	1	
化学矿开采					
采盐	3	1			
石棉及其他非金属矿采选	1	1			
开采专业及辅助性活动					
煤炭开采和洗选专业及辅助性活动					
石油和天然气开采专业及辅助性活动					
其他开采专业及辅助性活动					
其他采矿业					
其他采矿业					
制造业	**2850**	**1219**	**3581**	**9138**	**142**
农副食品加工业	37	7	54	261	1
谷物磨制	2	1	15	41	
饲料加工	4	1	3	3	
植物油加工				2	
制糖业					
屠宰及肉类加工	14	5	5	82	1
水产品加工					
蔬菜、菌类、水果和坚果加工	8				
其他农副食品加工	9		31	133	
食品制造业	731	288	893	6551	53
焙烤食品制造					
糖果、巧克力及蜜饯制造					
方便食品制造	6	2		8	1
乳制品制造	684	248	775	6500	46
罐头食品制造					
调味品、发酵制品制造	35	33	95	11	6
其他食品制造	6	5	23	32	
酒、饮料和精制茶制造业	10	10	10	265	
酒的制造	2	2	2	263	
饮料制造	8	8	8	2	
精制茶加工					

1-H-3 续表1

行业	专利申请数(件)	#发明专利	有效发明专利数(件)	拥有注册商标数(件)	形成国家或行业标准数(项)
烟草制品业	13	5	27	29	
烟叶复烤					
卷烟制造	13	5	27	29	
其他烟草制品制造					
纺织业	6		2	3	
棉纺织及印染精加工					
毛纺织及染整精加工					
麻纺织及染整精加工					
丝绢纺织及印染精加工					
化纤织造及印染精加工					
针织或钩针编织物及其制品制造	6		2	3	
家用纺织制成品制造					
产业用纺织制成品制造					
纺织服装、服饰业	123	16	15	628	6
机织服装制造					
针织或钩针编织服装制造	123	16	15	628	6
服饰制造					
皮革、毛皮、羽毛及其制品和制鞋业					
皮革鞣制加工					
皮革制品制造					
毛皮鞣制及制品加工					
羽毛(绒)加工及制品制造					
制鞋业					
木材加工和木、竹、藤、棕、草制品业				2	
木材加工				2	
人造板制造					
木质制品制造					
竹、藤、棕、草等制品制造					
家具制造业					
木质家具制造					
竹、藤家具制造					
金属家具制造					
塑料家具制造					
其他家具制造					
造纸和纸制品业					
纸浆制造					
造纸					
纸制品制造					
印刷和记录媒介复制业					
印刷					
装订及印刷相关服务					
记录媒介复制					
文教、工美、体育和娱乐用品制造业					
文教办公用品制造					
乐器制造					
工艺美术及礼仪用品制造					
体育用品制造					
玩具制造					
游艺器材及娱乐用品制造					
石油、煤炭及其他燃料加工业	34	16	55	2	

1-H-3　续表2

行　业	专　利 申请数 （件）	#发明专利	有效发明 专利数 （件）	拥有注册 商标数 （件）	形成国家 或行业 标准数 （项）
精炼石油产品制造	22	11	50	1	
煤炭加工	12	5	5	1	
核燃料加工					
生物质燃料加工					
化学原料和化学制品制造业	338	110	323	86	9
基础化学原料制造	163	34	138	10	7
肥料制造	22	5	14	4	
农药制造	8	8	7		
涂料、油墨、颜料及类似产品制造	2		5		
合成材料制造	132	58	111	14	2
专用化学产品制造	6	5	28	55	
炸药、火工及焰火产品制造	5		20	3	
日用化学产品制造					
医药制造业	82	30	185	343	2
化学药品原料药制造	4	4	49	1	1
化学药品制剂制造	12	2	18	40	1
中药饮片加工					
中成药生产	15	3	46	183	
兽用药品制造	29	17	29	72	
生物药品制品制造	22	4	43	47	
卫生材料及医药用品制造					
药用辅料及包装材料					
化学纤维制造业					
纤维素纤维原料及纤维制造					
合成纤维制造					
生物基材料制造					
橡胶和塑料制品业	3			1	
橡胶制品业	3			1	
塑料制品业					
非金属矿物制品业	58	21	50	6	
水泥、石灰和石膏制造	6	6		1	
石膏、水泥制品及类似制品制造	9	4			
砖瓦、石材等建筑材料制造			13	1	
玻璃制造			3	1	
玻璃制品制造	4	1	17		
玻璃纤维和玻璃纤维增强塑料制品制造	9	1		1	
陶瓷制品制造	23	7	1	2	
耐火材料制品制造	4		14		
石墨及其他非金属矿物制品制造	3	2	2		
黑色金属冶炼和压延加工业	380	199	249	11	2
炼铁					
炼钢					
钢压延加工	344	181	244	11	2
铁合金冶炼	36	18	5		
有色金属冶炼和压延加工业	203	82	462	8	22
常用有色金属冶炼	81	16	81	5	5
贵金属冶炼	41	5	53	1	
稀有稀土金属冶炼	71	56	312	2	17
有色金属合金制造	2	1	6		
有色金属压延加工	8	4	10		
金属制品业	197	122	603	68	8

1-H-3 续表3

行业	专利申请数（件）	#发明专利	有效发明专利数（件）	拥有注册商标数（件）	形成国家或行业标准数（项）
结构性金属制品制造	10	2	19	1	
金属工具制造					
集装箱及金属包装容器制造	5	4	36		
金属丝绳及其制品制造	91	46	436	64	4
建筑、安全用金属制品制造					
金属表面处理及热处理加工	3	1	26	2	
搪瓷制品制造					
金属制日用品制造					
铸造及其他金属制品制造	88	69	86	1	4
通用设备制造业	9	2	21	1	
锅炉及原动设备制造			7		
金属加工机械制造	3		14		
物料搬运设备制造				1	
泵、阀门、压缩机及类似机械制造					
轴承、齿轮和传动部件制造					
烘炉、风机、包装等设备制造	6	2			
文化、办公用机械制造					
通用零部件制造					
其他通用设备制造业					
专用设备制造业	43	6	45		
采矿、冶金、建筑专用设备制造	12	2	16		
化工、木材、非金属加工专用设备制造	24	1	18		
食品、饮料、烟草及饲料生产专用设备制造					
印刷、制药、日化及日用品生产专用设备制造					
纺织、服装和皮革加工专用设备制造					
电子和电工机械专用设备制造					
农、林、牧、渔专用机械制造	2	2	11		
医疗仪器设备及器械制造	5	1			
环保、邮政、社会公共服务及其他专用设备制造					
汽车制造业	138	44	36	748	1
汽车整车制造	128	39	27	748	1
汽车用发动机制造					
改装汽车制造	6	5	9		
低速汽车制造					
电车制造					
汽车车身、挂车制造					
汽车零部件及配件制造	4				
铁路、船舶、航空航天和其他运输设备制造业	263	175	346	101	34
铁路运输设备制造	219	133	284	101	32
城市轨道交通设备制造					
船舶及相关装置制造					
航空、航天器及设备制造	44	42	62		2
摩托车制造					
自行车和残疾人座车制造					
助动车制造					
非公路休闲车及零配件制造					
潜水救捞及其他未列明运输设备制造					
电气机械和器材制造业	34	7	54	10	
电机制造	15	7	41	4	
输配电及控制设备制造	19		3	5	
电线、电缆、光缆及电工器材制造			10	1	

1-H-3　续表4

行　业	专　利申请数（件）	#发明专利	有效发明专利数（件）	拥有注册商标数（件）	形成国家或行业标准数（项）
电池制造					
家用电力器具制造					
非电力家用器具制造					
照明器具制造					
其他电气机械及器材制造					
计算机、通信和其他电子设备制造业	142	79	143	13	4
计算机制造	8	3	2	10	
通信设备制造					
广播电视设备制造					
雷达及配套设备制造					
非专业视听设备制造					
智能消费设备制造					
电子器件制造	53	50	103		
电子元件及电子专用材料制造	81	26	38	3	4
其他电子设备制造					
仪器仪表制造业					
通用仪器仪表制造					
专用仪器仪表制造					
钟表与计时仪器制造					
光学仪器制造					
衡器制造					
其他仪器仪表制造业					
其他制造业					
日用杂品制造					
核辐射加工					
其他未列明制造业					
废弃资源综合利用业			6		
金属废料和碎屑加工处理			6		
非金属废料和碎屑加工处理					
金属制品、机械和设备修理业	6		2	1	
金属制品修理					
通用设备修理					
专用设备修理					
铁路、船舶、航空航天等运输设备修理					
电气设备修理	6		2	1	
仪器仪表修理					
其他机械和设备修理业					
电力、热力、燃气及水生产和供应业	**391**	**88**	**116**	**1066**	**10**
电力、热力生产和供应业	365	78	111	1065	10
电力生产	204	28	87	1065	
电力供应	161	50	24		10
热力生产和供应					
燃气生产和供应业	5				
燃气生产和供应业	5				
生物质燃气生产和供应业					
水的生产和供应业	21	10	5	1	
自来水生产和供应					
污水处理及其再生利用	21	10	5	1	
海水淡化处理					
其他水的处理、利用与分配					

1-H-4 分行业大中型企业自主知识产权及相关情况

行业	专利申请数(件)	#发明专利	有效发明专利数(件)	拥有注册商标数(件)	形成国家或行业标准数(项)
总　计	**2936**	**1020**	**2413**	**7877**	**98**
采矿业	**522**	**129**	**178**	**188**	
煤炭开采和洗选业	482	125	174		
烟煤和无烟煤开采洗选	401	94	143		
褐煤开采洗选	81	31	31		
其他煤炭采选					
石油和天然气开采业					
石油开采					
天然气开采					
黑色金属矿采选业	16		2	188	
铁矿采选	16		2	188	
锰矿、铬矿采选					
其他黑色金属矿采选					
有色金属矿采选业	21	3	2		
常用有色金属矿采选	21	3	2		
贵金属矿采选					
稀有稀土金属矿采选					
非金属矿采选业	3	1			
土砂石开采					
化学矿开采					
采盐	3	1			
石棉及其他非金属矿采选					
开采专业及辅助性活动					
煤炭开采和洗选专业及辅助性活动					
石油和天然气开采专业及辅助性活动					
其他开采专业及辅助性活动					
其他采矿业					
其他采矿业					
制造业	**2078**	**829**	**2175**	**7689**	**88**
农副食品加工业	6	4	1	32	1
谷物磨制					
饲料加工					
植物油加工					
制糖业					
屠宰及肉类加工	6	4	1	31	1
水产品加工					
蔬菜、菌类、水果和坚果加工					
其他农副食品加工				1	
食品制造业	710	281	849	6511	52
焙烤食品制造					
糖果、巧克力及蜜饯制造					
方便食品制造					
乳制品制造	670	244	740	6489	46
罐头食品制造					
调味品、发酵制品制造	35	33	95	11	6
其他食品制造	5	4	14	11	
酒、饮料和精制茶制造业	2	2	2	257	
酒的制造	2	2	2	257	
饮料制造					
精制茶加工					

1-H-4　续表 1

行　业	专利申请数（件）	#发明专利	有效发明专利数（件）	拥有注册商标数（件）	形成国家或行业标准数（项）
烟草制品业	13	5	27	29	
烟叶复烤					
卷烟制造	13	5	27	29	
其他烟草制品制造					
纺织业	6		2	3	
棉纺织及印染精加工					
毛纺织及染整精加工					
麻纺织及染整精加工					
丝绢纺织及印染精加工					
化纤织造及印染精加工					
针织或钩针编织物及其制品制造	6		2	3	
家用纺织制成品制造					
产业用纺织制成品制造					
纺织服装、服饰业	111	14	15	627	6
机织服装制造					
针织或钩针编织服装制造	111	14	15	627	6
服饰制造					
皮革、毛皮、羽毛及其制品和制鞋业					
皮革鞣制加工					
皮革制品制造					
毛皮鞣制及制品加工					
羽毛(绒)加工及制品制造					
制鞋业					
木材加工和木、竹、藤、棕、草制品业					
木材加工					
人造板制造					
木质制品制造					
竹、藤、棕、草等制品制造					
家具制造业					
木质家具制造					
竹、藤家具制造					
金属家具制造					
塑料家具制造					
其他家具制造					
造纸和纸制品业					
纸浆制造					
造纸					
纸制品制造					
印刷和记录媒介复制业					
印刷					
装订及印刷相关服务					
记录媒介复制					
文教、工美、体育和娱乐用品制造业					
文教办公用品制造					
乐器制造					
工艺美术及礼仪用品制造					
体育用品制造					
玩具制造					
游艺器材及娱乐用品制造					
石油、煤炭及其他燃料加工业	34	16	55	2	

1-H-4 续表2

行业	专利申请数(件)	#发明专利	有效发明专利数(件)	拥有注册商标数(件)	形成国家或行业标准数(项)
精炼石油产品制造	22	11	50	1	
煤炭加工	12	5	5	1	
核燃料加工					
生物质燃料加工					
化学原料和化学制品制造业	317	102	236	76	5
基础化学原料制造	159	32	80	7	3
肥料制造	11		9		
农药制造	7	7	6		
涂料、油墨、颜料及类似产品制造	2		2		
合成材料制造	132	58	111	14	2
专用化学产品制造	6	5	28	54	
炸药、火工及焰火产品制造				1	
日用化学产品制造					
医药制造业	41	20	111	107	1
化学药品原料药制造	3	3	43	1	1
化学药品制剂制造	10		12	3	
中药饮片加工					
中成药生产					
兽用药品制造	15	14	25	61	
生物药品制品制造	13	3	31	42	
卫生材料及医药用品制造					
药用辅料及包装材料					
化学纤维制造业					
纤维素纤维原料及纤维制造					
合成纤维制造					
生物基材料制造					
橡胶和塑料制品业					
橡胶制品业					
塑料制品业					
非金属矿物制品业	24	7	1	2	
水泥、石灰和石膏制造					
石膏、水泥制品及类似制品制造					
砖瓦、石材等建筑材料制造					
玻璃制造					
玻璃制品制造					
玻璃纤维和玻璃纤维增强塑料制品制造					
陶瓷制品制造	23	7	1	2	
耐火材料制品制造					
石墨及其他非金属矿物制品制造	1				
黑色金属冶炼和压延加工业	370	189	245	10	2
炼铁					
炼钢					
钢压延加工	334	171	240	10	2
铁合金冶炼	36	18	5		
有色金属冶炼和压延加工业	168	71	416	5	15
常用有色金属冶炼	70	14	81	4	5
贵金属冶炼	31	4	25	1	
稀有稀土金属冶炼	67	53	310		10
有色金属合金制造					
有色金属压延加工					

1-H-4　续表3

行　业	专　利申请数（件）	#发明专利	有效发明专利数（件）	拥有注册商标数（件）	形成国家或行业标准数（项）
金属制品业	9	4	37		2
结构性金属制品制造					
金属工具制造					
集装箱及金属包装容器制造	5	4	36		
金属丝绳及其制品制造					
建筑、安全用金属制品制造					
金属表面处理及热处理加工					
搪瓷制品制造					
金属制日用品制造					
铸造及其他金属制品制造	4		1		2
通用设备制造业	4	1			
锅炉及原动设备制造					
金属加工机械制造					
物料搬运设备制造					
泵、阀门、压缩机及类似机械制造					
轴承、齿轮和传动部件制造					
烘炉、风机、包装等设备制造	4	1			
文化、办公用机械制造					
通用零部件制造					
其他通用设备制造业					
专用设备制造业	24	1	18		
采矿、冶金、建筑专用设备制造					
化工、木材、非金属加工专用设备制造	24	1	18		
食品、饮料、烟草及饲料生产专用设备制造					
印刷、制药、日化及日用品生产专用设备制造					
纺织、服装和皮革加工专用设备制造					
电子和电工机械专用设备制造					
农、林、牧、渔专用机械制造					
医疗仪器设备及器械制造					
环保、邮政、社会公共服务及其他专用设备制造					
汽车制造业	50	23	13		1
汽车整车制造	46	23	13		1
汽车用发动机制造					
改装汽车制造					
低速汽车制造					
电车制造					
汽车车身、挂车制造					
汽车零部件及配件制造	4				
铁路、船舶、航空航天和其他运输设备制造业	40	12	5	26	
铁路运输设备制造	40	12	5	26	
城市轨道交通设备制造					
船舶及相关装置制造					
航空、航天器及设备制造					
摩托车制造					
自行车和残疾人座车制造					
助动车制造					
非公路休闲车及零配件制造					
潜水救捞及其他未列明运输设备制造					
电气机械和器材制造业	20	3	5		
电机制造	11	3	2		

1-H-4 续表4

行业	专利申请数(件)	#发明专利	有效发明专利数(件)	拥有注册商标数(件)	形成国家或行业标准数(项)
输配电及控制设备制造	9		3		
电线、电缆、光缆及电工器材制造					
电池制造					
家用电力器具制造					
非电力家用器具制造					
照明器具制造					
其他电气机械及器材制造					
计算机、通信和其他电子设备制造业	123	74	135	1	3
计算机制造					
通信设备制造					
广播电视设备制造					
雷达及配套设备制造					
非专业视听设备制造					
智能消费设备制造					
电子器件制造	49	49	103		
电子元件及电子专用材料制造	74	25	32	1	3
其他电子设备制造					
仪器仪表制造业					
通用仪器仪表制造					
专用仪器仪表制造					
钟表与计时仪器制造					
光学仪器制造					
衡器制造					
其他仪器仪表制造业					
其他制造业					
日用杂品制造					
核辐射加工					
其他未列明制造业					
废弃资源综合利用业					
金属废料和碎屑加工处理					
非金属废料和碎屑加工处理					
金属制品、机械和设备修理业	6		2	1	
金属制品修理					
通用设备修理					
专用设备修理					
铁路、船舶、航空航天等运输设备修理					
电气设备修理	6		2	1	
仪器仪表修理					
其他机械和设备修理业					
电力、热力、燃气及水生产和供应业	**336**	**62**	**60**		**10**
电力、热力生产和供应业	331	62	60		10
电力生产	170	12	36		
电力供应	161	50	24		10
热力生产和供应					
燃气生产和供应业	5				
燃气生产和供应业	5				
水的生产和供应业					
自来水生产和供应					
污水处理及其再生利用					
其他水的处理、利用与分配					

1-H-5　分行业内资企业自主知识产权及相关情况

行　业	专利申请数（件）	#发明专利	有效发明专利数（件）	拥有注册商标数（件）	形成国家或行业标准数（项）
总　计	**3584**	**1401**	**3830**	**10388**	**145**
采矿业	**454**	**133**	**210**	**189**	
煤炭开采和洗选业	408	125	172		
烟煤和无烟煤开采洗选	327	94	141		
褐煤开采洗选	81	31	31		
其他煤炭采选					
石油和天然气开采业					
石油开采					
天然气开采					
黑色金属矿采选业	16		2	188	
铁矿采选	16		2	188	
锰矿、铬矿采选					
其他黑色金属矿采选					
有色金属矿采选业	23	3	2		
常用有色金属矿采选	23	3	2		
贵金属矿采选					
稀有稀土金属矿采选					
非金属矿采选业	7	5	34	1	
土砂石开采	3	3	34	1	
化学矿开采					
采盐	3	1			
石棉及其他非金属矿采选	1	1			
开采专业及辅助性活动					
煤炭开采和洗选专业及辅助性活动					
石油和天然气开采专业及辅助性活动					
其他开采专业及辅助性活动					
其他采矿业					
其他采矿业					
制造业	**2748**	**1180**	**3509**	**9133**	**135**
农副食品加工业	37	7	54	261	1
谷物磨制	2	1	15	41	
饲料加工	4	1	3	3	
植物油加工				2	
制糖业					
屠宰及肉类加工	14	5	5	82	1
水产品加工					
蔬菜、菌类、水果和坚果加工	8				
其他农副食品加工	9		31	133	
食品制造业	717	275	848	6548	47
焙烤食品制造					
糖果、巧克力及蜜饯制造					
方便食品制造	6	2		8	1
乳制品制造	684	248	775	6500	46
罐头食品制造					
调味品、发酵制品制造	21	20	50	8	
其他食品制造	6	5	23	32	
酒、饮料和精制茶制造业	10	10	10	265	
酒的制造	2	2	2	263	
饮料制造	8	8	8	2	
精制茶加工					

1-H-5 续表1

行业	专利申请数(件)	#发明专利	有效发明专利数(件)	拥有注册商标数(件)	形成国家或行业标准数(项)
烟草制品业	13	5	27	29	
烟叶复烤					
卷烟制造	13	5	27	29	
其他烟草制品制造					
纺织业	6		2	3	
棉纺织及印染精加工					
毛纺织及染整精加工					
麻纺织及染整精加工					
丝绢纺织及印染精加工					
化纤织造及印染精加工					
针织或钩针编织物及其制品制造	6		2	3	
家用纺织制成品制造					
产业用纺织制成品制造					
纺织服装、服饰业	123	16	15	628	6
机织服装制造					
针织或钩针编织服装制造	123	16	15	628	6
服饰制造					
皮革、毛皮、羽毛及其制品和制鞋业					
皮革鞣制加工					
皮革制品制造					
毛皮鞣制及制品加工					
羽毛(绒)加工及制品制造					
制鞋业					
木材加工和木、竹、藤、棕、草制品业				2	
木材加工				2	
人造板制造					
木质制品制造					
竹、藤、棕、草等制品制造					
家具制造业					
木质家具制造					
竹、藤家具制造					
金属家具制造					
塑料家具制造					
其他家具制造					
造纸和纸制品业					
纸浆制造					
造纸					
纸制品制造					
印刷和记录媒介复制业					
印刷					
装订及印刷相关服务					
记录媒介复制					
文教、工美、体育和娱乐用品制造业					
文教办公用品制造					
乐器制造					
工艺美术及礼仪用品制造					
体育用品制造					
玩具制造					
游艺器材及娱乐用品制造					
石油、煤炭及其他燃料加工业	34	16	55	2	

1-H-5 续表2

行业	专利申请数（件）	#发明专利	有效发明专利数（件）	拥有注册商标数（件）	形成国家或行业标准数（项）
精炼石油产品制造	22	11	50	1	
煤炭加工	12	5	5	1	
核燃料加工					
生物质燃料加工					
化学原料和化学制品制造业	304	104	320	86	9
基础化学原料制造	129	28	138	10	7
肥料制造	22	5	14	4	
农药制造	8	8	7		
涂料、油墨、颜料及类似产品制造	2		2		
合成材料制造	132	58	111	14	2
专用化学产品制造	6	5	28	55	
炸药、火工及焰火产品制造	5		20	3	
日用化学产品制造					
医药制造业	82	30	171	343	1
化学药品原料药制造	4	4	35	1	
化学药品制剂制造	12	2	18	40	1
中药饮片加工					
中成药生产	15	3	46	183	
兽用药品制造	29	17	29	72	
生物药品制品制造	22	4	43	47	
卫生材料及医药用品制造					
药用辅料及包装材料					
化学纤维制造业					
纤维素纤维原料及纤维制造					
合成纤维制造					
生物基材料制造					
橡胶和塑料制品业	3			1	
橡胶制品业	3			1	
塑料制品业					
非金属矿物制品业	58	21	47	5	
水泥、石灰和石膏制造	6	6		1	
石膏、水泥制品及类似制品制造	9	4			
砖瓦、石材等建筑材料制造			13	1	
玻璃制造					
玻璃制品制造	4	1	17		
玻璃纤维和玻璃纤维增强塑料制品制造	9	1		1	
陶瓷制品制造	23	7	1	2	
耐火材料制品制造	4		14		
石墨及其他非金属矿物制品制造	3	2	2		
黑色金属冶炼和压延加工业	344	181	244	11	2
炼铁					
炼钢					
钢压延加工	344	181	244	11	2
铁合金冶炼					
有色金属冶炼和压延加工业	185	80	460	7	22
常用有色金属冶炼	64	14	80	5	5
贵金属冶炼	41	5	53	1	
稀有稀土金属冶炼	70	56	312	1	17
有色金属合金制造	2	1	5		
有色金属压延加工	8	4	10		
金属制品业	197	122	603	68	8

1-H-5 续表3

行业	专利申请数(件)	#发明专利	有效发明专利数(件)	拥有注册商标数(件)	形成国家或行业标准数(项)
结构性金属制品制造	10	2	19	1	
金属工具制造					
集装箱及金属包装容器制造	5	4	36		
金属丝绳及其制品制造	91	46	436	64	4
建筑、安全用金属制品制造					
金属表面处理及热处理加工	3	1	26	2	
搪瓷制品制造					
金属制日用品制造					
铸造及其他金属制品制造	88	69	86	1	4
通用设备制造业	9	2	21	1	
锅炉及原动设备制造			7		
金属加工机械制造	3		14		
物料搬运设备制造				1	
泵、阀门、压缩机及类似机械制造					
轴承、齿轮和传动部件制造					
烘炉、风机、包装等设备制造	6	2			
文化、办公用机械制造					
通用零部件制造					
其他通用设备制造业					
专用设备制造业	43	6	45		
采矿、冶金、建筑专用设备制造	12	2	16		
化工、木材、非金属加工专用设备制造	24	1	18		
食品、饮料、烟草及饲料生产专用设备制造					
印刷、制药、日化及日用品生产专用设备制造					
纺织、服装和皮革加工专用设备制造					
电子和电工机械专用设备制造					
农、林、牧、渔专用机械制造	2	2	11		
医疗仪器设备及器械制造	5	1			
环保、邮政、社会公共服务及其他专用设备制造					
汽车制造业	138	44	36	748	1
汽车整车制造	128	39	27	748	1
汽车用发动机制造					
改装汽车制造	6	5	9		
低速汽车制造					
电车制造					
汽车车身、挂车制造					
汽车零部件及配件制造	4				
铁路、船舶、航空航天和其他运输设备制造业	263	175	346	101	34
铁路运输设备制造	219	133	284	101	32
城市轨道交通设备制造					
船舶及相关装置制造					
航空、航天器及设备制造	44	42	62		2
摩托车制造					
自行车和残疾人座车制造					
助动车制造					
非公路休闲车及零配件制造					
潜水救捞及其他未列明运输设备制造					
电气机械和器材制造业	34	7	54	10	
电机制造	15	7	41	4	
输配电及控制设备制造	19		3	5	
电线、电缆、光缆及电工器材制造			10	1	

1-H-5　续表4

行　业	专　利申请数（件）	#发明专利	有效发明专利数（件）	拥有注册商标数（件）	形成国家或行业标准数（项）
电池制造					
家用电力器具制造					
非电力家用器具制造					
照明器具制造					
其他电气机械及器材制造					
计算机、通信和其他电子设备制造业	142	79	143	13	4
计算机制造	8	3	2	10	
通信设备制造					
广播电视设备制造					
雷达及配套设备制造					
非专业视听设备制造					
智能消费设备制造					
电子器件制造	53	50	103		
电子元件及电子专用材料制造	81	26	38	3	4
其他电子设备制造					
仪器仪表制造业					
通用仪器仪表制造					
专用仪器仪表制造					
钟表与计时仪器制造					
光学仪器制造					
衡器制造					
其他仪器仪表制造业					
其他制造业					
日用杂品制造					
核辐射加工					
其他未列明制造业					
废弃资源综合利用业			6		
金属废料和碎屑加工处理			6		
非金属废料和碎屑加工处理					
金属制品、机械和设备修理业	6		2	1	
金属制品修理					
通用设备修理					
专用设备修理					
铁路、船舶、航空航天等运输设备修理					
电气设备修理	6		2	1	
仪器仪表修理					
其他机械和设备修理业					
电力、热力、燃气及水生产和供应业	**382**	**88**	**111**	**1066**	**10**
电力、热力生产和供应业	361	78	106	1065	10
电力生产	200	28	82	1065	
电力供应	161	50	24		10
热力生产和供应					
燃气生产和供应业					
燃气生产和供应业					
生物质燃气生产和供应业					
水的生产和供应业	21	10	5	1	
自来水生产和供应					
污水处理及其再生利用	21	10	5	1	
海水淡化处理					
其他水的处理、利用与分配					

1-H-6 分行业港澳台商投资企业自主知识产权及相关情况

行　业	专　利申请数（件）	#发明专利	有效发明专利数（件）	拥有注册商标数（件）	形成国家或行业标准数（项）
总　计	**34**	**13**	**61**	**3**	**7**
采矿业					
煤炭开采和洗选业					
石油和天然气开采业					
黑色金属矿采选业					
有色金属矿采选业					
非金属矿采选业					
开采专业及辅助性活动					
制造业	**29**	**13**	**61**	**3**	**7**
农副食品加工业					
食品制造业	12	11	43	3	6
焙烤食品制造					
调味品、发酵制品制造	12	11	43	3	6
酒、饮料和精制茶制造业					
烟草制品业					
纺织业					
纺织服装、服饰业					
皮革、毛皮、羽毛及其制品和制鞋业					
木材加工和木、竹、藤、棕、草制品业					
家具制造业					
造纸和纸制品业					
印刷和记录媒介复制业					
文教、工美、体育和娱乐用品制造业					
石油、煤炭及其他燃料加工业					
化学原料和化学制品制造业					
医药制造业					
化学纤维制造业					
橡胶和塑料制品业					
非金属矿物制品业					
黑色金属冶炼和压延加工业					
有色金属冶炼和压延加工业	17	2	1		
常用有色金属冶炼	17	2	1		
金属制品业					
通用设备制造业					
专用设备制造业					
汽车制造业					
铁路、船舶、航空航天和其他运输设备制造业					
电气机械和器材制造业					
计算机、通信和其他电子设备制造业					
仪器仪表制造业					
其他制造业					
废弃资源综合利用业					
金属制品、机械和设备修理业					
电力、热力、燃气及水生产和供应业	**5**				
电力、热力生产和供应业					
燃气生产和供应业	5				
燃气生产和供应业	5				
水的生产和供应业					

1-H-7　分行业外商投资企业自主知识产权及相关情况

行　业	专　利 申请数 （件）	#发明专利	有效发明 专 利 数 （件）	拥有注册 商 标 数 （件）	形成国家 或 行 业 标 准 数 （项）
总　计	**151**	**26**	**18**	**2**	
采矿业	**74**		**2**		
煤炭开采和洗选业	74		2		
烟煤和无烟煤开采洗选	74		2		
石油和天然气开采业					
黑色金属矿采选业					
有色金属矿采选业					
非金属矿采选业					
开采专业及辅助性活动					
制造业	**73**	**26**	**11**	**2**	
农副食品加工业					
食品制造业	2	2	2		
调味品、发酵制品制造	2	2	2		
酒、饮料和精制茶制造业					
烟草制品业					
纺织业					
纺织服装、服饰业					
皮革、毛皮、羽毛及其制品和制鞋业					
木材加工和木、竹、藤、棕、草制品业					
家具制造业					
造纸和纸制品业					
印刷和记录媒介复制业					
文教、工美、体育和娱乐用品制造业					
石油、煤炭及其他燃料加工业					
化学原料和化学制品制造业	34	6			
基础化学原料制造	34	6			
医药制造业					
化学纤维制造业					
橡胶和塑料制品业					
非金属矿物制品业					
黑色金属冶炼和压延加工业	36	18	5		
铁合金冶炼	36	18	5		
有色金属冶炼和压延加工业	1		1	1	
稀有稀土金属冶炼	1		1	1	
金属制品业					
通用设备制造业					
专用设备制造业					
汽车制造业					
铁路、船舶、航空航天和其他运输设备制造业					
电气机械和器材制造业					
计算机、通信和其他电子设备制造业					
仪器仪表制造业					
其他制造业					
废弃资源综合利用业					
金属制品、机械和设备修理业					
电力、热力、燃气及水生产和供应业	**4**		**5**		
电力、热力生产和供应业	4		5		
电力生产	4		5		
燃气生产和供应业					
水的生产和供应业					

1-H-8 各地区企业自主知识产权及相关情况

地区	专利申请数(件)	#发明专利	有效发明专利数(件)	拥有注册商标数(件)	形成国家或行业标准数(项)
总计	**3769**	**1440**	**3909**	**10393**	**152**
呼和浩特市	1138	429	1152	6865	67
包头市	1186	571	1709	1269	69
呼伦贝尔市	123	29	76	5	
兴安盟	8	2	6	37	
通辽市	11	10	66	13	
赤峰市	119	38	192	161	5
锡林郭勒盟	61	17	12	149	1
乌兰察布市	62	13	44	27	
鄂尔多斯市	874	283	538	1654	8
巴彦淖尔市	73	26	47	198	1
乌海市	56	13	30	13	1
阿拉善盟	58	9	37	2	

1-H-9 各地区大中型企业自主知识产权及相关情况

地区	专利申请数(件)	#发明专利	有效发明专利数(件)	拥有注册商标数(件)	形成国家或行业标准数(项)
总计	**2936**	**1020**	**2413**	**42**	
呼和浩特市	1028	370	968	20	
包头市	643	284	721	5	
呼伦贝尔市	120	28	75		
兴安盟	8	2	2		
通辽市	7	6	38	1	
赤峰市	65	16	41		
锡林郭勒盟	38	6	10		
乌兰察布市	53	10	26	11	
鄂尔多斯市	823	254	459	5	
巴彦淖尔市	46	23	17		
乌海市	47	12	30		
阿拉善盟	58	9	26		

1-H-10　各地区内资企业自主知识产权及相关情况

地　　区	专　利申请数（件）	#发明专利	有效发明专利数（件）	拥有注册商标数（件）	形成国家或行业标准数（项）
总　　计	**3584**	**1401**	**3830**	**10388**	**145**
呼和浩特市	1121	418	1094	6862	61
包　头　市	1185	571	1708	1268	69
呼伦贝尔市	123	29	76	5	
兴　安　盟	6		4	37	
通　辽　市	11	10	63	12	
赤　峰　市	115	38	187	161	5
锡林郭勒盟	61	17	12	149	1
乌兰察布市	62	13	44	27	
鄂尔多斯市	730	259	531	1654	8
巴彦淖尔市	56	24	44	198	
乌　海　市	56	13	30	13	1
阿 拉 善 盟	58	9	37	2	

1-H-11　各地区港澳台商投资企业自主知识产权及相关情况

地　　区	专　利申请数（件）	#发明专利	有效发明专利数（件）	拥有注册商标数（件）	形成国家或行业标准数（项）
总　　计	**34**	**13**	**61**	**3**	**7**
呼和浩特市	17	11	58	3	6
包　头　市					
呼伦贝尔市					
兴　安　盟					
通　辽　市					
赤　峰　市					
锡林郭勒盟					
乌兰察布市					
鄂尔多斯市					
巴彦淖尔市	17	2	3		1
乌　海　市					
阿 拉 善 盟					

1-H-12 各地区外商投资企业自主知识产权及相关情况

地　区	专　利 申请数 (件)	#发明专利	有效发明 专 利 数 (件)	拥有注册 商 标 数 (件)	形成国家 或 行 业 标 准 数 (项)
总　　计	**151**	**26**	**18**	**2**	
呼和浩特市					
包 头 市	1		1	1	
呼伦贝尔市					
兴 安 盟	2	2	2		
通 辽 市			3	1	
赤 峰 市	4		5		
锡林郭勒盟					
乌兰察布市					
鄂尔多斯市	144	24	7		
巴彦淖尔市					
乌 海 市					
阿 拉 善 盟					

Ⅰ.企业政府相关政策落实情况

1-Ⅰ-1　分登记注册类型企业政府相关政策落实情况

单位:万元

登记注册类型	来自政府部门的研究开发经费	研究开发费用加计扣除减免税	高新技术企业减免税
总　计	**40877**	**22730**	**75565**
内资企业	**40555**	**22661**	**73479**
国有企业	802	110	152
集体企业			
股份合作企业			
联营企业			
国有联营企业			
集体联营企业			
国有与集体联营企业			
其他联营企业			
有限责任公司	27476	14099	60516
国有独资公司	21895	257	
其他有限责任公司	5580	13842	60516
股份有限公司	2856	7543	4674
私营企业	2545	909	8136
私营独资企业			
私营合伙企业			
私营有限责任公司	2440	462	5707
私营股份有限公司	105	447	2429
其他企业	6877		
港、澳、台商投资企业	**320**	**69**	**1986**
合资经营企业		32	1877
合作经营企业			
港、澳、台商独资经营企业	320	38	109
港、澳、台商投资股份有限公司			
其他港、澳、台投资企业			
外商投资企业	**2**		**100**
中外合资经营企业	2		100
中外合作经营企业			
外资企业			
外商投资股份有限公司			
其他外商投资企业			

1-I-2 分登记注册类型大中型企业政府相关政策落实情况

单位:万元

登记注册类型	来自政府部门的研究开发经费	研究开发费用加计扣除减免税	高新技术企业减免税
总　计	**4725**	**16605**	**63273**
内资企业	**4405**	**16567**	**61287**
国有企业			
集体企业			
股份合作企业			
联营企业			
国有联营企业			
集体联营企业			
国有与集体联营企业			
其他联营企业			
有限责任公司	1435	8502	48951
国有独资公司	41	80	
其他有限责任公司	1394	8422	48951
股份有限公司	2835	7378	4626
私营企业	135	687	7709
私营独资企业			
私营合伙企业			
私营有限责任公司	120	364	5485
私营股份有限公司	15	324	2224
其他企业			
港、澳、台商投资企业	**320**	**38**	**1986**
合资经营企业			1877
合作经营企业			
港、澳、台商独资经营企业	320	38	109
港、澳、台商投资股份有限公司			
其他港、澳、台投资企业			
外商投资企业			
中外合资经营企业			
中外合作经营企业			
外资企业			
外商投资股份有限公司			
其他外商投资企业			

1-I-3 分行业企业政府相关政策落实情况

单位:万元

行 业	来自政府部门的研究开发经费	研究开发费用加计扣除减免税	高新技术企业减免税
总 计	**40877**	**22730**	**75565**
采矿业	**240**	**1000**	**5796**
煤炭开采和洗选业	180	643	3998
烟煤和无烟煤开采洗选	180	643	3998
褐煤开采洗选			
其他煤炭采选			
石油和天然气开采业			
石油开采			
天然气开采			
黑色金属矿采选业	60	324	1548
铁矿采选	60	324	1548
锰矿、铬矿采选			
其他黑色金属矿采选			
有色金属矿采选业		34	98
常用有色金属矿采选		34	98
贵金属矿采选			
稀有稀土金属矿采选			
非金属矿采选业			152
土砂石开采			152
化学矿开采			
采盐			
石棉及其他非金属矿采选			
开采专业及辅助性活动			
煤炭开采和洗选专业及辅助性活动			
石油和天然气开采专业及辅助性活动			
其他开采专业及辅助性活动			
其他采矿业			
其他采矿业			
制造业	**40512**	**20310**	**61237**
农副食品加工业	211	10	30
谷物磨制			
饲料加工	60		
植物油加工			
制糖业			
屠宰及肉类加工		10	
水产品加工			
蔬菜、菌类、水果和坚果加工			
其他农副食品加工	151		30
食品制造业	2148	3365	
焙烤食品制造			
糖果、巧克力及蜜饯制造			
方便食品制造			
乳制品制造	1828	3170	
罐头食品制造			
调味品、发酵制品制造	320	85	
其他食品制造		111	
酒、饮料和精制茶制造业	110		
酒的制造	100		
饮料制造	10		
精制茶加工			

1-I-3 续表1 单位:万元

行业	来自政府部门的研究开发经费	研究开发费用加计扣除减免税	高新技术企业减免税
烟草制品业			
烟叶复烤			
卷烟制造			
其他烟草制品制造			
纺织业			
棉纺织及印染精加工			
毛纺织及染整精加工			
麻纺织及染整精加工			
丝绢纺织及印染精加工			
化纤织造及印染精加工			
针织或钩针编织物及其制品制造			
家用纺织制成品制造			
产业用纺织制成品制造			
纺织服装、服饰业	557	213	14
机织服装制造			
针织或钩针编织服装制造	557	213	14
服饰制造			
皮革、毛皮、羽毛及其制品和制鞋业			
皮革鞣制加工			
皮革制品制造			
毛皮鞣制及制品加工			
羽毛(绒)加工及制品制造			
制鞋业			
木材加工和木、竹、藤、棕、草制品业			
木材加工			
人造板制造			
木质制品制造			
竹、藤、棕、草等制品制造			
家具制造业			
木质家具制造			
竹、藤家具制造			
金属家具制造			
塑料家具制造			
其他家具制造			
造纸和纸制品业			
纸浆制造			
造纸			
纸制品制造			
印刷和记录媒介复制业			
印刷			
装订及印刷相关服务			
记录媒介复制			
文教、工美、体育和娱乐用品制造业			
文教办公用品制造			
乐器制造			
工艺美术及礼仪用品制造			
体育用品制造			
玩具制造			
游艺器材及娱乐用品制造			
石油、煤炭及其他燃料加工业	10		

1-I-3　续表2　　　　单位:万元

行　业	来自政府部门的研究开发经费	研究开发费用加计扣除减免税	高新技术企业减免税
精炼石油产品制造	10		
煤炭加工			
核燃料加工			
生物质燃料加工			
化学原料和化学制品制造业	1249	2057	43251
基础化学原料制造		1040	2534
肥料制造	770		1973
农药制造	150	389	4707
涂料、油墨、颜料及类似产品制造		32	
合成材料制造	159		26811
专用化学产品制造	170	596	7225
炸药、火工及焰火产品制造			
日用化学产品制造			
医药制造业	1200	1302	899
化学药品原料药制造		568	851
化学药品制剂制造			
中药饮片加工			
中成药生产	100		48
兽用药品制造	770	527	
生物药品制品制造	330	207	
卫生材料及医药用品制造			
药用辅料及包装材料			
化学纤维制造业			
纤维素纤维原料及纤维制造			
合成纤维制造			
生物基材料制造			
橡胶和塑料制品业	2100	212	6
橡胶制品业		212	6
塑料制品业	2100		
非金属矿物制品业	147	130	50
水泥、石灰和石膏制造			
石膏、水泥制品及类似制品制造			
砖瓦、石材等建筑材料制造			
玻璃制造			
玻璃制品制造	20	130	
玻璃纤维和玻璃纤维增强塑料制品制造			
陶瓷制品制造	120		
耐火材料制品制造			50
石墨及其他非金属矿物制品制造	7		
黑色金属冶炼和压延加工业	215	3188	
炼铁			
炼钢			
钢压延加工	215	3188	
铁合金冶炼			
有色金属冶炼和压延加工业	438	77	5151
常用有色金属冶炼	91	56	4333
贵金属冶炼		22	619
稀有稀土金属冶炼	259		199
有色金属合金制造			
有色金属压延加工	88		
金属制品业	28746	125	676

1-I-3 续表3 单位:万元

行　业	来自政府部门的研究开发经费	研究开发费用加计扣除减免税	高新技术企业减免税
结构性金属制品制造			
金属工具制造			
集装箱及金属包装容器制造	15		676
金属丝绳及其制品制造	6877		
建筑、安全用金属制品制造			
金属表面处理及热处理加工			
搪瓷制品制造			
金属制日用品制造			
铸造及其他金属制品制造	21854	125	
通用设备制造业	27	93	249
锅炉及原动设备制造		36	
金属加工机械制造			
物料搬运设备制造			3
泵、阀门、压缩机及类似机械制造		27	41
轴承、齿轮和传动部件制造			
烘炉、风机、包装等设备制造	27	30	206
文化、办公用机械制造			
通用零部件制造			
其他通用设备制造业			
专用设备制造业	854	31	39
采矿、冶金、建筑专用设备制造	854		
化工、木材、非金属加工专用设备制造			
食品、饮料、烟草及饲料生产专用设备制造			
印刷、制药、日化及日用品生产专用设备制造			
纺织、服装和皮革加工专用设备制造			
电子和电工机械专用设备制造			
农、林、牧、渔专用机械制造		31	
医疗仪器设备及器械制造			
环保、邮政、社会公共服务及其他专用设备制造			39
汽车制造业	650	279	65
汽车整车制造	650		
汽车用发动机制造			
改装汽车制造			
低速汽车制造			
电车制造			
汽车车身、挂车制造			
汽车零部件及配件制造		279	65
铁路、船舶、航空航天和其他运输设备制造业	1552	3697	2727
铁路运输设备制造	1400	3587	2727
城市轨道交通设备制造			
船舶及相关装置制造			
航空、航天器及设备制造	152	110	
摩托车制造			
自行车和残疾人座车制造			
助动车制造			
非公路休闲车及零配件制造			
潜水救捞及其他未列明运输设备制造			
电气机械和器材制造业	125	408	1880
电机制造	125	408	1875
输配电及控制设备制造			
电线、电缆、光缆及电工器材制造			5

1-I-3　续表4

单位:万元

行　　业	来自政府部门的研究开发经费	研究开发费用加计扣除减免税	高新技术企业减免税
电池制造			
家用电力器具制造			
非电力家用器具制造			
照明器具制造			
其他电气机械及器材制造			
计算机、通信和其他电子设备制造业	108	5091	6180
计算机制造			
通信设备制造			
广播电视设备制造	60		
雷达及配套设备制造			
非专业视听设备制造			
智能消费设备制造			
电子器件制造			
电子元件及电子专用材料制造	48	5091	6180
其他电子设备制造			
仪器仪表制造业	30		
通用仪器仪表制造			
专用仪器仪表制造	30		
钟表与计时仪器制造			
光学仪器制造			
衡器制造			
其他仪器仪表制造业			
其他制造业			
日用杂品制造			
核辐射加工			
其他未列明制造业			
废弃资源综合利用业	15		
金属废料和碎屑加工处理	15		
非金属废料和碎屑加工处理			
金属制品、机械和设备修理业	20	34	23
金属制品修理			
通用设备修理			
专用设备修理			
铁路、船舶、航空航天等运输设备修理			
电气设备修理	20	34	23
仪器仪表修理			
其他机械和设备修理业			
电力、热力、燃气及水生产和供应业	**125**	**1420**	**8532**
电力、热力生产和供应业	125	1420	8463
电力生产	125	1420	8463
电力供应			
热力生产和供应			
燃气生产和供应业			
燃气生产和供应业			
生物质燃气生产和供应业			
水的生产和供应业			70
自来水生产和供应			
污水处理及其再生利用			70
海水淡化处理			
其他水的处理、利用与分配			

1-I-4 分行业大中型企业政府相关政策落实情况

单位:万元

行　业	来自政府部门的研究开发经费	研究开发费用加计扣除减免税	高新技术企业减免税
总　计	**4725**	**16605**	**63273**
采矿业	**240**	**966**	**5546**
煤炭开采和洗选业	180	643	3998
烟煤和无烟煤开采洗选	180	643	3998
褐煤开采洗选			
其他煤炭采选			
石油和天然气开采业			
石油开采			
天然气开采			
黑色金属矿采选业	60	324	1548
铁矿采选	60	324	1548
锰矿、铬矿采选			
其他黑色金属矿采选			
有色金属矿采选业			
常用有色金属矿采选			
贵金属矿采选			
稀有稀土金属矿采选			
非金属矿采选业			
土砂石开采			
化学矿开采			
采盐			
石棉及其他非金属矿采选			
开采专业及辅助性活动			
煤炭开采和洗选专业及辅助性活动			
石油和天然气开采专业及辅助性活动			
其他开采专业及辅助性活动			
其他采矿业			
其他采矿业			
制造业	**4485**	**15638**	**57727**
农副食品加工业			
谷物磨制			
饲料加工			
植物油加工			
制糖业			
屠宰及肉类加工			
水产品加工			
蔬菜、菌类、水果和坚果加工			
其他农副食品加工			
食品制造业	2108	3308	
焙烤食品制造			
糖果、巧克力及蜜饯制造			
方便食品制造			
乳制品制造	1788	3140	
罐头食品制造			
调味品、发酵制品制造	320	85	
其他食品制造		84	
酒、饮料和精制茶制造业	100		
酒的制造	100		
饮料制造			
精制茶加工			

1-I-4　续表1　　　　单位:万元

行　业	来自政府部门的研究开发经费	研究开发费用加计扣除减免税	高新技术企业减免税
烟草制品业			
烟叶复烤			
卷烟制造			
其他烟草制品制造			
纺织业			
棉纺织及印染精加工			
毛纺织及染整精加工			
麻纺织及染整精加工			
丝绢纺织及印染精加工			
化纤织造及印染精加工			
针织或钩针编织物及其制品制造			
家用纺织制成品制造			
产业用纺织制成品制造			
纺织服装、服饰业	557	213	14
机织服装制造			
针织或钩针编织服装制造	557	213	14
服饰制造			
皮革、毛皮、羽毛及其制品和制鞋业			
皮革鞣制加工			
皮革制品制造			
毛皮鞣制及制品加工			
羽毛(绒)加工及制品制造			
制鞋业			
木材加工和木、竹、藤、棕、草制品业			
木材加工			
人造板制造			
木质制品制造			
竹、藤、棕、草等制品制造			
家具制造业			
木质家具制造			
竹、藤家具制造			
金属家具制造			
塑料家具制造			
其他家具制造			
造纸和纸制品业			
纸浆制造			
造纸			
纸制品制造			
印刷和记录媒介复制业			
印刷			
装订及印刷相关服务			
记录媒介复制			
文教、工美、体育和娱乐用品制造业			
文教办公用品制造			
乐器制造			
工艺美术及礼仪用品制造			
体育用品制造			
玩具制造			
游艺器材及娱乐用品制造			
石油、煤炭及其他燃料加工业	10		

1-I-4 续表2 单位:万元

行业	来自政府部门的研究开发经费	研究开发费用加计扣除减免税	高新技术企业减免税
精炼石油产品制造	10		
煤炭加工			
核燃料加工			
生物质燃料加工			
化学原料和化学制品制造业	499	1987	43173
基础化学原料制造		1002	2456
肥料制造	20		1973
农药制造	150	389	4707
涂料、油墨、颜料及类似产品制造			
合成材料制造	159		26811
专用化学产品制造	170	596	7225
炸药、火工及焰火产品制造			
日用化学产品制造			
医药制造业	370	1302	851
化学药品原料药制造		568	851
化学药品制剂制造			
中药饮片加工			
中成药生产			
兽用药品制造	150	527	
生物药品制品制造	220	207	
卫生材料及医药用品制造			
药用辅料及包装材料			
化学纤维制造业			
纤维素纤维原料及纤维制造			
合成纤维制造			
生物基材料制造			
橡胶和塑料制品业		212	
橡胶制品业		212	
塑料制品业			
非金属矿物制品业	120		
水泥、石灰和石膏制造			
石膏、水泥制品及类似制品制造			
砖瓦、石材等建筑材料制造			
玻璃制造			
玻璃制品制造			
玻璃纤维和玻璃纤维增强塑料制品制造			
陶瓷制品制造	120		
耐火材料制品制造			
石墨及其他非金属矿物制品制造			
黑色金属冶炼和压延加工业	215	3188	
炼铁			
炼钢			
钢压延加工	215	3188	
铁合金冶炼			
有色金属冶炼和压延加工业	436	77	4952
常用有色金属冶炼	91	56	4333
贵金属冶炼		22	619
稀有稀土金属冶炼	257		
有色金属合金制造			
有色金属压延加工	88		

1-I-4 续表3

单位:万元

行业	来自政府部门的研究开发经费	研究开发费用加计扣除减免税	高新技术企业减免税
金属制品业	15		676
结构性金属制品制造			
金属工具制造			
集装箱及金属包装容器制造	15		676
金属丝绳及其制品制造			
建筑、安全用金属制品制造			
金属表面处理及热处理加工			
搪瓷制品制造			
金属制日用品制造			
铸造及其他金属制品制造			
通用设备制造业			
锅炉及原动设备制造			
金属加工机械制造			
物料搬运设备制造			
泵、阀门、压缩机及类似机械制造			
轴承、齿轮和传动部件制造			
烘炉、风机、包装等设备制造			
文化、办公用机械制造			
通用零部件制造			
其他通用设备制造业			
专用设备制造业			
采矿、冶金、建筑专用设备制造			
化工、木材、非金属加工专用设备制造			
食品、饮料、烟草及饲料生产专用设备制造			
印刷、制药、日化及日用品生产专用设备制造			
纺织、服装和皮革加工专用设备制造			
电子和电工机械专用设备制造			
农、林、牧、渔专用机械制造			
医疗仪器设备及器械制造			
环保、邮政、社会公共服务及其他专用设备制造			
汽车制造业		279	65
汽车整车制造			
汽车用发动机制造			
改装汽车制造			
低速汽车制造			
电车制造			
汽车车身、挂车制造			
汽车零部件及配件制造		279	65
铁路、船舶、航空航天和其他运输设备制造业		106	
铁路运输设备制造		106	
城市轨道交通设备制造			
船舶及相关装置制造			
航空、航天器及设备制造			
摩托车制造			
自行车和残疾人座车制造			
助动车制造			
非公路休闲车及零配件制造			
潜水救捞及其他未列明运输设备制造			
电气机械和器材制造业			1875
电机制造			1875

1-I-4 续表4

单位:万元

行 业	来自政府部门的研究开发经费	研究开发费用加计扣除减免税	高新技术企业减免税
输配电及控制设备制造			
电线、电缆、光缆及电工器材制造			
电池制造			
家用电力器具制造			
非电力家用器具制造			
照明器具制造			
其他电气机械及器材制造			
计算机、通信和其他电子设备制造业	20	4933	6099
计算机制造			
通信设备制造			
广播电视设备制造			
雷达及配套设备制造			
非专业视听设备制造			
智能消费设备制造			
电子器件制造			
电子元件及电子专用材料制造	20	4933	6099
其他电子设备制造			
仪器仪表制造业			
通用仪器仪表制造			
专用仪器仪表制造			
钟表与计时仪器制造			
光学仪器制造			
衡器制造			
其他仪器仪表制造业			
其他制造业			
日用杂品制造			
核辐射加工			
其他未列明制造业			
废弃资源综合利用业	15		
金属废料和碎屑加工处理	15		
非金属废料和碎屑加工处理			
金属制品、机械和设备修理业	20	34	23
金属制品修理			
通用设备修理			
专用设备修理			
铁路、船舶、航空航天等运输设备修理			
电气设备修理	20	34	23
仪器仪表修理			
其他机械和设备修理业			
电力、热力、燃气及水生产和供应业			
电力、热力生产和供应业			
电力生产			
电力供应			
热力生产和供应			
燃气生产和供应业			
燃气生产和供应业			
水的生产和供应业			
自来水生产和供应			
污水处理及其再生利用			
其他水的处理、利用与分配			

1-I-5　分行业内资企业政府相关政策落实情况

单位:万元

行　业	来自政府部门的研究开发经费	研究开发费用加计扣除减免税	高新技术企业减免税
总　计	**40555**	**22661**	**73479**
采矿业	**240**	**1000**	**5796**
煤炭开采和洗选业	180	643	3998
烟煤和无烟煤开采洗选	180	643	3998
褐煤开采洗选			
其他煤炭采选			
石油和天然气开采业			
石油开采			
天然气开采			
黑色金属矿采选业	60	324	1548
铁矿采选	60	324	1548
锰矿、铬矿采选			
其他黑色金属矿采选			
有色金属矿采选业		34	98
常用有色金属矿采选		34	98
贵金属矿采选			
稀有稀土金属矿采选			
非金属矿采选业			152
土砂石开采			152
化学矿开采			
采盐			
石棉及其他非金属矿采选			
开采专业及辅助性活动			
煤炭开采和洗选专业及辅助性活动			
石油和天然气开采专业及辅助性活动			
其他开采专业及辅助性活动			
其他采矿业			
其他采矿业			
制造业	**40191**	**20241**	**59151**
农副食品加工业	211	10	30
谷物磨制			
饲料加工	60		
植物油加工			
制糖业			
屠宰及肉类加工		10	
水产品加工			
蔬菜、菌类、水果和坚果加工			
其他农副食品加工	151		30
食品制造业	1828	3365	
焙烤食品制造			
糖果、巧克力及蜜饯制造			
方便食品制造			
乳制品制造	1828	3170	
罐头食品制造			
调味品、发酵制品制造		85	
其他食品制造		111	
酒、饮料和精制茶制造业	110		
酒的制造	100		
饮料制造	10		
精制茶加工			

1-I-5 续表1 单位:万元

行 业	来自政府部门的研究开发经费	研究开发费用加计扣除减免税	高新技术企业减免税
烟草制品业			
烟叶复烤			
卷烟制造			
其他烟草制品制造			
纺织业			
棉纺织及印染精加工			
毛纺织及染整精加工			
麻纺织及染整精加工			
丝绢纺织及印染精加工			
化纤织造及印染精加工			
针织或钩针编织物及其制品制造			
家用纺织制成品制造			
产业用纺织制成品制造			
纺织服装、服饰业	557	213	14
机织服装制造			
针织或钩针编织服装制造	557	213	14
服饰制造			
皮革、毛皮、羽毛及其制品和制鞋业			
皮革鞣制加工			
皮革制品制造			
毛皮鞣制及制品加工			
羽毛(绒)加工及制品制造			
制鞋业			
木材加工和木、竹、藤、棕、草制品业			
木材加工			
人造板制造			
木质制品制造			
竹、藤、棕、草等制品制造			
家具制造业			
木质家具制造			
竹、藤家具制造			
金属家具制造			
塑料家具制造			
其他家具制造			
造纸和纸制品业			
纸浆制造			
造纸			
纸制品制造			
印刷和记录媒介复制业			
印刷			
装订及印刷相关服务			
记录媒介复制			
文教、工美、体育和娱乐用品制造业			
文教办公用品制造			
乐器制造			
工艺美术及礼仪用品制造			
体育用品制造			
玩具制造			
游艺器材及娱乐用品制造			
石油、煤炭及其他燃料加工业	10		

1-I-5　续表2

单位:万元

行　　业	来自政府部门的研究开发经费	研究开发费用加计扣除减免税	高新技术企业减免税
精炼石油产品制造	10		
煤炭加工			
核燃料加工			
生物质燃料加工			
化学原料和化学制品制造业	1249	2025	41374
基础化学原料制造		1040	2534
肥料制造	770		97
农药制造	150	389	4707
涂料、油墨、颜料及类似产品制造			
合成材料制造	159		26811
专用化学产品制造	170	596	7225
炸药、火工及焰火产品制造			
日用化学产品制造			
医药制造业	1200	1264	790
化学药品原料药制造		530	742
化学药品制剂制造			
中药饮片加工			
中成药生产	100		48
兽用药品制造	770	527	
生物药品制品制造	330	207	
卫生材料及医药用品制造			
药用辅料及包装材料			
化学纤维制造业			
纤维素纤维原料及纤维制造			
合成纤维制造			
生物基材料制造			
橡胶和塑料制品业	2100	212	6
橡胶制品业		212	6
塑料制品业	2100		
非金属矿物制品业	147	130	50
水泥、石灰和石膏制造			
石膏、水泥制品及类似制品制造			
砖瓦、石材等建筑材料制造			
玻璃制造			
玻璃制品制造	20	130	
玻璃纤维和玻璃纤维增强塑料制品制造			
陶瓷制品制造	120		
耐火材料制品制造			50
石墨及其他非金属矿物制品制造	7		
黑色金属冶炼和压延加工业	215	3188	
炼铁			
炼钢			
钢压延加工	215	3188	
铁合金冶炼			
有色金属冶炼和压延加工业	436	77	5051
常用有色金属冶炼	91	56	4333
贵金属冶炼		22	619
稀有稀土金属冶炼	257		99
有色金属合金制造			
有色金属压延加工	88		
金属制品业	28746	125	676

1-I-5 续表3 单位:万元

行业	来自政府部门的研究开发经费	研究开发费用加计扣除减免税	高新技术企业减免税
结构性金属制品制造			
金属工具制造			
集装箱及金属包装容器制造	15		676
金属丝绳及其制品制造	6877		
建筑、安全用金属制品制造			
金属表面处理及热处理加工			
搪瓷制品制造			
金属制日用品制造			
铸造及其他金属制品制造	21854	125	
通用设备制造业	27	93	249
锅炉及原动设备制造		36	
金属加工机械制造			
物料搬运设备制造			3
泵、阀门、压缩机及类似机械制造		27	41
轴承、齿轮和传动部件制造			
烘炉、风机、包装等设备制造	27	30	206
文化、办公用机械制造			
通用零部件制造			
其他通用设备制造业			
专用设备制造业	854	31	39
采矿、冶金、建筑专用设备制造	854		
化工、木材、非金属加工专用设备制造			
食品、饮料、烟草及饲料生产专用设备制造			
印刷、制药、日化及日用品生产专用设备制造			
纺织、服装和皮革加工专用设备制造			
电子和电工机械专用设备制造			
农、林、牧、渔专用机械制造		31	
医疗仪器设备及器械制造			
环保、邮政、社会公共服务及其他专用设备制造			39
汽车制造业	650	279	65
汽车整车制造	650		
汽车用发动机制造			
改装汽车制造			
低速汽车制造			
电车制造			
汽车车身、挂车制造			
汽车零部件及配件制造		279	65
铁路、船舶、航空航天和其他运输设备制造业	1552	3697	2727
铁路运输设备制造	1400	3587	2727
城市轨道交通设备制造			
船舶及相关装置制造			
航空、航天器及设备制造	152	110	
摩托车制造			
自行车和残疾人座车制造			
助动车制造			
非公路休闲车及零配件制造			
潜水救捞及其他未列明运输设备制造			
电气机械和器材制造业	125	408	1880
电机制造	125	408	1875
输配电及控制设备制造			
电线、电缆、光缆及电工器材制造			5

1-I-5　续表4　　　　单位:万元

行　业	来自政府部门的研究开发经费	研究开发费用加计扣除减免税	高新技术企业减免税
电池制造			
家用电力器具制造			
非电力家用器具制造			
照明器具制造			
其他电气机械及器材制造			
计算机、通信和其他电子设备制造业	108	5091	6180
计算机制造			
通信设备制造			
广播电视设备制造	60		
雷达及配套设备制造			
非专业视听设备制造			
智能消费设备制造			
电子器件制造			
电子元件及电子专用材料制造	48	5091	6180
其他电子设备制造			
仪器仪表制造业	30		
通用仪器仪表制造			
专用仪器仪表制造	30		
钟表与计时仪器制造			
光学仪器制造			
衡器制造			
其他仪器仪表制造业			
其他制造业			
日用杂品制造			
核辐射加工			
其他未列明制造业			
废弃资源综合利用业	15		
金属废料和碎屑加工处理	15		
非金属废料和碎屑加工处理			
金属制品、机械和设备修理业	20	34	23
金属制品修理			
通用设备修理			
专用设备修理			
铁路、船舶、航空航天等运输设备修理			
电气设备修理	20	34	23
仪器仪表修理			
其他机械和设备修理业			
电力、热力、燃气及水生产和供应业	**125**	**1420**	**8532**
电力、热力生产和供应业	125	1420	8463
电力生产	125	1420	8463
电力供应			
热力生产和供应			
燃气生产和供应业			
燃气生产和供应业			
生物质燃气生产和供应业			
水的生产和供应业			70
自来水生产和供应			
污水处理及其再生利用			70
海水淡化处理			
其他水的处理、利用与分配			

1-I-6 分行业港澳台商投资企业政府相关政策落实情况

单位:万元

行　业	来自政府部门的研究开发经费	研究开发费用加计扣除减免税	高新技术企业减免税
总　计	**320**	**69**	**1986**
采矿业			
煤炭开采和洗选业			
石油和天然气开采业			
黑色金属矿采选业			
有色金属矿采选业			
非金属矿采选业			
开采专业及辅助性活动			
制造业	**320**	**69**	**1986**
农副食品加工业			
食品制造业	320	69	1986
调味品、发酵制品制造	320	69	1986
酒、饮料和精制茶制造业			
烟草制品业			
纺织业			
纺织服装、服饰业			
皮革、毛皮、羽毛及其制品和制鞋业			
木材加工和木、竹、藤、棕、草制品业			
家具制造业			
造纸和纸制品业			
印刷和记录媒介复制业			
文教、工美、体育和娱乐用品制造业			
石油、煤炭及其他燃料加工业			
化学原料和化学制品制造业		32	1877
肥料制造			1877
涂料、油墨、颜料及类似产品制造		32	
医药制造业		38	109
化学药品原料药制造		38	109
化学纤维制造业			
橡胶和塑料制品业			
非金属矿物制品业			
黑色金属冶炼和压延加工业			
有色金属冶炼和压延加工业			
金属制品业			
通用设备制造业			
专用设备制造业			
汽车制造业			
铁路、船舶、航空航天和其他运输设备制造业			
电气机械和器材制造业			
计算机、通信和其他电子设备制造业			
仪器仪表制造业			
其他制造业			
废弃资源综合利用业			
金属制品、机械和设备修理业			
电力、热力、燃气及水生产和供应业			
电力、热力生产和供应业			
燃气生产和供应业			
水的生产和供应业			

1-I-7　分行业外商投资企业政府相关政策落实情况

单位:万元

行　　业	来自政府部门的研究开发经费	研究开发费用加计扣除减免税	高新技术企业减免税
总　计	**2**		**100**
采矿业			
煤炭开采和洗选业			
石油和天然气开采业			
黑色金属矿采选业			
有色金属矿采选业			
非金属矿采选业			
开采专业及辅助性活动			
制造业	**2**		**100**
农副食品加工业			
食品制造业			
酒、饮料和精制茶制造业			
烟草制品业			
纺织业			
纺织服装、服饰业			
皮革、毛皮、羽毛及其制品和制鞋业			
木材加工和木、竹、藤、棕、草制品业			
家具制造业			
造纸和纸制品业			
印刷和记录媒介复制业			
文教、工美、体育和娱乐用品制造业			
石油、煤炭及其他燃料加工业			
化学原料和化学制品制造业			
医药制造业			
化学纤维制造业			
橡胶和塑料制品业			
非金属矿物制品业			
黑色金属冶炼和压延加工业			
有色金属冶炼和压延加工业	2		100
稀有稀土金属冶炼	2		100
金属制品业			
通用设备制造业			
专用设备制造业			
汽车制造业			
铁路、船舶、航空航天和其他运输设备制造业			
电气机械和器材制造业			
计算机、通信和其他电子设备制造业			
仪器仪表制造业			
其他制造业			
废弃资源综合利用业			
金属制品、机械和设备修理业			
电力、热力、燃气及水生产和供应业			
电力、热力生产和供应业			
燃气生产和供应业			
水的生产和供应业			

1-I-8 各地区企业政府相关政策落实情况

单位:万元

地　　区	来自政府部门的研究开发经费	研究开发费用加计扣除减免税	高新技术企业减免税
总　　计	**40877**	**22730**	**75565**
呼和浩特市	3140	10006	10063
包 头 市	32722	8288	9178
呼伦贝尔市	41	65	98
兴 安 盟			
通 辽 市	88		152
赤 峰 市	3621	1000	3951
锡林郭勒盟	127	30	736
乌兰察布市		52	52
鄂尔多斯市	802	2709	39235
巴彦淖尔市	177	334	1548
乌 海 市			9305
阿 拉 善 盟	159	246	1248

1-I-9 各地区大中型企业政府相关政策落实情况

单位:万元

地　　区	来自政府部门的研究开发经费	研究开发费用加计扣除减免税	高新技术企业减免税
总　　计	**4725**	**16605**	**63273**
呼和浩特市	2768	9679	9982
包 头 市	902	4081	6132
呼伦贝尔市	41		
兴 安 盟			
通 辽 市	88		
赤 峰 市		973	3903
锡林郭勒盟	100		531
乌兰察布市			
鄂尔多斯市	667	1341	30703
巴彦淖尔市		324	1548
乌 海 市			9305
阿 拉 善 盟	159	208	1170

1-I-10　各地区内资企业政府相关政策落实情况

单位:万元

地　　区	来自政府部门的研究开发经费	研究开发费用加计扣除减免税	高新技术企业减免税
总　　计	**40555**	**22661**	**73479**
呼和浩特市	2820	9937	9954
包 头 市	32720	8288	9078
呼伦贝尔市	41	65	98
兴 安 盟			
通 辽 市	88		152
赤 峰 市	3621	1000	3951
锡林郭勒盟	127	30	736
乌兰察布市		52	52
鄂尔多斯市	802	2709	37358
巴彦淖尔市	177	334	1548
乌 海 市			9305
阿 拉 善 盟	159	246	1248

1-I-11　各地区港澳台商投资企业政府相关政策落实情况

单位:万元

地　　区	来自政府部门的研究开发经费	研究开发费用加计扣除减免税	高新技术企业减免税
总　　计	**320**	**69**	**1986**
呼和浩特市	320	69	109
包 头 市			
呼伦贝尔市			
兴 安 盟			
通 辽 市			
赤 峰 市			
锡林郭勒盟			
乌兰察布市			
鄂尔多斯市			1877
巴彦淖尔市			
乌 海 市			
阿 拉 善 盟			

1-I-12 各地区外商投资企业政府相关政策落实情况

单位:万元

地　　区	来自政府部门的研究开发经费	研究开发费用加计扣除减免税	高新技术企业减免税
总　　计	**2**		**100**
呼和浩特市			
包 头 市	2		100
呼伦贝尔市			
兴 安 盟			
通 辽 市			
赤 峰 市			
锡林郭勒盟			
乌兰察布市			
鄂尔多斯市			
巴彦淖尔市			
乌 海 市			
阿 拉 善 盟			

J. 企业技术获取和技术改造情况

1-J-1　分登记注册类型企业技术获取和技术改造情况

单位:万元

登记注册类型	引进技术经费支出	消化吸收经费支出	购买国内技术经费支出	技术改造经费支出
总　计	**30839**	**10170**	**42106**	**234241**
内资企业	**30839**	**10170**	**41936**	**218611**
国有企业	837			
集体企业				
股份合作企业				
联营企业				
国有联营企业				
集体联营企业				
国有与集体联营企业				
其他联营企业				
有限责任公司		170	39113	159286
国有独资公司			9645	19801
其他有限责任公司		170	29468	139485
股份有限公司	30000	10000	2750	35463
私营企业	2		73	6663
私营独资企业				
私营合伙企业				
私营有限责任公司	2		5	6222
私营股份有限公司			68	441
其他企业				17199
港、澳、台商投资企业			**170**	**7393**
合资经营企业			20	21
合作经营企业				
港、澳、台商独资经营企业			150	7372
港、澳、台商投资股份有限公司				
其他港、澳、台投资企业				
外商投资企业				**8236**
中外合资经营企业				8168
中外合作经营企业				
外资企业				
外商投资股份有限公司				
其他外商投资企业				68

1-J-2 分登记注册类型大中型企业技术获取和技术改造情况

单位:万元

登记注册类型	引进技术经费支出	消化吸收经费支出	购买国内技术经费支出	技术改造经费支出
总 计	**30000**	**10000**	**13530**	**169410**
内资企业	**30000**	**10000**	**13380**	**154593**
国有企业				
集体企业				
股份合作企业				
联营企业				
国有联营企业				
集体联营企业				
国有与集体联营企业				
其他联营企业				
有限责任公司			10630	115377
国有独资公司			7186	17342
其他有限责任公司			3444	98035
股份有限公司	30000	10000	2750	35463
私营企业				3752
私营独资企业				
私营合伙企业				
私营有限责任公司				3752
私营股份有限公司				
其他企业				
港、澳、台商投资企业			**150**	**6581**
合资经营企业				
合作经营企业				
港、澳、台商独资经营企业			150	6581
港、澳、台商投资股份有限公司				
其他港、澳、台投资企业				
外商投资企业				**8236**
中外合资经营企业				8168
中外合作经营企业				
外资企业				
外商投资股份有限公司				
其他外商投资企业				68

1-J-3　分行业企业技术获取和技术改造情况

单位:万元

行　业	引进技术经费支出	消化吸收经费支出	购买国内技术经费支出	技术改造经费支出
总　计	**30839**	**10170**	**42106**	**234241**
采矿业				**1623**
煤炭开采和洗选业				1416
烟煤和无烟煤开采洗选				
褐煤开采洗选				1416
其他煤炭采选				
石油和天然气开采业				
石油开采				
天然气开采				
黑色金属矿采选业				207
铁矿采选				207
锰矿、铬矿采选				
其他黑色金属矿采选				
有色金属矿采选业				
常用有色金属矿采选				
贵金属矿采选				
稀有稀土金属矿采选				
非金属矿采选业				
土砂石开采				
化学矿开采				
采盐				
石棉及其他非金属矿采选				
开采专业及辅助性活动				
煤炭开采和洗选专业及辅助性活动				
石油和天然气开采专业及辅助性活动				
其他开采专业及辅助性活动				
其他采矿业				
其他采矿业				
制造业	**30839**	**10170**	**37485**	**190838**
农副食品加工业	2		73	3624
谷物磨制				
饲料加工				53
植物油加工				
制糖业				
屠宰及肉类加工	2		73	73
水产品加工				
蔬菜、菌类、水果和坚果加工				
其他农副食品加工				3499
食品制造业	30000	10000	2900	51848
焙烤食品制造				
糖果、巧克力及蜜饯制造				
方便食品制造				
乳制品制造	30000	10000	2700	28162
罐头食品制造				
调味品、发酵制品制造			150	23686
其他食品制造			50	
酒、饮料和精制茶制造业				5
酒的制造				
饮料制造				5
精制茶加工				

1-J-3 续表1 单位:万元

行 业	引进技术经费支出	消化吸收经费支出	购买国内技术经费支出	技术改造经费支出
烟草制品业				
烟叶复烤				
卷烟制造				
其他烟草制品制造				
纺织业				180
棉纺织及印染精加工				
毛纺织及染整精加工				
麻纺织及染整精加工				
丝绢纺织及印染精加工				
化纤织造及印染精加工				
针织或钩针编织物及其制品制造				180
家用纺织制成品制造				
产业用纺织制成品制造				
纺织服装、服饰业				2121
机织服装制造				
针织或钩针编织服装制造				2121
服饰制造				
皮革、毛皮、羽毛及其制品和制鞋业				
皮革鞣制加工				
皮革制品制造				
毛皮鞣制及制品加工				
羽毛(绒)加工及制品制造				
制鞋业				
木材加工和木、竹、藤、棕、草制品业				
木材加工				
人造板制造				
木质制品制造				
竹、藤、棕、草等制品制造				
家具制造业				
木质家具制造				
竹、藤家具制造				
金属家具制造				
塑料家具制造				
其他家具制造				
造纸和纸制品业				
纸浆制造				
造纸				
纸制品制造				
印刷和记录媒介复制业				
印刷				
装订及印刷相关服务				
记录媒介复制				
文教、工美、体育和娱乐用品制造业				
文教办公用品制造				
乐器制造				
工艺美术及礼仪用品制造				
体育用品制造				
玩具制造				
游艺器材及娱乐用品制造				
石油、煤炭及其他燃料加工业			1282	1572

1-J-3　续表2　　　　单位:万元

行　业	引进技术经费支出	消化吸收经费支出	购买国内技术经费支出	技术改造经费支出
精炼石油产品制造			1272	1272
煤炭加工			10	300
核燃料加工				
生物质燃料加工				
化学原料和化学制品制造业			32655	83857
基础化学原料制造			25469	41913
肥料制造				
农药制造				
涂料、油墨、颜料及类似产品制造				1
合成材料制造			7186	39701
专用化学产品制造				2085
炸药、火工及焰火产品制造				156
日用化学产品制造				
医药制造业				3434
化学药品原料药制造				2812
化学药品制剂制造				
中药饮片加工				
中成药生产				
兽用药品制造				622
生物药品制品制造				
卫生材料及医药用品制造				
药用辅料及包装材料				
化学纤维制造业				
纤维素纤维原料及纤维制造				
合成纤维制造				
生物基材料制造				
橡胶和塑料制品业				
橡胶制品业				
塑料制品业				
非金属矿物制品业				603
水泥、石灰和石膏制造				270
石膏、水泥制品及类似制品制造				
砖瓦、石材等建筑材料制造				13
玻璃制造				
玻璃制品制造				
玻璃纤维和玻璃纤维增强塑料制品制造				320
陶瓷制品制造				
耐火材料制品制造				
石墨及其他非金属矿物制品制造				
黑色金属冶炼和压延加工业				604
炼铁				
炼钢				
钢压延加工				604
铁合金冶炼				
有色金属冶炼和压延加工业				8799
常用有色金属冶炼				8799
贵金属冶炼				
稀有稀土金属冶炼				
有色金属合金制造				
有色金属压延加工				
金属制品业				18048

1-J-3 续表3 单位:万元

行 业	引进技术经费支出	消化吸收经费支出	购买国内技术经费支出	技术改造经费支出
结构性金属制品制造				
金属工具制造				
集装箱及金属包装容器制造				
金属丝绳及其制品制造				17199
建筑、安全用金属制品制造				
金属表面处理及热处理加工				
搪瓷制品制造				
金属制日用品制造				
铸造及其他金属制品制造				849
通用设备制造业				212
锅炉及原动设备制造				
金属加工机械制造				
物料搬运设备制造				
泵、阀门、压缩机及类似机械制造				
轴承、齿轮和传动部件制造				
烘炉、风机、包装等设备制造				212
文化、办公用机械制造				
通用零部件制造				
其他通用设备制造业				
专用设备制造业				
采矿、冶金、建筑专用设备制造				
化工、木材、非金属加工专用设备制造				
食品、饮料、烟草及饲料生产专用设备制造				
印刷、制药、日化及日用品生产专用设备制造				
纺织、服装和皮革加工专用设备制造				
电子和电工机械专用设备制造				
农、林、牧、渔专用机械制造				
医疗仪器设备及器械制造				
环保、邮政、社会公共服务及其他专用设备制造				
汽车制造业	837			
汽车整车制造	837			
汽车用发动机制造				
改装汽车制造				
低速汽车制造				
电车制造				
汽车车身、挂车制造				
汽车零部件及配件制造				
铁路、船舶、航空航天和其他运输设备制造业				14722
铁路运输设备制造				14722
城市轨道交通设备制造				
船舶及相关装置制造				
航空、航天器及设备制造				
摩托车制造				
自行车和残疾人座车制造				
助动车制造				
非公路休闲车及零配件制造				
潜水救捞及其他未列明运输设备制造				
电气机械和器材制造业		170	555	109
电机制造		170	455	109
输配电及控制设备制造			100	
电线、电缆、光缆及电工器材制造				

1-J-3　续表4　　　　单位:万元

行　　业	引进技术经费支出	消化吸收经费支出	购买国内技术经费支出	技术改造经费支出
电池制造				
家用电力器具制造				
非电力家用器具制造				
照明器具制造				
其他电气机械及器材制造				
计算机、通信和其他电子设备制造业			20	966
计算机制造				
通信设备制造				
广播电视设备制造				
雷达及配套设备制造				
非专业视听设备制造				
智能消费设备制造				
电子器件制造				
电子元件及电子专用材料制造			20	966
其他电子设备制造				
仪器仪表制造业				
通用仪器仪表制造				
专用仪器仪表制造				
钟表与计时仪器制造				
光学仪器制造				
衡器制造				
其他仪器仪表制造业				
其他制造业				
日用杂品制造				
核辐射加工				
其他未列明制造业				
废弃资源综合利用业				135
金属废料和碎屑加工处理				135
非金属废料和碎屑加工处理				
金属制品、机械和设备修理业				
金属制品修理				
通用设备修理				
专用设备修理				
铁路、船舶、航空航天等运输设备修理				
电气设备修理				
仪器仪表修理				
其他机械和设备修理业				
电力、热力、燃气及水生产和供应业			**4621**	**41779**
电力、热力生产和供应业			4621	41749
电力生产			4621	41749
电力供应				
热力生产和供应				
燃气生产和供应业				30
燃气生产和供应业				30
生物质燃气生产和供应业				
水的生产和供应业				
自来水生产和供应				
污水处理及其再生利用				
海水淡化处理				
其他水的处理、利用与分配				

1-J-4 分行业大中型企业技术获取和技术改造情况

单位:万元

行　业	引进技术经费支出	消化吸收经费支出	购买国内技术经费支出	技术改造经费支出
总　计	**30000**	**10000**	**13530**	**169410**
采矿业				**1623**
煤炭开采和洗选业				1416
烟煤和无烟煤开采洗选				
褐煤开采洗选				1416
其他煤炭采选				
石油和天然气开采业				
石油开采				
天然气开采				
黑色金属矿采选业				207
铁矿采选				207
锰矿、铬矿采选				
其他黑色金属矿采选				
有色金属矿采选业				
常用有色金属矿采选				
贵金属矿采选				
稀有稀土金属矿采选				
非金属矿采选业				
土砂石开采				
化学矿开采				
采盐				
石棉及其他非金属矿采选				
开采专业及辅助性活动				
煤炭开采和洗选专业及辅助性活动				
石油和天然气开采专业及辅助性活动				
其他开采专业及辅助性活动				
其他采矿业				
其他采矿业				
制造业	**30000**	**10000**	**11388**	**128517**
农副食品加工业				3499
谷物磨制				
饲料加工				
植物油加工				
制糖业				
屠宰及肉类加工				
水产品加工				
蔬菜、菌类、水果和坚果加工				
其他农副食品加工				3499
食品制造业	30000	10000	2900	51686
焙烤食品制造				
糖果、巧克力及蜜饯制造				
方便食品制造				
乳制品制造	30000	10000	2700	28000
罐头食品制造				
调味品、发酵制品制造			150	23686
其他食品制造			50	
酒、饮料和精制茶制造业				
酒的制造				
饮料制造				
精制茶加工				

1-J-4　续表1　　　　单位:万元

行　业	引进技术经费支出	消化吸收经费支出	购买国内技术经费支出	技术改造经费支出
烟草制品业				
烟叶复烤				
卷烟制造				
其他烟草制品制造				
纺织业				180
棉纺织及印染精加工				
毛纺织及染整精加工				
麻纺织及染整精加工				
丝绢纺织及印染精加工				
化纤织造及印染精加工				
针织或钩针编织物及其制品制造				180
家用纺织制成品制造				
产业用纺织制成品制造				
纺织服装、服饰业				2121
机织服装制造				
针织或钩针编织服装制造				2121
服饰制造				
皮革、毛皮、羽毛及其制品和制鞋业				
皮革鞣制加工				
皮革制品制造				
毛皮鞣制及制品加工				
羽毛(绒)加工及制品制造				
制鞋业				
木材加工和木、竹、藤、棕、草制品业				
木材加工				
人造板制造				
木质制品制造				
竹、藤、棕、草等制品制造				
家具制造业				
木质家具制造				
竹、藤家具制造				
金属家具制造				
塑料家具制造				
其他家具制造				
造纸和纸制品业				
纸浆制造				
造纸				
纸制品制造				
印刷和记录媒介复制业				
印刷				
装订及印刷相关服务				
记录媒介复制				
文教、工美、体育和娱乐用品制造业				
文教办公用品制造				
乐器制造				
工艺美术及礼仪用品制造				
体育用品制造				
玩具制造				
游艺器材及娱乐用品制造				
石油、煤炭及其他燃料加工业			1282	1572

1-J-4 续表2

单位:万元

行业	引进技术经费支出	消化吸收经费支出	购买国内技术经费支出	技术改造经费支出
精炼石油产品制造			1272	1272
煤炭加工			10	300
核燃料加工				
生物质燃料加工				
化学原料和化学制品制造业			7186	56017
基础化学原料制造				16160
肥料制造				
农药制造				
涂料、油墨、颜料及类似产品制造				
合成材料制造			7186	39701
专用化学产品制造				
炸药、火工及焰火产品制造				156
日用化学产品制造				
医药制造业				2021
化学药品原料药制造				2021
化学药品制剂制造				
中药饮片加工				
中成药生产				
兽用药品制造				
生物药品制品制造				
卫生材料及医药用品制造				
药用辅料及包装材料				
化学纤维制造业				
纤维素纤维原料及纤维制造				
合成纤维制造				
生物基材料制造				
橡胶和塑料制品业				
橡胶制品业				
塑料制品业				
非金属矿物制品业				68
水泥、石灰和石膏制造				68
石膏、水泥制品及类似制品制造				
砖瓦、石材等建筑材料制造				
玻璃制造				
玻璃制品制造				
玻璃纤维和玻璃纤维增强塑料制品制造				
陶瓷制品制造				
耐火材料制品制造				
石墨及其他非金属矿物制品制造				
黑色金属冶炼和压延加工业				604
炼铁				
炼钢				
钢压延加工				604
铁合金冶炼				
有色金属冶炼和压延加工业				8799
常用有色金属冶炼				8799
贵金属冶炼				
稀有稀土金属冶炼				
有色金属合金制造				
有色金属压延加工				

1-J-4　续表3　　　　单位:万元

行　业	引进技术经费支出	消化吸收经费支出	购买国内技术经费支出	技术改造经费支出
金属制品业				849
结构性金属制品制造				
金属工具制造				
集装箱及金属包装容器制造				
金属丝绳及其制品制造				
建筑、安全用金属制品制造				
金属表面处理及热处理加工				
搪瓷制品制造				
金属制日用品制造				
铸造及其他金属制品制造				849
通用设备制造业				
锅炉及原动设备制造				
金属加工机械制造				
物料搬运设备制造				
泵、阀门、压缩机及类似机械制造				
轴承、齿轮和传动部件制造				
烘炉、风机、包装等设备制造				
文化、办公用机械制造				
通用零部件制造				
其他通用设备制造业				
专用设备制造业				
采矿、冶金、建筑专用设备制造				
化工、木材、非金属加工专用设备制造				
食品、饮料、烟草及饲料生产专用设备制造				
印刷、制药、日化及日用品生产专用设备制造				
纺织、服装和皮革加工专用设备制造				
电子和电工机械专用设备制造				
农、林、牧、渔专用机械制造				
医疗仪器设备及器械制造				
环保、邮政、社会公共服务及其他专用设备制造				
汽车制造业				
汽车整车制造				
汽车用发动机制造				
改装汽车制造				
低速汽车制造				
电车制造				
汽车车身、挂车制造				
汽车零部件及配件制造				
铁路、船舶、航空航天和其他运输设备制造业				
铁路运输设备制造				
城市轨道交通设备制造				
船舶及相关装置制造				
航空、航天器及设备制造				
摩托车制造				
自行车和残疾人座车制造				
助动车制造				
非公路休闲车及零配件制造				
潜水救捞及其他未列明运输设备制造				
电气机械和器材制造业				
电机制造				

1-J-4 续表4 单位:万元

行　业	引进技术经费支出	消化吸收经费支出	购买国内技术经费支出	技术改造经费支出
输配电及控制设备制造				
电线、电缆、光缆及电工器材制造				
电池制造				
家用电力器具制造				
非电力家用器具制造				
照明器具制造				
其他电气机械及器材制造				
计算机、通信和其他电子设备制造业			20	966
计算机制造				
通信设备制造				
广播电视设备制造				
雷达及配套设备制造				
非专业视听设备制造				
智能消费设备制造				
电子器件制造				
电子元件及电子专用材料制造			20	966
其他电子设备制造				
仪器仪表制造业				
通用仪器仪表制造				
专用仪器仪表制造				
钟表与计时仪器制造				
光学仪器制造				
衡器制造				
其他仪器仪表制造业				
其他制造业				
日用杂品制造				
核辐射加工				
其他未列明制造业				
废弃资源综合利用业				135
金属废料和碎屑加工处理				135
非金属废料和碎屑加工处理				
金属制品、机械和设备修理业				
金属制品修理				
通用设备修理				
专用设备修理				
铁路、船舶、航空航天等运输设备修理				
电气设备修理				
仪器仪表修理				
其他机械和设备修理业				
电力、热力、燃气及水生产和供应业			2142	39270
电力、热力生产和供应业			2142	39270
电力生产			2142	39270
电力供应				
热力生产和供应				
燃气生产和供应业				
燃气生产和供应业				
水的生产和供应业				
自来水生产和供应				
污水处理及其再生利用				
其他水的处理、利用与分配				

1-J-5　分行业内资企业技术获取和技术改造情况

单位:万元

行　　业	引进技术经费支出	消化吸收经费支出	购买国内技术经费支出	技术改造经费支出
总　计	**30839**	**10170**	**41936**	**218611**
采矿业				**1623**
煤炭开采和洗选业				1416
烟煤和无烟煤开采洗选				
褐煤开采洗选				1416
其他煤炭采选				
石油和天然气开采业				
石油开采				
天然气开采				
黑色金属矿采选业				207
铁矿采选				207
锰矿、铬矿采选				
其他黑色金属矿采选				
有色金属矿采选业				
常用有色金属矿采选				
贵金属矿采选				
稀有稀土金属矿采选				
非金属矿采选业				
土砂石开采				
化学矿开采				
采盐				
石棉及其他非金属矿采选				
开采专业及辅助性活动				
煤炭开采和洗选专业及辅助性活动				
石油和天然气开采专业及辅助性活动				
其他开采专业及辅助性活动				
其他采矿业				
其他采矿业				
制造业	**30839**	**10170**	**37335**	**175229**
农副食品加工业	2		73	3624
谷物磨制				
饲料加工				53
植物油加工				
制糖业				
屠宰及肉类加工	2		73	73
水产品加工				
蔬菜、菌类、水果和坚果加工				
其他农副食品加工				3499
食品制造业	30000	10000	2750	47288
焙烤食品制造				
糖果、巧克力及蜜饯制造				
方便食品制造				
乳制品制造	30000	10000	2700	28162
罐头食品制造				
调味品、发酵制品制造				19126
其他食品制造			50	
酒、饮料和精制茶制造业				5
酒的制造				
饮料制造				5
精制茶加工				

1-J-5 续表1 单位:万元

行　业	引进技术经费支出	消化吸收经费支出	购买国内技术经费支出	技术改造经费支出
烟草制品业				
烟叶复烤				
卷烟制造				
其他烟草制品制造				
纺织业				180
棉纺织及印染精加工				
毛纺织及染整精加工				
麻纺织及染整精加工				
丝绢纺织及印染精加工				
化纤织造及印染精加工				
针织或钩针编织物及其制品制造				180
家用纺织制成品制造				
产业用纺织制成品制造				
纺织服装、服饰业				2121
机织服装制造				
针织或钩针编织服装制造				2121
服饰制造				
皮革、毛皮、羽毛及其制品和制鞋业				
皮革鞣制加工				
皮革制品制造				
毛皮鞣制及制品加工				
羽毛(绒)加工及制品制造				
制鞋业				
木材加工和木、竹、藤、棕、草制品业				
木材加工				
人造板制造				
木质制品制造				
竹、藤、棕、草等制品制造				
家具制造业				
木质家具制造				
竹、藤家具制造				
金属家具制造				
塑料家具制造				
其他家具制造				
造纸和纸制品业				
纸浆制造				
造纸				
纸制品制造				
印刷和记录媒介复制业				
印刷				
装订及印刷相关服务				
记录媒介复制				
文教、工美、体育和娱乐用品制造业				
文教办公用品制造				
乐器制造				
工艺美术及礼仪用品制造				
体育用品制造				
玩具制造				
游艺器材及娱乐用品制造				
石油、煤炭及其他燃料加工业			1282	1572

1-J-5　续表2　　单位:万元

行　业	引进技术经费支出	消化吸收经费支出	购买国内技术经费支出	技术改造经费支出
精炼石油产品制造			1272	1272
煤炭加工			10	300
核燃料加工				
生物质燃料加工				
化学原料和化学制品制造业			32655	75688
基础化学原料制造			25469	33745
肥料制造				
农药制造				
涂料、油墨、颜料及类似产品制造				
合成材料制造			7186	39701
专用化学产品制造				2085
炸药、火工及焰火产品制造				156
日用化学产品制造				
医药制造业				622
化学药品原料药制造				
化学药品制剂制造				
中药饮片加工				
中成药生产				
兽用药品制造				622
生物药品制品制造				
卫生材料及医药用品制造				
药用辅料及包装材料				
化学纤维制造业				
纤维素纤维原料及纤维制造				
合成纤维制造				
生物基材料制造				
橡胶和塑料制品业				
橡胶制品业				
塑料制品业				
非金属矿物制品业				535
水泥、石灰和石膏制造				202
石膏、水泥制品及类似制品制造				
砖瓦、石材等建筑材料制造				13
玻璃制造				
玻璃制品制造				
玻璃纤维和玻璃纤维增强塑料制品制造				320
陶瓷制品制造				
耐火材料制品制造				
石墨及其他非金属矿物制品制造				
黑色金属冶炼和压延加工业				604
炼铁				
炼钢				
钢压延加工				604
铁合金冶炼				
有色金属冶炼和压延加工业				8799
常用有色金属冶炼				8799
贵金属冶炼				
稀有稀土金属冶炼				
有色金属合金制造				
有色金属压延加工				
金属制品业				18048

1-J-5 续表3

单位:万元

行 业	引进技术经费支出	消化吸收经费支出	购买国内技术经费支出	技术改造经费支出
结构性金属制品制造				
金属工具制造				
集装箱及金属包装容器制造				
金属丝绳及其制品制造				17199
建筑、安全用金属制品制造				
金属表面处理及热处理加工				
搪瓷制品制造				
金属制日用品制造				
铸造及其他金属制品制造				849
通用设备制造业				212
锅炉及原动设备制造				
金属加工机械制造				
物料搬运设备制造				
泵、阀门、压缩机及类似机械制造				
轴承、齿轮和传动部件制造				
烘炉、风机、包装等设备制造				212
文化、办公用机械制造				
通用零部件制造				
其他通用设备制造业				
专用设备制造业				
采矿、冶金、建筑专用设备制造				
化工、木材、非金属加工专用设备制造				
食品、饮料、烟草及饲料生产专用设备制造				
印刷、制药、日化及日用品生产专用设备制造				
纺织、服装和皮革加工专用设备制造				
电子和电工机械专用设备制造				
农、林、牧、渔专用机械制造				
医疗仪器设备及器械制造				
环保、邮政、社会公共服务及其他专用设备制造				
汽车制造业	837			
汽车整车制造	837			
汽车用发动机制造				
改装汽车制造				
低速汽车制造				
电车制造				
汽车车身、挂车制造				
汽车零部件及配件制造				
铁路、船舶、航空航天和其他运输设备制造业				14722
铁路运输设备制造				14722
城市轨道交通设备制造				
船舶及相关装置制造				
航空、航天器及设备制造				
摩托车制造				
自行车和残疾人座车制造				
助动车制造				
非公路休闲车及零配件制造				
潜水救捞及其他未列明运输设备制造				
电气机械和器材制造业		170	555	109
电机制造		170	455	109
输配电及控制设备制造			100	
电线、电缆、光缆及电工器材制造				

1-J-5　续表 4　　　　　单位:万元

行　　业	引进技术经费支出	消化吸收经费支出	购买国内技术经费支出	技术改造经费支出
电池制造				
家用电力器具制造				
非电力家用器具制造				
照明器具制造				
其他电气机械及器材制造				
计算机、通信和其他电子设备制造业			20	966
计算机制造				
通信设备制造				
广播电视设备制造				
雷达及配套设备制造				
非专业视听设备制造				
智能消费设备制造				
电子器件制造				
电子元件及电子专用材料制造			20	966
其他电子设备制造				
仪器仪表制造业				
通用仪器仪表制造				
专用仪器仪表制造				
钟表与计时仪器制造				
光学仪器制造				
衡器制造				
其他仪器仪表制造业				
其他制造业				
日用杂品制造				
核辐射加工				
其他未列明制造业				
废弃资源综合利用业				135
金属废料和碎屑加工处理				135
非金属废料和碎屑加工处理				
金属制品、机械和设备修理业				
金属制品修理				
通用设备修理				
专用设备修理				
铁路、船舶、航空航天等运输设备修理				
电气设备修理				
仪器仪表修理				
其他机械和设备修理业				
电力、热力、燃气及水生产和供应业			**4601**	**41759**
电力、热力生产和供应业			4601	41729
电力生产			4601	41729
电力供应				
热力生产和供应				
燃气生产和供应业				30
燃气生产和供应业				30
生物质燃气生产和供应业				
水的生产和供应业				
自来水生产和供应				
污水处理及其再生利用				
海水淡化处理				
其他水的处理、利用与分配				

1-J-6 分行业港澳台商投资企业技术获取和技术改造情况

单位:万元

行业	引进技术经费支出	消化吸收经费支出	购买国内技术经费支出	技术改造经费支出
总计			**170**	**7393**
采矿业				
煤炭开采和洗选业				
石油和天然气开采业				
黑色金属矿采选业				
有色金属矿采选业				
非金属矿采选业				
开采专业及辅助性活动				
制造业			150	7373
农副食品加工业				
食品制造业			150	4560
调味品、发酵制品制造			150	4560
酒、饮料和精制茶制造业				
烟草制品业				
纺织业				
纺织服装、服饰业				
皮革、毛皮、羽毛及其制品和制鞋业				
木材加工和木、竹、藤、棕、草制品业				
家具制造业				
造纸和纸制品业				
印刷和记录媒介复制业				
文教、工美、体育和娱乐用品制造业				
石油、煤炭及其他燃料加工业				
化学原料和化学制品制造业				1
涂料、油墨、颜料及类似产品制造				1
医药制造业				2812
化学药品原料药制造				2812
化学纤维制造业				
橡胶和塑料制品业				
非金属矿物制品业				
黑色金属冶炼和压延加工业				
有色金属冶炼和压延加工业				
金属制品业				
通用设备制造业				
专用设备制造业				
汽车制造业				
铁路、船舶、航空航天和其他运输设备制造业				
电气机械和器材制造业				
计算机、通信和其他电子设备制造业				
仪器仪表制造业				
其他制造业				
废弃资源综合利用业				
金属制品、机械和设备修理业				
电力、热力、燃气及水生产和供应业			**20**	**20**
电力、热力生产和供应业			20	20
燃气生产和供应业				
水的生产和供应业				

1-J-7　分行业外商投资企业技术获取和技术改造情况

单位:万元

行　业	引进技术经费支出	消化吸收经费支出	购买国内技术经费支出	技术改造经费支出
总　计				**8236**
采矿业				
煤炭开采和洗选业				
石油和天然气开采业				
黑色金属矿采选业				
有色金属矿采选业				
非金属矿采选业				
开采专业及辅助性活动				
制造业				**8236**
农副食品加工业				
食品制造业				
酒、饮料和精制茶制造业				
烟草制品业				
纺织业				
纺织服装、服饰业				
皮革、毛皮、羽毛及其制品和制鞋业				
木材加工和木、竹、藤、棕、草制品业				
家具制造业				
造纸和纸制品业				
印刷和记录媒介复制业				
文教、工美、体育和娱乐用品制造业				
石油、煤炭及其他燃料加工业				
化学原料和化学制品制造业				8168
基础化学原料制造				8168
医药制造业				
化学纤维制造业				
橡胶和塑料制品业				
非金属矿物制品业				68
水泥、石灰和石膏制造				68
黑色金属冶炼和压延加工业				
有色金属冶炼和压延加工业				
金属制品业				
通用设备制造业				
专用设备制造业				
汽车制造业				
铁路、船舶、航空航天和其他运输设备制造业				
电气机械和器材制造业				
计算机、通信和其他电子设备制造业				
仪器仪表制造业				
其他制造业				
废弃资源综合利用业				
金属制品、机械和设备修理业				
电力、热力、燃气及水生产和供应业				
电力、热力生产和供应业				
燃气生产和供应业				
水的生产和供应业				

1-J-8　各地区企业技术获取和技术改造情况

单位:万元

地　　区	引进技术经费支出	消化吸收经费支出	购买国内技术经费支出	技术改造经费支出
总　　计	**30839**	**10170**	**42106**	**234241**
呼和浩特市	30000	10000	5082	51206
包 头 市	837	170	555	38825
呼伦贝尔市				12895
兴 安 盟				
通 辽 市				13384
赤 峰 市				729
锡林郭勒盟			68	18940
乌兰察布市			2459	16821
鄂尔多斯市			26751	62681
巴彦淖尔市	2		5	880
乌 海 市			7186	15621
阿 拉 善 盟				2260

1-J-9　各地区大中型企业技术获取和技术改造情况

单位:万元

地　　区	引进技术经费支出	消化吸收经费支出	购买国内技术经费支出	技术改造经费支出
总　　计	**30000**	**10000**	**13530**	**169410**
呼和浩特市	30000	10000	5062	50294
包 头 市				6478
呼伦贝尔市				12895
兴 安 盟				
通 辽 市				11299
赤 峰 市				94
锡林郭勒盟				18660
乌兰察布市				14362
鄂尔多斯市			1282	37207
巴彦淖尔市				760
乌 海 市			7186	15101
阿 拉 善 盟				2260

1-J-10　各地区内资企业技术获取和技术改造情况

单位:万元

地　　区	引进技术经费支出	消化吸收经费支出	购买国内技术经费支出	技术改造经费支出
总　　计	**30839**	**10170**	**41936**	**218611**
呼和浩特市	30000	10000	4912	44393
包 头 市	837	170	555	38825
呼伦贝尔市				12827
兴 安 盟				
通 辽 市				13384
赤 峰 市				729
锡林郭勒盟			68	18940
乌兰察布市			2459	16821
鄂尔多斯市			26751	54513
巴彦淖尔市	2		5	300
乌 海 市			7186	15621
阿 拉 善 盟				2260

1-J-11　各地区港澳台商投资企业技术获取和技术改造情况

单位:万元

地　　区	引进技术经费支出	消化吸收经费支出	购买国内技术经费支出	技术改造经费支出
总　　计			**170**	**7393**
呼和浩特市			170	6813
包 头 市				
呼伦贝尔市				
兴 安 盟				
通 辽 市				
赤 峰 市				
锡林郭勒盟				
乌兰察布市				
鄂尔多斯市				
巴彦淖尔市				580
乌 海 市				
阿 拉 善 盟				

1-J-12 各地区外商投资企业技术获取和技术改造情况

单位:万元

地　区	引进技术经费支出	消化吸收经费支出	购买国内技术经费支出	技术改造经费支出
总　计				**8236**
呼和浩特市				
包 头 市				
呼伦贝尔市				68
兴 安 盟				
通 辽 市				
赤 峰 市				
锡林郭勒盟				
乌兰察布市				
鄂尔多斯市				8168
巴彦淖尔市				
乌 海 市				
阿 拉 善 盟				

第二篇

建筑业企业生产经营及财务状况篇

A. 全社会建筑业企业

2-A-1　各地区全社会建筑业企业个数

单位:个

地　　区	合计	总承包和专业承包企业	劳务分包企业	资质以外企业
总　　计	**21994**	**1144**	**86**	**20764**
呼和浩特市	3146	169	19	2958
包 头 市	2198	126		2072
呼伦贝尔市	1905	81	21	1803
兴 安 盟	872	41	2	829
通 辽 市	1881	113	1	1767
赤 峰 市	3504	160	15	3329
锡林郭勒盟	919	46		873
乌兰察布市	1207	43		1164
鄂尔多斯市	3860	215	17	3628
巴彦淖尔市	1170	75		1095
乌 海 市	699	46	11	642
阿 拉 善 盟	633	29		604

2-A-2　各地区全社会建筑业企业期末人数

单位:万人

地　　区	合计	总承包和专业承包企业	劳务分包企业	资质以外企业
总　　计	**39.79**	**25.92**	**0.92**	**12.95**
呼和浩特市	5.99	3.57	0.49	1.94
包 头 市	7.51	6.31		1.20
呼伦贝尔市	3.13	2.25	0.05	0.83
兴 安 盟	1.12	0.71	0.03	0.38
通 辽 市	2.42	1.36	0.01	1.06
赤 峰 市	8.02	5.85	0.12	2.05
锡林郭勒盟	0.80	0.35		0.45
乌兰察布市	1.46	0.77		0.69
鄂尔多斯市	5.10	2.45	0.19	2.46
巴彦淖尔市	2.18	1.23		0.95
乌 海 市	1.49	0.80	0.03	0.67
阿 拉 善 盟	0.57	0.29		0.28

2-A-3 各地区全社会建筑业企业资产总计

单位:亿元

地区	合计	总承包和专业承包企业	劳务分包企业	资质以外企业
总计	**3881.9**	**2219.2**	**3.8**	**1658.9**
呼和浩特市	711.3	511.1	0.8	199.4
包头市	518.1	344.0		174.1
呼伦贝尔市	176.0	92.9	0.4	82.8
兴安盟	109.0	67.1	0.1	41.9
通辽市	119.2	78.3	0.2	40.7
赤峰市	388.0	180.4	0.8	206.7
锡林郭勒盟	109.4	32.4		77.0
乌兰察布市	154.5	42.4		112.1
鄂尔多斯市	1270.3	691.6	1.2	577.5
巴彦淖尔市	170.4	108.1		62.3
乌海市	76.3	50.8	0.4	25.0
阿拉善盟	79.5	20.2		59.3

2-A-4 各地区全社会建筑业企业负债合计

单位:亿元

地区	合计	总承包和专业承包企业	劳务分包企业	资质以外企业
总计	**2489**	**1520**	**3**	**966**
呼和浩特市	493	361	1	131
包头市	343	280		63
呼伦贝尔市	117	64		53
兴安盟	81	49		32
通辽市	65	39		26
赤峰市	174	105	1	69
锡林郭勒盟	70	20		50
乌兰察布市	107	29		78
鄂尔多斯市	841	472	1	368
巴彦淖尔市	111	65		46
乌海市	46	29		17
阿拉善盟	42	9		33

2-A-5 各行业全社会建筑业企业个数

单位：个

行 业	合计	总承包和专业承包企业	劳务分包企业	资质以外企业
总 计	**21994**	**1144**	**86**	**20764**
房屋建筑业	3678	594	44	3040
土木工程建筑业	6486	358	7	6121
铁路、道路、隧道和桥梁工程建筑	2032	189	2	1841
水利和水运工程建筑	437	71		366
海洋工程建筑				
工矿工程建筑	244	16		228
架线和管道工程建筑	639	51	2	586
其他土木工程建筑	2847	21	3	2823
节能环保工程施工	95	3		92
电力工程施工	192	7		185
建筑安装业	3204	114	5	3085
建筑装饰业和其他建筑业	8626	78	30	8518

2-A-6 各行业全社会建筑业企业期末人数

单位：万人

行 业	合计	总承包和专业承包企业	劳务分包企业	资质以外企业
总 计	**40**	**26**	**1**	**13**
房屋建筑业	20	17	1	2
土木工程建筑业	11	7		4
铁路、道路、隧道和桥梁工程建筑	6	4		1
水利和水运工程建筑	1	1		
海洋工程建筑				
工矿工程建筑	1	1		
架线和管道工程建筑	1	1		
其他土木工程建筑	2			1
节能环保工程施工				
电力工程施工	1			
建筑安装业	3	1		2
建筑装饰业和其他建筑业	5	1		5

2-A-7 各行业全社会建筑业企业资产总计

单位:亿元

行 业	合计	总承包和专业承包企业	劳务分包企业	资质以外企业
总 计	**3882**	**2219**	**4**	**1659**
房屋建筑业	1175	968	1	206
土木工程建筑业	2241	1127		1113
铁路、道路、隧道和桥梁工程建筑	1545	785		760
水利和水运工程建筑	105	72		32
海洋工程建筑				
工矿工程建筑	55	29		27
架线和管道工程建筑	160	79		81
其他土木工程建筑	201	25		176
节能环保工程施工	133	113		21
电力工程施工	41	24		16
建筑安装业	194	81	1	113
建筑装饰业和其他建筑业	271	42	1	228

2-A-8 各行业全社会建筑业企业负债合计

单位:亿元

行 业	合计	总承包和专业承包企业	劳务分包企业	资质以外企业
总 计	**2489**	**1520**	**3**	**966**
房屋建筑业	829	684	1	144
土木工程建筑业	1365	760		605
铁路、道路、隧道和桥梁工程建筑	906	526		380
水利和水运工程建筑	67	49		18
海洋工程建筑				
工矿工程建筑	45	23		22
架线和管道工程建筑	92	50		42
其他土木工程建筑	135	13		122
建筑安装业	129	53	1	75
建筑装饰业和其他建筑业	166	24	1	141

B. 总承包和专业承包建筑业企业

1. 综合

2-B-1.1　按经济类型划分的总承包和专业承包企业主要经济指标

指　　标	单位	合计	内资企业	#国有	#集体	港澳台商投资企业	#港澳台商独资企业	外商投资企业	#外商独资企业
企业个数	个	1024	1024	22	5				
期末人数	万人	26	26	3					
自有固定资产原价	亿元	250	250	38					
自有固定资产净值	亿元	135	135	19					
自有施工机械设备总台数	万台	7	7	1					
自有施工机械设备净值	亿元	48	48	6					
自有施工机械设备总功率	万千瓦	193	193	61	3				
建筑业总产值	亿元	1069	1069	142	6				
#本年固定资产折旧	亿元	19	19	2					
#应付职工薪酬	亿元	155	155	26	1				
房屋施工面积	万平方米	5398	5398	1104	31				
房屋竣工面积	万平方米	1823	1823	241	31				
利润总额	亿元	43	43						
税金总额	亿元	51	51	5					
按总产值计算的劳动生产率	元/人	327286.8	327286.8	473677.2	230002.5				
技术装备率	元/人	18529.8	18529.8	18565.6	18400.4				
动力装备率	千瓦/人	7.5	7.5	18.3	9.8				
房屋竣工率	%	33.8	33.8	21.9	100.0				
产值利润率	%	4.0	4.0	-0.3	4.2				
产值利税率	%	8.8	8.8	3.1	9.4				

2-B-1.2 各地区总承包和专业承包企业签订合同情况

单位:万元

地　　区	签订合同额	上年结转合同额	本年新签合同额
总　　计	**25173230**	**12147548**	**13025682**
呼和浩特市	4733167	2327073	2406094
包 头 市	9503459	4458777	5044682
呼伦贝尔市	802022	286257	515765
兴 安 盟	570685	235157	335528
通 辽 市	849845	260802	589042
赤 峰 市	3196109	1406544	1789566
锡林郭勒盟	139605	36917	102688
乌兰察布市	801906	554913	246993
鄂尔多斯市	2688058	1429062	1258996
巴彦淖尔市	1207977	726278	481699
乌 海 市	461234	324451	136783
阿拉善盟	219164	101319	117846

2-B-1.3 各地区总承包和专业承包企业承包工程完成情况

单位:万元

地　　区	直接从建设单位承揽工程完成的产值	自行完成施工产值	分包出去工程的产值	从建设单位以外承揽工程完成的产值
总　　计	**10602518**	**10556292**	**46226**	**133583**
呼和浩特市	2242505	2230003	12502	13990
包 头 市	2166907	2165347	1560	73544
呼伦贝尔市	613432	613432		581
兴 安 盟	423595	422689	906	957
通 辽 市	503571	492827	10744	4477
赤 峰 市	1820501	1818480	2021	13305
锡林郭勒盟	106814	106696	118	1032
乌兰察布市	401590	397653	3937	14188
鄂尔多斯市	1473565	1460118	13447	9915
巴彦淖尔市	468208	468152	56	60
乌 海 市	236875	235939	936	1535
阿拉善盟	144958	144958		

2-B-1.4　各地区总承包和专业承包总产值和竣工产值

单位:万元

地　　区	建筑业总产值	#装饰装修产　值	#在外省完成的产值	按构成分组			竣工产值
				建筑工程产　值	安装工程产　值	其他产值	
总　　计	**10689875**	**250833**	**1395950**	**9175850**	**611484**	**902541**	**5567638**
呼和浩特市	2243992	35567	256002	1810559	110616	322817	865779
包 头 市	2238890	82706	575905	1952706	221015	65169	1131001
呼伦贝尔市	614012	3685	189	556320	24981	32711	391403
兴 安 盟	423646	57843	99	378477	16953	28216	228805
通 辽 市	497304	13749	135	360294	74735	62274	310739
赤 峰 市	1831785	34220	399950	1709688	35235	86863	1091368
锡林郭勒盟	107728	74	538	87481	18116	2132	86958
乌兰察布市	411841		4611	374227	16384	21230	330607
鄂尔多斯市	1470033	4218	151812	1179605	52806	237622	591396
巴彦淖尔市	468212	10871	1729	418565	21808	27839	366903
乌 海 市	237474	6146	4980	211094	12845	13536	110741
阿 拉 善 盟	144958	1753		136834	5991	2132	61937

2-B-1.5　各地区总承包和专业承包企业房屋建筑面积

地　　区	房屋施工面积（万平方米）	#本年新开工	房屋竣工面积（万平方米）	房屋竣工率（%）
总　　计	**5398**	**2580**	**1823**	**33.8**
呼和浩特市	831	291	222	26.7
包 头 市	1514	645	360	23.8
呼伦贝尔市	305	188	178	58.4
兴 安 盟	143	82	75	52.2
通 辽 市	259	144	101	38.9
赤 峰 市	1300	789	482	37.1
锡林郭勒盟	55	35	34	62.6
乌兰察布市	302	101	125	41.5
鄂尔多斯市	157	104	77	49.0
巴彦淖尔市	298	141	117	39.4
乌 海 市	161	29	38	23.5
阿 拉 善 盟	74	30	14	18.8

2-B-1.6 各地区按主要用途分的总承包和专业承包企业房屋竣工面积

单位:万平方米

地区	合计	住宅房屋	商业及服务用房屋						办公用房屋
				商厦房屋(批发和零售用房)	宾馆用房屋(住宿用房)	餐饮用房屋(餐饮用房)	商务会展用房屋	其他商业及服务用房屋(居民服务业用房)	
总计	**1823**	**1450**	**32**	**4**	**2**			**25**	**50**
呼和浩特市	222	194	6					6	13
包头市	360	255	7					7	11
呼伦贝尔市	178	148	4	1				4	4
兴安盟	75	50	1					1	2
通辽市	101	66							2
赤峰市	482	420	5		2			4	4
锡林郭勒盟	34	25							
乌兰察布市	125	115	2	2					1
鄂尔多斯市	77	36	2	1				2	11
巴彦淖尔市	117	109	2	1				2	
乌海市	38	27	1					1	
阿拉善盟	14	3							

2-B-1.6 续表

单位:万平方米

地区	科研、教育、医疗用房屋				文化、体育、娱乐用房屋	厂房及建筑物		仓库	其他未列明的房屋建筑物
		科学研究用房屋	教育用房屋	医疗用房屋(卫生医疗用房)			#厂房		
总计	**80**	**3**	**59**	**18**	**16**	**95**	**65**	**4**	**97**
呼和浩特市	3		2	1	1	1			3
包头市	16		15	1	4	44	41	2	20
呼伦贝尔市	3		3		5	4	4		9
兴安盟	1		1		1	1	1		18
通辽市	18		16	2	1	7	2		6
赤峰市	21	2	8	11	1	8	7		23
锡林郭勒盟						2	2		7
乌兰察布市	1		1	1		6			
鄂尔多斯市	9	1	8		3	6	1		9
巴彦淖尔市	5		4	1					
乌海市						7	1		2
阿拉善盟	1		1		1	8	6		

2-B-1.7 各地区按主要用途分的总承包和专业承包企业房屋竣工价值

单位:万元

地区	合计	住宅房屋	商业及服务用房屋	商厦用房屋(批发和零售用房)	宾馆用房屋(住宿用房)	餐饮用房屋(餐饮用房)	商务会展用房屋	其他商业及服务用房屋(居民服务业用房)	办公用房屋
总计	**3094196**	**2438176**	**49233**	**8264**	**2707**	**65**	**50**	**38147**	**99454**
呼和浩特市	385690	336630	6325	170			50	6106	24560
包头市	705887	542408	9675					9675	21321
呼伦贝尔市	321463	234474	9232	1488				7744	10629
兴安盟	141330	119365	1457					1457	1731
通辽市	164002	89146	142					142	4414
赤峰市	762870	646801	6955		2030			4925	9189
锡林郭勒盟	50724	36537	1487	810	677				524
乌兰察布市	167633	149474	3186	2885				301	2671
鄂尔多斯市	122286	54383	3161	624				2537	21894
巴彦淖尔市	184312	167685	5544	1504		65		3974	720
乌海市	71432	56462	1850	782				1068	950
阿拉善盟	16568	4813	220					220	851

2-B-1.7 续表

单位:万元

地区	科研、教育、医疗用房屋	科学研究用房屋	教育用房屋	医疗用房屋(卫生医疗用房)	文化、体育、娱乐用房屋	厂房及建筑物	#厂房	仓库	其他未列明的房屋建筑物
总计	**192901**	**5057**	**134628**	**53217**	**27642**	**131333**	**94412**	**5456**	**150000**
呼和浩特市	9006		6167	2839	2872	2994	737	271	3032
包头市	29661		27524	2137	6065	66216	60138	3386	27155
呼伦贝尔市	8472		7898	575	7160	8326	7360	540	42631
兴安盟	2217		2217		994	1440	640		14126
通辽市	51505		46391	5114	997	4731	1781	425	12642
赤峰市	60810	4343	17984	38484	1844	12853	12535		24417
锡林郭勒盟	657		657			2701	2701		8819
乌兰察布市	2978		1008	1970		9325			
鄂尔多斯市	17211	714	16498		6964	6003	835	35	12635
巴彦淖尔市	9042		7165	1878		368	368		953
乌海市	380		380			8310	1250		3480
阿拉善盟	961		741	220	745	8068	6068	800	110

2-B-1.8 各地区总承包和专业承包企业施工机械设备情况

地区	年末自有施工机械设备总台数(台)	年末自有施工机械设备总功率(千瓦)	年末自有施工机械设备净值(万元)	技术装备率(元/人)	动力装备率(千瓦/人)
总　计	**71057**	**1934078**	**480353**	**18529.8**	**7.5**
呼和浩特市	12755	301365	68569	19227.9	8.5
包 头 市	14969	351958	36781	5831.0	5.6
呼伦贝尔市	7665	125892	39041	17343.7	5.6
兴 安 盟	2512	57633	8524	12014.4	8.1
通 辽 市	2211	52187	21571	15906.9	3.8
赤 峰 市	17099	322613	97610	16691.1	5.5
锡林郭勒盟	1019	42152	12107	34454.8	12.0
乌兰察布市	2405	32880	11119	14473.6	4.3
鄂尔多斯市	4180	418200	139658	57096.6	17.1
巴彦淖尔市	3332	100825	22469	18272.0	8.2
乌 海 市	1983	95844	14261	17830.2	12.0
阿 拉 善 盟	927	32529	8643	29843.6	11.2

2-B-1.9 各地区总承包和专业承包企业建筑材料消耗情况

地区	钢材(吨)	木材(立方米)	水泥(吨)	玻璃		材(吨)
				重量箱	平方米	
总　计	**18365218**	**6963174**	**9872868**	**265002**	**3384973**	**449152**
呼和浩特市	743756	301352	1172251	30230	283635	39397
包 头 市	589757	113553	2788106	34658	383080	2064
呼伦贝尔市	153899	223857	873309	33466	745599	5945
兴 安 盟	64509	74487	409567	3586	79720	19
通 辽 市	200822	53227	245987	25612	332990	14485
赤 峰 市	1274448	581529	2416084	51997	528524	236131
锡林郭勒盟	76653	61679	130584	10882	106981	1014
乌兰察布市	14070961	728990	526530	25075	286373	68044
鄂尔多斯市	165050	60824	579886	19032	167297	6583
巴彦淖尔市	213982	482276	332182	18534	399549	18217
乌 海 市	796354	4270698	349634	10729	37936	57062
阿 拉 善 盟	15027	10702	48748	1201	33289	191

2-B-1.10　各地区总承包和专业承包企业主要生产效益指标

地　　区	建筑业企业个数（个）	从事建筑业活动的平均人数（人）	按总产值计算的劳动生产率（元/人）	人均竣工产值（元/人）	人均施工面积（平方米/人）	人均竣工面积（平方米/人）
总　　计	**1024**	**326621**	**327286.8**	**170461.7**	**165.3**	**55.8**
呼和浩特市	153	48882	459063.1	177116.2	169.9	45.3
包 头 市	117	70057	319581.3	161440.2	216.2	51.5
呼伦贝尔市	75	30434	201752.1	128607.1	100.2	58.5
兴 安 盟	37	9786	432910.0	233808.9	146.4	76.4
通 辽 市	106	19368	256765.6	160439.3	133.9	52.0
赤 峰 市	148	74210	246838.1	147064.9	175.1	65.0
锡林郭勒盟	43	5183	207849.5	167774.8	105.7	66.2
乌兰察布市	37	10256	401560.8	322354.8	294.1	122.1
鄂尔多斯市	169	30521	481646.3	193766.9	51.3	25.1
巴彦淖尔市	72	15733	297598.5	233206.0	189.2	74.6
乌 海 市	38	9279	255926.5	119345.3	173.7	40.8
阿 拉 善 盟	29	2912	497793.6	212696.1	252.7	47.4

2-B-1.11　各地区总承包和专业承包企业营业收入

单位:万元

地　　区	营业收入	建筑业企业在境外完成的营业收入	企业总产值	建筑业总产值
总　　计	**12414667**	**24250**	**11294418**	**10689875**
呼和浩特市	2373412	2801	2335947	2243992
包 头 市	2340095		2279058	2238890
呼伦贝尔市	571700		652155	614012
兴 安 盟	671682		445244	423646
通 辽 市	574425		514205	497304
赤 峰 市	2027873	1009	1903197	1831785
锡林郭勒盟	173419		108954	107728
乌兰察布市	703401	5474	413390	411841
鄂尔多斯市	1825741	14584	1720718	1470033
巴彦淖尔市	659197	382	524931	468212
乌 海 市	303370		243610	237474
阿 拉 善 盟	190354		153011	144958

2-B-1.12 各地区总承包和专业承包企业资产构成

单位:万元

地　　区	资产总计	流动资产合计	
			#存货
总　　计	**22191790**	**17521206**	**1961907**
呼和浩特市	5110608	3969534	368872
包 头 市	3439513	2947064	312184
呼伦贝尔市	928701	777848	61141
兴 安 盟	670799	613470	87997
通 辽 市	782528	559111	81901
赤 峰 市	1804452	1494993	231267
锡林郭勒盟	324416	271819	62502
乌兰察布市	423972	376705	86478
鄂尔多斯市	6916127	4974299	487730
巴彦淖尔市	1080614	906235	138918
乌 海 市	508420	457902	23911
阿 拉 善 盟	201640	172226	19008

2-B-1.13 各地区总承包和专业承包企业固定资产情况

单位:万元

地　　区	固定资产原价	固定资产折旧		在建工程
			#本年折旧	
总　　计	**2502407**	**1151931**	**190906**	**382981**
呼和浩特市	433160	225077	26637	40108
包 头 市	365787	168254	20391	48242
呼伦贝尔市	157308	82029	7411	13517
兴 安 盟	61184	27957	5652	9692
通 辽 市	105550	50556	9910	4549
赤 峰 市	268454	87675	11782	22993
锡林郭勒盟	47722	25748	3512	3224
乌兰察布市	53971	23782	3638	12979
鄂尔多斯市	805240	363816	88898	182598
巴彦淖尔市	102268	42272	7130	43228
乌 海 市	71229	40631	3874	1130
阿 拉 善 盟	30534	14135	2072	721

2-B-1.14　各地区总承包和专业承包企业负债及所有者权益

单位:万元

地　　区	负债合计	#流动负债	#应付账款	所有者权益	#实收资本
总　　计	**15204376**	**14260227**	**4466877**	**6987415**	**4092809**
呼和浩特市	3611855	3390828	1175990	1498753	814108
包 头 市	2796944	2644307	1047288	642569	533560
呼伦贝尔市	641259	594234	233621	287442	194231
兴 安 盟	489551	448427	120013	181248	106772
通 辽 市	390096	357542	159115	392432	330872
赤 峰 市	1047456	964607	379462	756996	487407
锡林郭勒盟	199814	183309	72126	124602	94702
乌兰察布市	287401	280674	55181	136571	85738
鄂尔多斯市	4719576	4441424	1045005	2196552	999956
巴彦淖尔市	645388	607394	31904	435226	209317
乌 海 市	288399	261885	106183	220021	158178
阿 拉 善 盟	86636	85596	40990	115004	77968

2-B-1.15　各地区总承包和专业承包企业实收资本

单位:万元

地　　区	合计	国家资本	集体资本	法人资本	个人资本	港澳台资本	外商资本
总　　计	**4092809**	**643043**	**113411**	**1009676**	**2326267**		**413**
呼和浩特市	814108	188195	8329	221592	395580		413
包 头 市	533560	234364	32035	73891	193271		
呼伦贝尔市	194231	30244	15049	34636	114304		
兴 安 盟	106772	7473	5629	36767	56903		
通 辽 市	330872	115446	19966	72727	122732		
赤 峰 市	487407	7243	8028	73272	398863		
锡林郭勒盟	94702	829	7321	47058	39495		
乌兰察布市	85738	8584	5945	16197	55014		
鄂尔多斯市	999956	38006	1310	271313	689327		
巴彦淖尔市	209317	9632	3509	64743	131433		
乌 海 市	158178	3060	6291	35350	113478		
阿 拉 善 盟	77968	－32		62132	15868		

2-B-1.16 各地区总承包和专业承包企业收入情况

单位:万元

地区	主营业务收入	#主营业务成本	#主营业务税金及附加	其他业务收入	#其他业务利润
总计	**12202879**	**10864231**	**110539**	**211788**	**11410**
呼和浩特市	2354050	2044140	15312	19363	1960
包头市	2321915	2146761	11010	18180	2493
呼伦贝尔市	567289	501871	6931	4411	703
兴安盟	670875	590105	7760	807	46
通辽市	551861	479800	5277	22564	166
赤峰市	1953697	1729037	25133	74176	213
锡林郭勒盟	172982	161443	2927	437	
乌兰察布市	695381	631097	11534	8020	
鄂尔多斯市	1770982	1558590	11451	54759	2805
巴彦淖尔市	657016	588516	6578	2181	142
乌海市	296611	267470	5068	6759	2755
阿拉善盟	190222	165403	1559	132	128

2-B-1.17 各地区总承包和专业承包企业费用情况

单位:万元

地区	管理费用	销售费用	财务费用	#利息收入	#利息支出
总计	**537478**	**34581**	**187411**	**6699**	**124016**
呼和浩特市	144424	4989	46591	3686	43819
包头市	85150	401	38107	1983	30370
呼伦贝尔市	26932	347	4322	26	2833
兴安盟	15126	129	4246	45	3309
通辽市	35910	987	853	45	552
赤峰市	64638	17151	21036	-99	10997
锡林郭勒盟	7359	76	399	-34	315
乌兰察布市	18778	6031	1102	132	142
鄂尔多斯市	95207	3956	64144	693	26980
巴彦淖尔市	21566	168	1653	58	1504
乌海市	10253	150	3283	28	2142
阿拉善盟	12135	196	1674	136	1054

2-B-1.18　各地区总承包和专业承包企业利润及税金情况

单位:万元

地　　区	利润总额	#应交所得税	税金总额	主营业务税金及附加	应交增值税
总　　计	**429093**	**127624**	**514591**	**110539**	**404051**
呼和浩特市	95771	21383	74003	15312	58691
包 头 市	39749	9150	84938	11010	73929
呼伦贝尔市	15528	9253	37848	6931	30917
兴 安 盟	53914	12690	20930	7760	13170
通 辽 市	19021	6766	28488	5277	23211
赤 峰 市	77720	26232	91896	25133	66763
锡林郭勒盟	257	785	12876	2927	9949
乌兰察布市	24936	12422	40203	11534	28669
鄂尔多斯市	51145	14759	64738	11451	53287
巴彦淖尔市	36821	8352	35943	6578	29365
乌 海 市	5628	2954	14322	5068	9254
阿 拉 善 盟	8601	2878	8406	1559	6847

2-B-1.19　各地区总承包和专业承包企业应收工程款及企业亏损情况

地　　区	应收工程款（万元）	企业个数（个）	#亏损企业个数	亏损企业比重（%）
总　　计	**6722359**	**1024**	**227**	**22.2**
呼和浩特市	1983183	153	35	22.9
包 头 市	1200730	117	20	17.1
呼伦贝尔市	333992	75	21	28.0
兴 安 盟	207338	37	11	29.7
通 辽 市	233270	106	20	18.9
赤 峰 市	714832	148	27	18.2
锡林郭勒盟	83988	43	12	27.9
乌兰察布市	76289	37	5	13.5
鄂尔多斯市	1251808	169	47	27.8
巴彦淖尔市	370911	72	12	16.7
乌 海 市	194961	38	10	26.3
阿 拉 善 盟	71056	29	7	24.1

2-B-1.20 各地区总承包和专业承包企业主要经济效益指标

地　　区	产值利润率（%）	产值利税率（%）	资本利润率（%）	资本利税率（%）	人均利润（元/人）	人均利税（元/人）	资产负债率（%）
总　　计	**4.0**	**8.8**	**10.5**	**23.1**	**13137.3**	**28892.3**	**68.5**
呼和浩特市	4.3	7.6	11.8	20.9	19592.2	34731.4	70.7
包 头 市	1.8	5.6	7.4	23.4	5673.8	17798.0	81.3
呼伦贝尔市	2.5	8.7	8.0	27.5	5102.3	17538.2	69.0
兴 安 盟	12.7	17.7	50.5	70.1	55093.1	76481.0	73.0
通 辽 市	3.8	9.6	5.7	14.4	9820.8	24529.6	49.9
赤 峰 市	4.2	9.3	15.9	34.8	10473.0	22856.2	58.0
锡林郭勒盟	0.2	12.2	0.3	13.9	496.0	25337.8	61.6
乌兰察布市	6.1	15.8	29.1	76.0	24314.0	63513.1	67.8
鄂尔多斯市	3.5	7.9	5.1	11.6	16757.2	37968.2	68.2
巴彦淖尔市	7.9	15.5	17.6	34.8	23403.8	46249.6	59.7
乌 海 市	2.4	8.4	3.6	12.6	6065.7	21500.5	56.7
阿 拉 善 盟	5.9	11.7	11.0	21.8	29537.1	58404.9	43.0

2. 按经济类型分组

2-B-2.1 各地区国有总承包和专业承包企业签订合同情况

单位:万元

地　　区	签订合同额		
		上年结转合同额	本年新签合同额
总　　计	**7757412**	**3559552**	**4197860**
呼和浩特市	443844	248132	195713
包 头 市	6612492	3042329	3570163
呼伦贝尔市	124429	46890	77539
兴 安 盟	122936	28567	94369
通 辽 市	98490		98490
赤 峰 市			
锡林郭勒盟			
乌兰察布市			
鄂尔多斯市	351094	193634	157459
巴彦淖尔市	4127		4127
乌 海 市			
阿 拉 善 盟			

2-B-2.2　各地区国有总承包和专业承包企业承包工程完成情况

单位:万元

地　　区	直接从建设单位承揽工程完成的产值	自行完成施工产值	分包出去工程的产值	从建设单位以外承揽工程完成的产值
总　　计	**1374820**	**1374820**		**42423**
呼和浩特市	294161	294161		
包　头　市	746893	746893		42423
呼伦贝尔市	94148	94148		
兴　安　盟	67403	67403		
通　辽　市	28600	28600		
赤　峰　市				
锡林郭勒盟				
乌兰察布市				
鄂尔多斯市	139299	139299		
巴彦淖尔市	4316	4316		
乌　海　市				
阿 拉 善 盟				

2-B-2.3　各地区国有企业总承包和专业承包总产值和竣工产值

单位:万元

地　　区	建筑业总产值	#装饰装修产　值	#在外省完成的产值	按构成分组			竣工产值
				建筑工程产　值	安装工程产　值	其他产值	
总　　计	**1417242**	**50206**	**779519**	**1271483**	**132176**	**13583**	**647080**
呼和浩特市	294161		162159	282084		12077	39396
包　头　市	789316	50206	503241	666658	122370	287	533700
呼伦贝尔市	94148			86662	7486		30543
兴　安　盟	67403			67403			2343
通　辽　市	28600			28600			28600
赤　峰　市							
锡林郭勒盟							
乌兰察布市							
鄂尔多斯市	139299		114119	135760	2320	1220	8582
巴彦淖尔市	4316			4316			3916
乌　海　市							
阿 拉 善 盟							

2-B-2.4 各地区国有总承包和专业承包企业房屋建筑面积

地　　区	房屋施工面积（万平方米）	#本年新开工	房屋竣工面积（万平方米）	房屋竣工率（%）
总　　计	**1104**	**484**	**241**	**21.9**
呼和浩特市	4	1	4	100
包　头　市	1088	477	236	21.7
呼伦贝尔市	12	6	1	11.6
兴　安　盟				
通　辽　市				
赤　峰　市				
锡林郭勒盟				
乌兰察布市				
鄂尔多斯市				100
巴彦淖尔市				
乌　海　市				
阿拉善盟				

2-B-2.5 各地区主要用途分的国有总承包和专业承包企业房屋竣工面积

单位:万平方米

地　　区	合计	住宅房屋	商业及服务用房屋	办公用房　屋	科研、教育、医疗用房屋	文化、体育、娱乐用房屋	厂房及建筑物	仓库	其他未列明的房屋建筑物
总　　计	**241**	**174**		**1**	**11**	**3**	**36**		**17**
呼和浩特市	4	4					1		
包　头　市	236	170		1	11	3	34		17
呼伦贝尔市	1						1		
兴　安　盟									
通　辽　市									
赤　峰　市									
锡林郭勒盟									
乌兰察布市									
鄂尔多斯市									
巴彦淖尔市									
乌　海　市									
阿拉善盟									

2-B-2.6　各地区按主要用途分的国有总承包和专业承包企业房屋竣工价值

单位：万元

地　区	合计	住宅房屋	商业及服务用房屋	办公用房屋	科研、教育、医疗用房屋	文化、体育、娱乐用房屋	厂房及建筑物	仓库	其他未列明的房屋建筑物
总　计	**503628**	**405267**		**2048**	**21865**	**4264**	**47179**	**35**	**22971**
呼和浩特市	4521	3095					1426		
包　头　市	494253	402172		1988	21865	4264	40993		22971
呼伦贝尔市	4760						4760		
兴　安　盟									
通　辽　市									
赤　峰　市									
锡林郭勒盟									
乌兰察布市									
鄂尔多斯市	95			60				35	
巴彦淖尔市									
乌　海　市									
阿拉善盟									

2-B-2.7　各地区国有总承包和专业承包企业施工机械设备情况

地　区	年末自有施工机械设备总台数（台）	年末自有施工机械设备总功率（千瓦）	年末自有施工机械设备净值（万元）	技术装备率（元/人）	动力装备率（千瓦/人）
总　计	**6996**	**610737**	**61989**	**18566**	**18.3**
呼和浩特市	1408	43086	7718	18552	10.4
包　头　市	4859	235078	14712	6973	11.1
呼伦贝尔市	386	16199	2122	11332	8.6
兴　安　盟	62	6111	557	3712	4.1
通　辽　市					
赤　峰　市					
锡林郭勒盟					
乌兰察布市					
鄂尔多斯市	281	310263	36880	91333	76.8
巴彦淖尔市					
乌　海　市					
阿拉善盟					

2-B-2.8 各地区国有总承包和专业承包企业主要生产效益指标

地　　区	建筑业企业个数(个)	从事建筑业活动的平均人数(人)	按总产值计算的劳动生产率(元/人)	人均竣工产值(元/人)	人均施工面积(平方米/人)	人均竣工面积
总　　计	**22**	**29920**	**473677.2**	**216270**	**369**	**80.7**
呼和浩特市	5	4478	656901.5	87976.8	9.4	9.4
包　头　市	6	16349	482791.3	326442	665.6	144.2
呼伦贝尔市	NA	2910	323532.3	104957	40.2	4.7
兴　安　盟	NA	1199	562160.1	19542.1		
通　辽　市	NA	697	410330.0	410330.0		
赤　峰　市						
锡林郭勒盟						
乌兰察布市						
鄂尔多斯市	6	4273	325999.1	20084.7	0.1	0.1
巴彦淖尔市	NA	14	3082857.1	2797142.9		
乌　海　市						
阿拉善盟						

注:"NA"表示单位数小于或等于3,下同。

2-B-2.9 各地区国有总承包和专业承包企业营业收入

单位:万元

地　　区	营业收入	在境外完成的营业收入	企业总产值	建筑业总产值
总　　计	**1410363**		**1595767**	**1417242**
呼和浩特市	224516		294161	294161
包　头　市	814870		803401	789316
呼伦贝尔市	87422		94148	94148
兴　安　盟	67403		84578	67403
通　辽　市	28600		28600	28600
赤　峰　市				
锡林郭勒盟				
乌兰察布市				
鄂尔多斯市	186111		286564	139299
巴彦淖尔市	1441		4316	4316
乌　海　市				
阿拉善盟				

2-B-2.10　各地区国有总承包和专业承包企业资产构成

单位:万元

地　　区	资产总计	流动资产合计	存货
总　　计	**2889700**	**2370766**	**315067**
呼和浩特市	519159	459580	96362
包　头　市	1321540	1070252	51514
呼伦贝尔市	142911	130284	9095
兴　安　盟	144239	137784	36588
通　辽　市	120792	21178	4164
赤　峰　市			
锡林郭勒盟			
乌兰察布市			
鄂尔多斯市	630658	541286	116560
巴彦淖尔市	10402	10402	785
乌　海　市			
阿 拉 善 盟			

2-B-2.11　各地区国有总承包和专业承包企业固定资产情况

单位:万元

地　　区	固定资产原价	固定资产折旧	#本年折旧	在建工程
总　　计	**376998**	**183842**	**15844**	**59110**
呼和浩特市	50339	35153	1262	5919
包　头　市	181986	80103	8146	43337
呼伦贝尔市	12518	5002	480	
兴　安　盟	4501	1266	239	
通　辽　市	19742	11031	1970	
赤　峰　市				
锡林郭勒盟				
乌兰察布市				
鄂尔多斯市	107912	51287	3748	9853
巴彦淖尔市				
乌　海　市				
阿 拉 善 盟				

2-B-2.12 各地区国有总承包和专业承包企业负债及所有者权益

单位:万元

地区	负债合计	#流动负债	#应付账款	所有者权益	#实收资本
总计	**2137908**	**1986385**	**647482**	**751792**	**397287**
呼和浩特市	463743	461338	193665	55416	42991
包头市	1136686	1018156	288155	184853	181437
呼伦贝尔市	135975	135975	32628	6936	6104
兴安盟	116012	97512	51970	28227	20000
通辽市	9806	9806		110986	110986
赤峰市					
锡林郭勒盟					
乌兰察布市					
鄂尔多斯市	266308	254221	80975	364351	34769
巴彦淖尔市	9378	9378	90	1024	1000
乌海市					
阿拉善盟					

2-B-2.13 各地区国有总承包和专业承包企业实收资本

单位:万元

地区	合计	国家资本	集体资本	法人资本	个人资本	港澳台资本	外商资本
总计	**397287**	**370556**		**26253**	**478**		
呼和浩特市	42991	39738		3253			
包头市	181437	180959			478		
呼伦贝尔市	6104	6104					
兴安盟	20000			20000			
通辽市	110986	110986					
赤峰市							
锡林郭勒盟							
乌兰察布市							
鄂尔多斯市	34769	32769		2000			
巴彦淖尔市	1000			1000			
乌海市							
阿拉善盟							

2-B-2.14 各地区国有总承包和专业承包企业收入情况

单位:万元

地区	主营业务收入	#主营业务成本	#主营业务税金及附加	其他业务收入	#其他业务利润
总计	**1406702**	**1297736**	**2298**	**3661**	**1248**
呼和浩特市	224340	220195	925	176	91
包头市	811888	741225	440	2982	1136
呼伦贝尔市	87422	93773	381		
兴安盟	67331	54468	281	72	46
通辽市	28600	18618	54		
赤峰市					
锡林郭勒盟					
乌兰察布市					
鄂尔多斯市	185680	168064	213	432	-25
巴彦淖尔市	1441	1393	4		
乌海市					
阿拉善盟					

2-B-2.15 各地区国有总承包和专业承包企业费用情况

单位:万元

地区	管理费用	销售费用	财务费用	#利息收入	#利息支出
总计	**69809**	**297**	**41061**	**2411**	**38493**
呼和浩特市	5582		2755	293	2669
包头市	37138	131	31359	1510	28471
呼伦贝尔市	4797		1290	-39	1328
兴安盟	1519		2584	16	2596
通辽市	8155		92		
赤峰市					
锡林郭勒盟					
乌兰察布市					
鄂尔多斯市	12598	166	2992	642	3429
巴彦淖尔市	20		-10	-10	
乌海市					
阿拉善盟					

2-B-2.16 各地区国有总承包和专业承包企业利润及税金情况

单位:万元

地区	利润总额	#应交所得税	税金总额	主营业务税金及附加	应交增值税
总计	**-3747**	**2716**	**47204**	**2298**	**44906**
呼和浩特市	-9755	-2493	8030	925	7105
包头市	7608	2444	24079	440	23639
呼伦贝尔市	-11896	213	8213	381	7832
兴安盟	6584	1648	281	281	
通辽市	1681	420	221	54	167
赤峰市					
锡林郭勒盟					
乌兰察布市					
鄂尔多斯市	1996	475	6478	213	6266
巴彦淖尔市	34	8	-98	4	-102
乌海市					
阿拉善盟					

2-B-2.17 各地区国有总承包和专业承包企业应收工程款及企业亏损情况

地区	应收工程款(万元)	企业个数(个)	#亏损企业个数	亏损企业比重(%)
总计	**684146**	**22**	**6**	**27.3**
呼和浩特市	99164	5	1	20.0
包头市	373797	6	1	16.7
呼伦贝尔市	55371	2	1	50.0
兴安盟	74251	1		
通辽市	17014	1		
赤峰市				
锡林郭勒盟				
乌兰察布市				
鄂尔多斯市	64445	6	3	50.0
巴彦淖尔市	104	1		
乌海市				
阿拉善盟				

2-B-2.18　各地区国有总承包和专业承包企业主要经济效益指标

地　　区	产值利润率（%）	产值利税率（%）	资本利润率（%）	资本利税率（%）	人均利润（元/人）	人均利税（元/人）	资产负债率（%）
总　　计	**-0.3**	**3.1**	**-0.9**	**10.9**	**-1252.5**	**14524.3**	**74.0**
呼和浩特市	-3.3	-0.6	-22.7	-4.0	-21783.8	-3851.9	89.3
包 头 市	1.0	4.0	4.2	17.5	4653.6	19381.7	86.0
呼伦贝尔市	-12.6	-3.9	-194.9	-60.3	-40879.4	-12655.7	95.1
兴 安 盟	9.8	10.2	32.9	34.3	54909.9	57251.9	80.4
通 辽 市	5.9	6.7	1.5	1.7	24114.8	27286.9	8.1
赤 峰 市							
锡林郭勒盟							
乌兰察布市							
鄂尔多斯市	1.4	6.1	5.7	24.4	4671.7	19832.7	42.2
巴彦淖尔市	0.8	-1.5	3.4	-6.4	24571.4	-45571.4	90.2
乌 海 市							
阿 拉 善 盟							

2-B-2.19　各地区集体总承包和专业承包企业签订合同情况

单位:万元

地　　区	签订合同额		
		上年结转合同额	本年新签合同额
总　　计	**55776**	**774**	**55002**
呼和浩特市	729	564	165
包 头 市			
呼伦贝尔市	53469	210	53259
兴 安 盟			
通 辽 市	1578		1578
赤 峰 市			
锡林郭勒盟			
乌兰察布市			
鄂尔多斯市			
巴彦淖尔市			
乌 海 市			
阿 拉 善 盟			

2-B-2.20 各地区集体总承包和专业承包企业承包工程完成情况

单位:万元

地区	直接从建设单位承揽工程完成的产值	自行完成施工产值	分包出去工程的产值	从建设单位以外承揽工程完成的产值
总计	**55776**	**55776**		
呼和浩特市	729	729		
包头市				
呼伦贝尔市	53469	53469		
兴安盟				
通辽市	1578	1578		
赤峰市				
锡林郭勒盟				
乌兰察布市				
鄂尔多斯市				
巴彦淖尔市				
乌海市				
阿拉善盟				

2-B-2.21 各地区集体企业总承包和专业承包总产值和竣工产值

单位:万元

地区	建筑业总产值	#装饰装修产值	#在外省完成的产值	按构成分组			竣工产值
				建筑工程产值	安装工程产值	其他产值	
总计	**55776**	**600**		**47558**	**1578**	**6640**	**55776**
呼和浩特市	729			729			729
包头市							
呼伦贝尔市	53469	600		46829		6640	53469
兴安盟							
通辽市	1578				1578		1578
赤峰市							
锡林郭勒盟							
乌兰察布市							
鄂尔多斯市							
巴彦淖尔市							
乌海市							
阿拉善盟							

2-B-2.22　各地区集体总承包和专业承包企业房屋建筑面积

地　　区	房屋施工面积（万平方米）	#本年新开工	房屋竣工面积（万平方米）	房屋竣工率（%）
总　　计	**31**	**31**	**31**	**100.0**
呼和浩特市				
包　头　市				
呼伦贝尔市	31	31	31	100.0
兴　安　盟				
通　辽　市				
赤　峰　市				
锡林郭勒盟				
乌兰察布市				
鄂尔多斯市				
巴彦淖尔市				
乌　海　市				
阿 拉 善 盟				

2-B-2.23　各地区按主要用途分的集体总承包和专业承包企业房屋竣工面积

单位：万平方米

地　　区	合计	住宅房屋	商业及服务用房屋	办公用房　屋	科研、教育、医疗用房屋	文化、体育、娱乐用房屋	厂房及建筑物	仓库	其他未列明的房屋建筑物
总　　计	**31**	**21**	**1**	**1**	**2**	**1**			**6**
呼和浩特市									
包　头　市									
呼伦贝尔市	31	21	1	1	2	1			6
兴　安　盟									
通　辽　市									
赤　峰　市									
锡林郭勒盟									
乌兰察布市									
鄂尔多斯市									
巴彦淖尔市									
乌　海　市									
阿 拉 善 盟									

2-B-2.24 各地区按主要用途分的集体总承包和专业承包企业房屋竣工价值

单位:万元

地区	合计	住宅房屋	商业及服务用房屋	办公用房屋	科研、教育、医疗用房屋	文化、体育、娱乐用房屋	厂房及建筑物	仓库	其他未列明的房屋建筑物
总计	**53469**	**28994**	**1488**	**2769**	**4928**	**2561**			**12729**
呼和浩特市									
包头市									
呼伦贝尔市	53469	28994	1488	2769	4928	2561			12729
兴安盟									
通辽市									
赤峰市									
锡林郭勒盟									
乌兰察布市									
鄂尔多斯市									
巴彦淖尔市									
乌海市									
阿拉善盟									

2-B-2.25 各地区集体总承包和专业承包企业施工机械设备情况

地区	年末自有施工机械设备总台数(台)	年末自有施工机械设备总功率(千瓦)	年末自有施工机械设备净值(万元)	技术装备率(元/人)	动力装备率(千瓦时/人)
总计	**3625**	**25254**	**4747**	**18400**	**9.8**
呼和浩特市	4	65	6	2500	3.0
包头市					
呼伦贝尔市	3609	25099	4728	19073	10.1
兴安盟					
通辽市	12	90	14	1709	1.1
赤峰市					
锡林郭勒盟					
乌兰察布市					
鄂尔多斯市					
巴彦淖尔市					
乌海市					
阿拉善盟					

2-B-2.26　各地区集体总承包和专业承包企业主要生产效益指标

地　　区	建筑业企业个数（个）	从事建筑业活动的平均人数（人）	按总产值计算的劳动生产率（元/人）	人均竣工产值（元/人）	人均施工面积（平方米/人）	人均竣工面积（平方米/人）
总　　计	**5**	**2425**	**230002.5**	**230002.5**	**128.8**	**128.8**
呼和浩特市	NA	26	280192.3	280192.3		
包　头　市						
呼伦贝尔市	NA	2320	230469.8	230469.8	134.6	134.6
兴　安　盟						
通　辽　市	NA	79	199759.5	199759.5		
赤　峰　市						
锡林郭勒盟						
乌兰察布市						
鄂尔多斯市						
巴彦淖尔市						
乌　海　市						
阿拉善盟						

2-B-2.27　各地区集体总承包和专业承包企业营业收入

单位:万元

地　　区	营业收入	在境外完成的营业收入	企业总产值	建筑业总产值
总　　计	**51485**		**57771**	**55776**
呼和浩特市	416		2724	729
包　头　市				
呼伦贝尔市	49491		53469	53469
兴　安　盟				
通　辽　市	1578		1578	1578
赤　峰　市				
锡林郭勒盟				
乌兰察布市				
鄂尔多斯市				
巴彦淖尔市				
乌　海　市				
阿拉善盟				

2-B-2.28 各地区集体总承包和专业承包企业资产构成

单位:万元

地　　区	资产总计		
		流动资产合计	
			#存货
总　　计	**22066**	**15838**	**6048**
呼和浩特市	4012	3876	1406
包 头 市			
呼伦贝尔市	16222	10200	4633
兴 安 盟			
通 辽 市	1831	1761	9
赤 峰 市			
锡林郭勒盟			
乌兰察布市			
鄂尔多斯市			
巴彦淖尔市			
乌 海 市			
阿 拉 善 盟			

2-B-2.29 各地区集体总承包和专业承包企业固定资产情况

单位:万元

地　　区	固定资产原价	固定资产折旧		在建工程
			#本年折旧	
总　　计	**2682**	**754**	**51**	
呼和浩特市	402	266	10	
包 头 市				
呼伦贝尔市	1866	129	22	
兴 安 盟				
通 辽 市	414	359	19	
赤 峰 市				
锡林郭勒盟				
乌兰察布市				
鄂尔多斯市				
巴彦淖尔市				
乌 海 市				
阿 拉 善 盟				

2-B-2.30　各地区集体总承包和专业承包企业负债及所有者权益

单位:万元

地　　区	负债合计	#流动负债	#应付账款	所有者权益	#实收资本
总　　计	**10737**	**10782**	**1687**	**11329**	**11357**
呼和浩特市	3251	3251	348	761	662
包 头 市					
呼伦贝尔市	6027	6072		10195	10195
兴 安 盟					
通 辽 市	1459	1459	1339	373	500
赤 峰 市					
锡林郭勒盟					
乌兰察布市					
鄂尔多斯市					
巴彦淖尔市					
乌 海 市					
阿 拉 善 盟					

2-B-2.31　各地区集体总承包和专业承包企业实收资本

单位:万元

地　　区	合计	国家资本	集体资本	法人资本	个人资本	港澳台资本	外商资本
总　　计	**11357**		**2655**		**8702**		
呼和浩特市	662		662				
包 头 市							
呼伦贝尔市	10195		1550		8645		
兴 安 盟							
通 辽 市	500		443		57		
赤 峰 市							
锡林郭勒盟							
乌兰察布市							
鄂尔多斯市							
巴彦淖尔市							
乌 海 市							
阿 拉 善 盟							

2-B-2.32 各地区集体总承包和专业承包企业收入情况

单位:万元

地　　区	主营业务收入	#主营业务成本	#主营业务税金及附加	其他业务收入	#其他业务利润
总　　计	**51485**	**46490**	**1203**		
呼和浩特市	416	381	5		
包 头 市					
呼伦贝尔市	49491	44746	1192		
兴 安 盟					
通 辽 市	1578	1363	6		
赤 峰 市					
锡林郭勒盟					
乌兰察布市					
鄂尔多斯市					
巴彦淖尔市					
乌 海 市					
阿 拉 善 盟					

2-B-2.33 各地区集体总承包和专业承包企业费用情况

单位:万元

地　　区	管理费用	销售费用	财务费用	#利息收入	#利息支出
总　　计	**1522**				
呼和浩特市	27				
包 头 市					
呼伦贝尔市	1304				
兴 安 盟					
通 辽 市	192				
赤 峰 市					
锡林郭勒盟					
乌兰察布市					
鄂尔多斯市					
巴彦淖尔市					
乌 海 市					
阿 拉 善 盟					

2-B-2.34　各地区集体总承包和专业承包企业利润及税金情况

单位:万元

地　区	利润总额		税金总额		
		#应交所得税		主营业务税金及附加	应交增值税
总　　计	**2332**	**711**	**2917**	**1203**	**1715**
呼和浩特市	4		9	5	5
包 头 市					
呼伦贝尔市	2312	711	2835	1192	1644
兴 安 盟					
通 辽 市	16		73	6	67
赤 峰 市					
锡林郭勒盟					
乌兰察布市					
鄂尔多斯市					
巴彦淖尔市					
乌 海 市					
阿 拉 善 盟					

2-B-2.35　各地区集体总承包和专业承包企业应收工程款及企业亏损情况

地　区	应收工程款（万元）	企业个数（个）		亏损企业比重（%）
			#亏损企业个数	
总　　计	**1123**	**5**	**1**	**20.0**
呼和浩特市	688	1		
包 头 市				
呼伦贝尔市	435	3	1	33.3
兴 安 盟				
通 辽 市		1		
赤 峰 市				
锡林郭勒盟				
乌兰察布市				
鄂尔多斯市				
巴彦淖尔市				
乌 海 市				
阿 拉 善 盟				

2-B-2.36 各地区集体总承包和专业承包企业主要经济效益指标

地　　区	产值利润率(%)	产值利税率(%)	资本利润率(%)	资本利税率(%)	人均利润(元/人)	人均利税(元/人)	资产负债率(%)
总　　计	**4.2**	**9.4**	**20.5**	**46.2**	**9614.8**	**21644.9**	**48.7**
呼和浩特市	0.5	1.7	0.5	1.9	1384.6	4846.2	81.0
包 头 市							
呼伦贝尔市	4.3	9.6	22.7	50.5	9963.8	22184.5	37.2
兴 安 盟							
通 辽 市	1.0	5.7	3.3	17.9	2075.9	11329.1	79.7
赤 峰 市							
锡林郭勒盟							
乌兰察布市							
鄂尔多斯市							
巴彦淖尔市							
乌 海 市							
阿 拉 善 盟							

2-B-2.37 各地区私营总承包和专业承包企业签订合同情况

单位:万元

地　　区	签订合同额	上年结转合同额	本年新签合同额
总　　计	**6855460**	**3316035**	**3539425**
呼和浩特市	828298	311512	516787
包 头 市	1155765	457414	698351
呼伦贝尔市	163327	88354	74973
兴 安 盟	236736	105864	130872
通 辽 市	394946	136466	258480
赤 峰 市	2135342	986960	1148382
锡林郭勒盟	29786	15042	14744
乌兰察布市	463319	294817	168502
鄂尔多斯市	1262489	845227	417263
巴彦淖尔市	62599	19632	42966
乌 海 市	68152	31778	36374
阿 拉 善 盟	54701	22969	31732

2-B-2.38　各地区私营总承包和专业承包企业承包工程完成情况

单位：万元

地　　区	直接从建设单位承揽工程完成的产值	自行完成施工产值	分包出去工程的产值	从建设单位以外承揽工程完成的产值
总　　计	**3409970**	**3390986**	**18985**	**52099**
呼和浩特市	370877	370877		3360
包 头 市	521297	519737	1560	29917
呼伦贝尔市	98669	98669		281
兴 安 盟	146503	145598	906	957
通 辽 市	230520	221337	9183	1195
赤 峰 市	1083184	1081163	2021	6679
锡林郭勒盟	25538	25423	115	115
乌兰察布市	206422	206422		
鄂尔多斯市	592365	588116	4248	8230
巴彦淖尔市	35954	35938	16	20
乌 海 市	50838	49902	936	1346
阿 拉 善 盟	47804	47804		

2-B-2.39　各地区私营总承包和专业承包总产值和竣工产值

单位：万元

地　　区	建筑业总产值	#装饰装修产值	#在外省完成的产值	按构成分组			竣工产值
				建筑工程产值	安装工程产值	其他产值	
总　　计	**3443085**	**146910**	**503168**	**2938621**	**175567**	**328896**	**1903334**
呼和浩特市	374237	19174	7205	305818	29061	39359	123687
包 头 市	549654	20553	67742	482570	34531	32553	342702
呼伦贝尔市	98950	1690	189	84151	1200	13599	72410
兴 安 盟	146554	57838	99	133761	8094	4700	72373
通 辽 市	222532	13749		126840	50577	45115	85282
赤 峰 市	1087842	16871	389060	1044805	12199	30838	616778
锡林郭勒盟	25538		538	23060	1330	1148	22470
乌兰察布市	206422		4611	172954	13026	20442	195974
鄂尔多斯市	596346	2405	33724	440854	20277	135215	322403
巴彦淖尔市	35958	10131		30299	1388	4272	22847
乌 海 市	51248	4499		45918	3886	1444	24500
阿 拉 善 盟	47804			47592		212	1908

2-B-2.40 各地区私营总承包和专业承包企业房屋建筑面积

地 区	房屋施工面积(万平方米)	#本年新开工	房屋竣工面积(万平方米)	房屋竣工率(%)
总 计	**1860**	**979**	**590**	**31.7**
呼和浩特市	276	150	34	12.4
包 头 市	127	39	39	30.6
呼伦贝尔市	64	32	33	52.5
兴 安 盟	43	31	20	45.8
通 辽 市	97	58	25	25.8
赤 峰 市	889	545	292	32.9
锡林郭勒盟	4	1	1	35.2
乌兰察布市	226	79	92	40.5
鄂尔多斯市	44	25	42	95.5
巴彦淖尔市	6	2	1	23.9
乌 海 市	40	12	9	21.7
阿 拉 善 盟	44	5	1	2.4

2-B-2.41 各地区按主要用途分的私营总承包和专业承包企业房屋竣工面积

单位:万平方米

地 区	合计	住宅房屋	商业及服务用房屋	办公用房屋	科研、教育、医疗用房屋	文化、体育、娱乐用房屋	厂房及建筑物	仓库	其他未列明的房屋建筑物
总 计	**590**	**478**	**7**	**18**	**30**	**8**	**16**		**33**
呼和浩特市	34	34	1						
包 头 市	39	28		5		1	3		1
呼伦贝尔市	33	22		2	1	4	2		2
兴 安 盟	20	20							
通 辽 市	25	13		2	5		1		3
赤 峰 市	292	248	1	3	18	1	3		19
锡林郭勒盟	1	1							
乌兰察布市	92	85	2	1	1		3		
鄂尔多斯市	42	21	2	4	4	2	3		5
巴彦淖尔市	1	1							
乌 海 市	9	4	1				2		2
阿 拉 善 盟	1	1							

2-B-2.42　各地区按主要用途分的私营总承包和专业承包企业房屋竣工价值

单位:万元

地　　区	合计	住宅房屋	商业及服务用房屋	办公用房　屋	科研、教育、医疗用房屋	文化、体育、娱乐用房屋	厂房及建筑物	仓库	其他未列明的房屋建筑物
总　　计	**989240**	**782082**	**13154**	**34173**	**82644**	**13052**	**26412**	**425**	**37299**
呼和浩特市	70255	68430	1769						56
包　头　市	61056	40738		10412	155	699	7399		1654
呼伦贝尔市	63574	44173	1122	4448	2970	4599	2062		4202
兴　安　盟	49105	49105							
通　辽　市	41704	15677	142	3621	12850		1414	425	7576
赤　峰　市	488240	398410	1519	8490	57394	1844	4020		16563
锡林郭勒盟	3161	1627	1187	31			281		36
乌兰察布市	133494	121210	3186	2671	2978		3450		
鄂尔多斯市	56863	29868	3161	3956	5697	5910	4538		3732
巴彦淖尔市	2528	2528							
乌　海　市	17788	9200	1068	410	380		3250		3480
阿 拉 善 盟	1472	1117		135	220				

2-B-2.43　各地区私营总承包和专业承包企业施工机械设备情况

地　　区	年末自有施工机械设备总台数（台）	年末自有施工机械设备总功率（千瓦）	年末自有施工机械设备净值（万元）	技术装备率（元/人）	动力装备率（千瓦/人）
总　　计	**21912**	**445076**	**184278**	**18619**	**4.5**
呼和浩特市	3449	66306	13241	13185	6.6
包　头　市	860	23398	5050	3247	1.5
呼伦贝尔市	1343	27394	14334	42035	8.0
兴　安　盟	1725	32289	4041	15402	12.3
通　辽　市	399	13629	9035	17080	2.6
赤　峰　市	9932	154765	59558	15139	3.9
锡林郭勒盟	160	10198	3605	44015	12.5
乌兰察布市	1200	12864	8046	16784	2.7
鄂尔多斯市	1753	86180	63567	50195	6.8
巴彦淖尔市	423	2732	821	8404	2.8
乌　海　市	416	11885	1563	6352	4.8
阿 拉 善 盟	252	3436	1417	14267	3.5

2-B-2.44 各地区私营总承包和专业承包企业主要生产效益指标

地区	建筑业企业个数(个)	从事建筑业活动的平均人数(人)	按总产值计算的劳动生产率(元/人)	人均竣工产值(元/人)	人均施工面积(平方米/人)	人均竣工面积(平方米/人)
总　　计	**482**	**133707**	**257509.7**	**142351.1**	**139.1**	**44.1**
呼和浩特市	88	12131	308496.7	101959.6	227.4	28.2
包头市	39	22662	242544.2	151223.3	56.1	17.2
呼伦贝尔市	20	7246	136558.0	99931.1	88.0	46.1
兴安盟	24	4370	335364.8	165613.5	97.8	44.8
通辽市	53	8401	264887.0	101513.7	115.4	29.7
赤峰市	76	51269	212183.2	120302.4	173.5	57.0
锡林郭勒盟	12	1569	162763.5	143211.6	25.4	8.9
乌兰察布市	22	6990	295310.9	280363.4	323.9	131.2
鄂尔多斯市	110	14322	416384.7	225110.1	30.5	29.1
巴彦淖尔市	11	1302	276175.9	175477.7	45.8	11.0
乌海市	19	2391	214335.8	102466.3	168.3	36.5
阿拉善盟	8	1054	453549.3	18101.5	420.3	10.2

2-B-2.45 各地区私营总承包和专业承包企业营业收入

单位:万元

地区	营业收入	在境外完成的营业收入	企业总产值	建筑业总产值
总　　计	**4496954**	**23693**	**3627005**	**3443085**
呼和浩特市	437837	2801	409821	374237
包头市	562039		551736	549654
呼伦贝尔市	107653		100150	98950
兴安盟	450834		150860	146554
通辽市	257183		235563	222532
赤峰市	1152877	834	1153398	1087842
锡林郭勒盟	27282		25642	25538
乌兰察布市	446293	5474	207971	206422
鄂尔多斯市	874097	14584	650698	596346
巴彦淖尔市	37466		35958	35958
乌海市	85737		54749	51248
阿拉善盟	57655		50460	47804

2-B-2.46　各地区私营总承包和专业承包企业资产构成

单位:万元

地　　区	资产总计	流动资产合计	#存货
总　　计	**8772850**	**6840128**	**737765**
呼和浩特市	887525	767396	86970
包　头　市	698644	642236	98499
呼伦贝尔市	251667	221563	10533
兴　安　盟	346314	310498	43559
通　辽　市	238702	192739	29604
赤　峰　市	922931	793870	112770
锡林郭勒盟	43789	36410	2313
乌兰察布市	191112	168178	52458
鄂尔多斯市	4911311	3452539	290924
巴彦淖尔市	32318	27600	4205
乌　海　市	202449	185568	3095
阿　拉　善　盟	46089	41530	2835

2-B-2.47　各地区私营总承包和专业承包企业固定资产情况

单位:万元

地　　区	固定资产原价	固定资产折旧	#本年折旧	在建工程
总　　计	**983334**	**434459**	**106381**	**224162**
呼和浩特市	109796	52520	6923	23092
包　头　市	43011	20427	4224	2411
呼伦贝尔市	24333	9857	919	4070
兴　安　盟	36977	17601	3034	9297
通　辽　市	31933	11899	3644	1381
赤　峰　市	117048	36894	5619	17029
锡林郭勒盟	12370	5661	1154	514
乌兰察布市	26791	12200	2106	4107
鄂尔多斯市	551940	251863	76655	161926
巴彦淖尔市	4470	2262	232	
乌　海　市	15281	8068	1013	310
阿　拉　善　盟	9383	5207	858	26

2-B-2.48 各地区私营总承包和专业承包企业负债及所有者权益

单位:万元

地区	负债合计	#流动负债	#应付账款	所有者权益	#实收资本
总计	**6198283**	**5803594**	**1598595**	**2574567**	**1542295**
呼和浩特市	599175	560254	236942	288349	196676
包头市	561535	545849	240300	137109	106226
呼伦贝尔市	182437	158148	115068	69229	46725
兴安盟	233863	224778	36605	112451	60800
通辽市	135669	109469	41312	103033	80049
赤峰市	559631	529363	180866	363300	247484
锡林郭勒盟	15217	15189	10910	28572	20434
乌兰察布市	110646	106119	40306	80466	55113
鄂尔多斯市	3682089	3439593	656908	1229222	598542
巴彦淖尔市	5336	5236	-875	26982	18588
乌海市	93992	90986	34164	108457	88313
阿拉善盟	18691	18611	6089	27398	23344

2-B-2.49 各地区私营总承包和专业承包企业实收资本

单位:万元

地区	合计	国家资本	集体资本	法人资本	个人资本	港澳台资本	外商资本
总计	**1542295**	**1309**	**4786**	**384231**	**1151969**		
呼和浩特市	196676	40	45	33387	163204		
包头市	106226		600	15901	89725		
呼伦贝尔市	46725			8321	38404		
兴安盟	60800		2745	10467	47589		
通辽市	80049			27111	52938		
赤峰市	247484	1269	1000	34624	210591		
锡林郭勒盟	20434		396	16438	3600		
乌兰察布市	55113			14687	40426		
鄂尔多斯市	598542			167604	430938		
巴彦淖尔市	18588			6130	12458		
乌海市	88313			28860	59453		
阿拉善盟	23344			20701	2643		

2-B-2.50　各地区私营总承包和专业承包企业收入情况

单位:万元

地　　区	主营业务收入	#主营业务成本	#主营业务税金及附加	其他业务收入	#其他业务利润
总　　计	**4385184**	**3931321**	**42217**	**111771**	**3488**
呼和浩特市	435812	387106	4494	2026	174
包　头　市	558630	529023	4057	3409	493
呼伦贝尔市	107546	97509	807	107	19
兴　安　盟	450832	397100	3656	2	
通　辽　市	246156	222639	2128	11027	
赤　峰　市	1107147	983070	12298	45731	
锡林郭勒盟	27270	23518	220	12	
乌兰察布市	446293	412979	5610		
鄂尔多斯市	827875	726138	7508	46223	672
巴彦淖尔市	36856	31736	371	610	
乌　海　市	83113	71897	694	2624	2132
阿拉善盟	57655	48606	374		

2-B-2.51　各地区私营总承包和专业承包企业费用情况

单位:万元

地　　区	管理费用	销售费用	财务费用	#利息收入	#利息支出
总　　计	**152351**	**11636**	**75226**	**268**	**29762**
呼和浩特市	21161	379	1906	-84	1588
包　头　市	15521	86	213	177	63
呼伦贝尔市	3574	75	62	5	53
兴　安　盟	6782	129	1367	25	436
通　辽　市	9329	426	255	20	184
赤　峰　市	36232	1115	15271	169	9066
锡林郭勒盟	2419	3	41	-3	21
乌兰察布市	6310	6012	987	3	65
鄂尔多斯市	43007	3245	52434	-66	16078
巴彦淖尔市	1374		29		11
乌　海　市	3435	145	2144	23	2113
阿拉善盟	3208	20	516		86

2-B-2.52 各地区私营总承包和专业承包企业利润及税金情况

单位:万元

地　　区	利润总额	#应交所得税	税金总额	主营业务税金及附加	应交增值税
总　　计	**156851**	**53556**	**186732**	**42217**	**144515**
呼和浩特市	19872	6464	19275	4494	14781
包 头 市	9553	2459	20866	4057	16809
呼伦贝尔市	5690	2077	3867	807	3059
兴 安 盟	43927	8765	10885	3656	7229
通 辽 市	8210	2930	14457	2128	12329
赤 峰 市	36578	12933	49035	12298	36737
锡林郭勒盟	881	64	513	220	293
乌兰察布市	14429	7135	24201	5610	18591
鄂尔多斯市	14255	8179	34721	7508	27214
巴彦淖尔市	1910	681	2859	371	2489
乌 海 市	-2706	706	3914	694	3220
阿 拉 善 盟	4251	1163	2140	374	1765

2-B-2.53 各地区私营总承包和专业承包企业应收工程款及企业亏损情况

地　　区	应收工程款(万元)	企业个数(个)	#亏损企业个数	亏损企业比重(%)
总　　计	**2104661**	**482**	**106**	**22.0**
呼和浩特市	323230	88	19	21.6
包 头 市	254960	39	5	12.8
呼伦贝尔市	111728	20	5	25.0
兴 安 盟	55687	24	7	29.2
通 辽 市	87729	53	8	15.1
赤 峰 市	380498	76	18	23.7
锡林郭勒盟	15079	12	2	16.7
乌兰察布市	42893	22	3	13.6
鄂尔多斯市	737939	110	27	24.5
巴彦淖尔市	9869	11	2	18.2
乌 海 市	71113	19	7	36.8
阿 拉 善 盟	13937	8	3	37.5

2-B-2.54　各地区私营总承包和专业承包企业主要经济效益指标

地　　区	产值利润率（%）	产值利税率（%）	资本利润率（%）	资本利税率（%）	人均利润（元/人）	人均利税（元/人）	资产负债率（%）
总　　计	**4.6**	**10.0**	**10.2**	**22.3**	**11730.9**	**25696.7**	**70.7**
呼和浩特市	5.3	10.5	10.1	19.9	16381.5	32270.6	67.5
包 头 市	1.7	5.5	9.0	28.6	4215.5	13422.8	80.4
呼伦贝尔市	5.8	9.7	12.2	20.5	7852.3	13188.4	72.5
兴 安 盟	30.0	37.4	72.2	90.2	100520.4	125429.5	67.5
通 辽 市	3.7	10.2	10.3	28.3	9772.5	26981.4	56.8
赤 峰 市	3.4	7.9	14.8	34.6	7134.4	16698.7	60.6
锡林郭勒盟	3.4	5.5	4.3	6.8	5615.0	8882.1	34.8
乌兰察布市	7.0	18.7	26.2	70.1	20642.9	55264.7	57.9
鄂尔多斯市	2.4	8.2	2.4	8.2	9953.0	34196.3	75.0
巴彦淖尔市	5.3	13.3	10.3	25.7	14668.2	36628.3	16.5
乌 海 市	-5.3	2.4	-3.1	1.4	-11315.8	5053.5	46.4
阿 拉 善 盟	8.9	13.4	18.2	27.4	40334.9	60634.7	40.6

2-B-2.55　各地区股份制总承包和专业承包企业签订合同情况

单位：万元

地　　区	签订合同额	上年结转合同额	本年新签合同额
总　　计	**10504583**	**5271188**	**5233395**
呼和浩特市	3460296	1766866	1693430
包 头 市	1735203	959034	776169
呼伦贝尔市	460797	150803	309994
兴 安 盟	211013	100726	110286
通 辽 市	354831	124336	230495
赤 峰 市	1060767	419583	641184
锡林郭勒盟	109819	21875	87944
乌兰察布市	338587	260096	78491
鄂尔多斯市	1074475	390201	684274
巴彦淖尔市	1141251	706645	434606
乌 海 市	393082	292673	100409
阿 拉 善 盟	164464	78349	86114

2-B-2.56 各地区股份制总承包和专业承包企业承包工程完成情况

单位:万元

地 区	直接从建设单位承揽工程完成的产值	自行完成施工产值	分包出去工程的产值	从建设单位以外承揽工程完成的产值
总 计	**5761953**	**5734711**	**27242**	**39061**
呼和浩特市	1576739	1564237	12502	10629
包 头 市	898718	898718		1204
呼伦贝尔市	367146	367146		300
兴 安 盟	209688	209688		
通 辽 市	242873	241312	1561	3282
赤 峰 市	737317	737317		6626
锡林郭勒盟	81276	81274	3	917
乌兰察布市	195168	191230	3937	14188
鄂尔多斯市	741901	732702	9199	1685
巴彦淖尔市	427938	427898	40	40
乌 海 市	186037	186037		189
阿 拉 善 盟	97153	97153		

2-B-2.57 各地区股份制总承包和专业承包企业总产值和竣工产值

单位:万元

地 区	建筑业总产值	装饰装修产 值	在外省完成的产值	按构成分组			竣工产值
				建筑工程产 值	安装工程产 值	其他产值	
总 计	**5773772**	**53117**	**113264**	**4918189**	**302162**	**553421**	**2961448**
呼和浩特市	1574866	16393	86638	1221928	81556	271382	701968
包 头 市	899921	11947	4923	803478	64114	32330	254599
呼伦贝尔市	367446	1395		338679	16295	12472	234981
兴 安 盟	209688	6		177314	8859	23516	154089
通 辽 市	244594		135	204855	22580	17159	195279
赤 峰 市	743943	17349	10890	664883	23036	56025	474590
锡林郭勒盟	82191	74		64421	16786	984	64488
乌兰察布市	205419			201273	3358	788	134633
鄂尔多斯市	734387	1813	3969	602990	30210	101187	260411
巴彦淖尔市	427938	740	1729	383950	20420	23567	340140
乌 海 市	186227	1647	4980	165176	8959	12092	86241
阿 拉 善 盟	97153	1753		89242	5991	1920	60029

2-B-2.58　各地区股份制总承包和专业承包企业房屋建筑面积

地　　区	房屋施工面积（万平方米）	#本年新开工	房屋竣工面积（万平方米）	房屋竣工率（%）
总　　计	**2402**	**1086**	**961**	**40.0**
呼和浩特市	551	141	183	33.3
包 头 市	299	128	86	28.7
呼伦贝尔市	198	118	112	56.4
兴 安 盟	101	51	55	54.9
通 辽 市	162	86	76	46.7
赤 峰 市	410	244	190	46.2
锡林郭勒盟	51	34	33	64.7
乌兰察布市	75	22	34	44.6
鄂尔多斯市	113	79	35	30.9
巴彦淖尔市	292	139	116	39.7
乌 海 市	121	17	29	24.1
阿 拉 善 盟	29	26	13	43.5

2-B-2.59　各地区按主要用途分的股份制总承包和专业承包企业房屋竣工面积

单位：万平方米

地　　区	合计	住宅房屋	商业及服务用房屋	办公用房屋	科研、教育、医疗用房屋	文化、体育、娱乐用房屋	厂房及建筑物	仓库	其他未列明的房屋建筑物
总　　计	**961**	**777**	**24**	**30**	**37**	**5**	**43**	**3**	**43**
呼和浩特市	183	157	5	13	3	1	1		3
包 头 市	86	57	7	5	5	1	7	2	2
呼伦贝尔市	112	105	3	1			1		1
兴 安 盟	55	31	1	2	1	1	1		18
通 辽 市	76	53			13	1	6		3
赤 峰 市	190	172	4	1	3		5		5
锡林郭勒盟	33	24					2		7
乌兰察布市	34	30					4		
鄂尔多斯市	35	15		7	6		3		4
巴彦淖尔市	116	108	2		5				
乌 海 市	29	24					5		
阿 拉 善 盟	13	2			1	1	8		

2-B-2.60 各地区按主要用途分的股份制总承包和专业承包企业房屋竣工价值

单位:万元

地 区	合计	住宅房屋	商业及服务用房屋	办公用房 屋	科研、教育、医疗用房屋	文化、体育、娱乐用房屋	厂房及建筑物	仓库	其他未列明的房屋建筑物
总 计	**1547859**	**1221834**	**34591**	**60464**	**83465**	**7765**	**57742**	**4997**	**77002**
呼和浩特市	310914	265106	4556	24560	9006	2872	1568	271	2976
包 头 市	150578	99499	9675	8921	7641	1102	17824	3386	2530
呼伦贝尔市	199660	161307	6622	3413	575		1504	540	25700
兴 安 盟	92225	70260	1457	1731	2217	994	1440		14126
通 辽 市	122297	73469		793	38655	997	3317		5066
赤 峰 市	274630	248391	5436	700	3417		8834		7854
锡林郭勒盟	47562	34910	300	493	657		2420		8783
乌兰察布市	34138	28264					5875		
鄂尔多斯市	65329	24515		17878	11514	1054	1465		8903
巴彦淖尔市	181785	165157	5544	720	9042		368		953
乌 海 市	53644	47262	782	540			5060		
阿 拉 善 盟	15096	3696	220	716	741	745	8068	800	110

2-B-2.61 各地区股份制总承包和专业承包企业施工机械设备情况

地 区	年末自有施工机械设备总台数(台)	年末自有施工机械设备总功率(千瓦)	年末自有施工机械设备净值(万元)	技术装备率(元/人)	动力装备率(千瓦/人)
总 计	**38524**	**853011**	**229338**	**18451**	**6.9**
呼和浩特市	7894	191908	47604	22208	9.0
包 头 市	9250	93482	17019	6440	3.5
呼伦贝尔市	2327	57200	17856	12107	3.9
兴 安 盟	725	19233	3926	13211	6.5
通 辽 市	1800	38468	12522	16726	5.1
赤 峰 市	7167	167848	38051	19883	8.8
锡林郭勒盟	859	31954	8503	31550	11.9
乌兰察布市	1205	20016	3073	10639	6.9
鄂尔多斯市	2146	21757	39211	50543	2.8
巴彦淖尔市	2909	98093	21648	19151	8.7
乌 海 市	1567	83959	12698	22929	15.2
阿 拉 善 盟	675	29093	7226	37972	15.3

2-B-2.62　各地区股份制总承包和专业承包企业主要生产效益指标

地　　区	建筑业企业个数（个）	从事建筑业活动的平均人数（人）	按总产值计算的劳动生产率（元/人）	人均竣工产值（元/人）	人均施工面积（平方米/人）	人均竣工面积（平方米/人）
总　　计	**515**	**160569**	**359582.0**	**184434.6**	**149.6**	**59.8**
呼和浩特市	59	32247	488376.0	217684.6	170.8	56.8
包 头 市	72	31046	289867.1	82007.1	96.3	27.7
呼伦贝尔市	50	17958	204613.8	130850.4	110.4	62.3
兴 安 盟	12	4217	497245.2	365400.0	238.5	130.8
通 辽 市	51	10191	240009.7	191619.1	159.4	74.4
赤 峰 市	72	22941	324285.4	206874.2	178.9	82.7
锡林郭勒盟	31	3614	227423.4	178438.8	140.6	91.0
乌兰察布市	15	3266	628960.5	412226.3	230.3	102.8
鄂尔多斯市	53	11926	615786.6	218355.9	94.7	29.3
巴彦淖尔市	60	14417	296828.5	235929.7	202.3	80.4
乌 海 市	19	6888	270363.7	125204.4	175.6	42.4
阿 拉 善 盟	21	1858	522892.4	323085.0	157.7	68.5

2-B-2.63　各地区股份制总承包和专业承包企业营业收入

单位：万元

地　　区	营业收入	在境外完成的营业收入	企业总产值	建筑业总产值
总　　计	**6455865**	**557**	**6013875**	**5773772**
呼和浩特市	1710643		1629242	1574866
包 头 市	963186		923921	899921
呼伦贝尔市	327134		404388	367446
兴 安 盟	153445		209805	209688
通 辽 市	287064		248464	244594
赤 峰 市	874995	175	749799	743943
锡林郭勒盟	146137		83312	82191
乌兰察布市	257108		205419	205419
鄂尔多斯市	765532		783456	734387
巴彦淖尔市	620290	382	484656	427938
乌 海 市	217632		188861	186227
阿 拉 善 盟	132699		102551	97153

2-B-2.64 各地区股份制总承包和专业承包企业资产构成

单位:万元

地区	资产总计	流动资产合计	#存货
总计	**10507175**	**8294475**	**903028**
呼和浩特市	3699913	2738682	184134
包头市	1419330	1234576	162171
呼伦贝尔市	517901	415800	36881
兴安盟	180246	165188	7850
通辽市	421203	343432	48125
赤峰市	881521	701123	118497
锡林郭勒盟	280627	235409	60189
乌兰察布市	232860	208527	34020
鄂尔多斯市	1374158	980474	80246
巴彦淖尔市	1037894	868234	133928
乌海市	305971	272334	20816
阿拉善盟	155551	130696	16173

2-B-2.65 各地区股份制总承包和专业承包企业固定资产情况

单位:万元

地区	固定资产原价	固定资产折旧	#本年折旧	在建工程
总计	**1139393**	**532877**	**68630**	**99709**
呼和浩特市	272623	137137	18442	11097
包头市	140790	67723	8022	2494
呼伦贝尔市	118590	67043	5991	9447
兴安盟	19706	9090	2379	395
通辽市	53461	27267	4277	3168
赤峰市	151406	50781	6163	5964
锡林郭勒盟	35352	20086	2359	2710
乌兰察布市	27181	11583	1532	8873
鄂尔多斯市	145388	60666	8495	10819
巴彦淖尔市	97798	40010	6897	43228
乌海市	55948	32563	2860	820
阿拉善盟	21150	8928	1214	695

2-B-2.66 各地区股份制总承包和专业承包企业负债及所有者权益

单位:万元

地　　区	负债合计	#流动负债	#应付账款	所有者权益	#实收资本
总　　计	**6857448**	**6459467**	**2219113**	**3649727**	**2141870**
呼和浩特市	2545686	2365984	745036	1154227	573779
包 头 市	1098723	1080302	518833	320607	245896
呼伦贝尔市	316820	294040	85925	201081	131207
兴 安 盟	139675	126137	31438	40571	25972
通 辽 市	243163	236809	116464	178040	139336
赤 峰 市	487825	435244	198595	393696	239923
锡林郭勒盟	184597	168120	61216	96029	74268
乌兰察布市	176755	174556	14875	56105	30626
鄂尔多斯市	771178	747610	307122	602980	366644
巴彦淖尔市	630673	592780	32689	407220	189729
乌 海 市	194408	170899	72019	111563	69865
阿 拉 善 盟	67945	66986	34901	87607	54624

2-B-2.67 各地区股份制总承包和专业承包企业实收资本

单位:万元

地　　区	合计	国家资本	集体资本	法人资本	个人资本	港澳台资本	外商资本
总　　计	**2141870**	**271178**	**105971**	**599192**	**1165117**		**413**
呼和浩特市	573779	148417	7622	184953	232376		413
包 头 市	245896	53405	31435	57990	103067		
呼伦贝尔市	131207	24140	13499	26315	67254		
兴 安 盟	25972	7473	2885	6300	9314		
通 辽 市	139336	4460	19523	45616	69737		
赤 峰 市	239923	5974	7028	38648	188273		
锡林郭勒盟	74268	829	6925	30620	35895		
乌兰察布市	30626	8584	5945	1510	14588		
鄂尔多斯市	366644	5237	1310	101709	258388		
巴彦淖尔市	189729	9632	3509	57613	118975		
乌 海 市	69865	3060	6291	6490	54025		
阿 拉 善 盟	54624	－32		41430	13226		

2-B-2.68 各地区股份制总承包和专业承包企业收入情况

单位:万元

地区	主营业务收入	#主营业务成本	#主营业务税金及附加	其他业务收入	#其他业务利润
总计	**6359509**	**5588684**	**64822**	**96356**	**6674**
呼和浩特市	1693482	1436458	9888	17161	1695
包头市	951398	876513	6513	11789	864
呼伦贝尔市	322830	265843	4551	4304	685
兴安盟	152711	138537	3823	733	
通辽市	275526	237179	3088	11537	166
赤峰市	846550	745967	12835	28445	213
锡林郭勒盟	145712	137925	2707	425	
乌兰察布市	249088	218118	5924	8020	
鄂尔多斯市	757427	664388	3731	8105	2158
巴彦淖尔市	618718	555387	6203	1571	142
乌海市	213498	195573	4374	4135	623
阿拉善盟	132568	116797	1185	132	128

2-B-2.69 各地区股份制总承包和专业承包企业费用情况

单位:万元

地区	管理费用	销售费用	财务费用	#利息收入	#利息支出
总计	**313796**	**22649**	**71124**	**4020**	**55761**
呼和浩特市	117654	4610	41930	3477	39562
包头市	32491	184	6535	297	1836
呼伦贝尔市	17258	272	2970	61	1452
兴安盟	6825		296	4	277
通辽市	18233	561	507	25	367
赤峰市	28406	16036	5764	-268	1931
锡林郭勒盟	4939	73	357	-31	294
乌兰察布市	12469	18	116	130	77
鄂尔多斯市	39602	545	8718	117	7474
巴彦淖尔市	20173	168	1634	68	1493
乌海市	6819	5	1139	6	30
阿拉善盟	8927	176	1158	136	968

2-B-2.70　各地区股份制总承包和专业承包企业利润及税金情况

单位：万元

地　　区	利润总额	#应交所得税	税金总额	主营业务税金及附加	应交增值税
总　　计	**273658**	**70641**	**277738**	**64822**	**212916**
呼和浩特市	85650	17412	46689	9888	36801
包 头 市	22588	4247	39994	6513	33481
呼伦贝尔市	19423	6252	22933	4551	18382
兴 安 盟	3403	2277	9764	3823	5941
通 辽 市	9114	3416	13737	3088	10649
赤 峰 市	41143	13299	42861	12835	30026
锡林郭勒盟	-624	721	12363	2707	9656
乌兰察布市	10507	5287	16002	5924	10078
鄂尔多斯市	34894	6105	23539	3731	19808
巴彦淖尔市	34877	7663	33182	6203	26979
乌 海 市	8334	2248	10408	4374	6034
阿 拉 善 盟	4350	1715	6267	1185	5082

2-B-2.71　各地区股份制总承包和专业承包企业应收工程款及企业亏损情况

地　　区	应收工程款（万元）	企业个数（个）	#亏损企业个数	亏损企业比重（%）
总　　计	**3932429**	**515**	**114**	**22.1**
呼和浩特市	1560101	59	15	25.4
包 头 市	571973	72	14	19.4
呼伦贝尔市	166458	50	14	28.0
兴 安 盟	77401	12	4	33.3
通 辽 市	128527	51	12	23.5
赤 峰 市	334333	72	9	12.5
锡林郭勒盟	68909	31	10	32.3
乌兰察布市	33396	15	2	13.3
鄂尔多斯市	449424	53	17	32.1
巴彦淖尔市	360939	60	10	16.7
乌 海 市	123849	19	3	15.8
阿 拉 善 盟	57119	21	4	19.0

2-B-2.72 各地区股份制总承包和专业承包企业主要经济效益指标

地区	产值利润率(%)	产值利税率(%)	资本利润率(%)	资本利税率(%)	人均利润(元/人)	人均利税(元/人)	资产负债率(%)
总计	**4.7**	**9.5**	**12.8**	**25.7**	**17043.0**	**34340.1**	**65.3**
呼和浩特市	5.4	8.4	14.9	23.1	26560.5	41039.1	68.8
包头市	2.5	7.0	9.2	25.5	7275.6	20157.7	77.4
呼伦贝尔市	5.3	11.5	14.8	32.3	10815.6	23585.8	61.2
兴安盟	1.6	6.3	13.1	50.7	8069.7	31223.9	77.5
通辽市	3.7	9.3	6.5	16.4	8943.1	22422.1	57.7
赤峰市	5.5	11.3	17.1	35.0	17934.1	36617.2	55.3
锡林郭勒盟	-0.8	14.3	-0.8	15.8	-1726.3	32482.0	65.8
乌兰察布市	5.1	12.9	34.3	86.6	32170.9	81166.6	75.9
鄂尔多斯市	4.8	8.0	9.5	15.9	29258.6	48995.7	56.1
巴彦淖尔市	8.2	15.9	18.4	35.9	24191.6	47207.7	60.8
乌海市	4.5	10.1	11.9	26.8	12099.3	27209.6	63.5
阿拉善盟	4.5	10.9	8.0	19.4	23411.7	57139.9	43.7

3. 行业分组

2-B-3.1 各行业总承包和专业承包企业签订合同情况

单位:万元

行业	签订合同额	上年结转合同额	本年新签合同额
总计	**25173230**	**12147548**	**13025682**
房屋建筑业	16266242	7698885	8567357
土木工程建筑业	8098678	4251034	3847644
铁路、道路、隧道和桥梁工程建筑	5684825	3104323	2580502
水利和水运工程建筑	964642	443509	521133
海洋工程建筑			
工矿工程建筑	140009	46585	93424
架线和管道工程建筑	502929	154329	348601
其他土木工程建筑	175371	69899	105473
建筑安装业	502038	125000	377038
建筑装饰业和其他建筑业	306273	72630	233643

2-B-3.2　各行业总承包和专业承包企业承包工程完成情况

单位:万元

行　业	直接从建设单位承揽工程完成的产值	自行完成施工产值	分包出去工程的产值	从建设单位以外承揽工程完成的产值
总　计	**10602518**	**10556292**	**46226**	**133583**
房屋建筑业	5804915	5792474	12440	79037
土木工程建筑业	4133242	4103776	29466	44285
铁路、道路、隧道和桥梁工程建筑	2583926	2570132	13793	33205
水利和水运工程建筑	519787	517649	2138	1371
海洋工程建筑				
工矿工程建筑	143410	132777	10633	6755
架线和管道工程建筑	429057	427530	1527	1543
其他土木工程建筑	122786	121411	1375	1375
建筑安装业	395203	394330	873	8747
建筑装饰业和其他建筑业	269159	265712	3447	1515

2-B-3.3　各行业总承包和专业承包企业建筑业总产值和竣工产值

单位:万元

行　业	建筑业总产值	#装饰装修产　值	#在外省完成的产值	按构成分组			竣工产值
				建筑工程产　值	安装工程产　值	其他产值	
总　计	**10689875**	**250833**	**1395950**	**9175850**	**611484**	**902541**	**5567638**
房屋建筑业	5871511	217332	945856	5506648	156575	208287	3372658
土木工程建筑业	4148060	10000	413343	3237154	299176	611730	1893075
铁路、道路、隧道和桥梁工程建筑	2603337	4688	376836	2297821	57011	248506	1028276
水利和水运工程建筑	519020	581	7869	461881	27107	30033	284163
海洋工程建筑							
工矿工程建筑	139532		538	70962	22033	46537	58619
架线和管道工程建筑	429072	814	57	281456	143892	3725	243955
其他土木工程建筑	122786	3917	15517	103028		19758	36108
建筑安装业	403077	2300	33939	204291	152479	46307	163719
建筑装饰业和其他建筑业	267227	21201	2812	227757	3253	36217	138186

2-B-3.4 各行业总承包和专业承包企业房屋建筑面积

行业	房屋施工面积（万平方米）	#本年新开工	房屋竣工面积（万平方米）	房屋竣工率（%）
总计	**5398**	**2580**	**1823**	**33.8**
房屋建筑业	5160	2471	1681	32.6
土木工程建筑业	190	82	125	389.8
铁路、道路、隧道和桥梁工程建筑	87	77	24	26.9
水利和水运工程建筑	4		7	197.6
海洋工程建筑				
工矿工程建筑				
架线和管道工程建筑				
其他土木工程建筑	12	4	8	65.7
建筑安装业	46	25	17	37.3
建筑装饰业和其他建筑业	3	3		

2-B-3.5 各行业总承包和专业承包企业机械设备情况

行业	年末自有施工机械设备总台数（台）	年末自有施工机械设备总功率（千瓦）	年末自有施工机械设备净值（万元）	技术装备率（元/人）	动力装备率（千瓦/人）
总计	**71057**	**1934078**	**480353**	**18530**	**7.5**
房屋建筑业	55826	974424	220261	12946	5.7
土木工程建筑业	12227	870742	220373	145020	97.3
铁路、道路、隧道和桥梁工程建筑	5615	577394	159128	37823	13.7
水利和水运工程建筑	1828	69260	13616	12504	6.4
海洋工程建筑					
工矿工程建筑	971	23967	20916	29816	3.4
架线和管道工程建筑	2263	55048	18217	22903	6.9
其他土木工程建筑	272	14169	6942	34885	7.1
建筑安装业	2121	33548	8142	7421	3.1
建筑装饰业和其他建筑业	883	55364	31577	57008	10.0

2-B-3.6　按主要用途分的各行业总承包和专业承包企业房屋建筑竣工面积

单位:万平方米

行　业	合计	住宅房屋	商业及服务用房屋	办公用房　屋	科研、教育、医疗用房屋	文化、体育、娱乐用房屋	厂房及建筑物	仓库	其他未列明的房屋建筑物
总　计	**1823**	**1450**	**32**	**50**	**80**	**16**	**95**	**4**	**98**
房屋建筑业	1681	1348	31	39	68	14	91	3	85
土木工程建筑业	125	100		9	9	2	2		4
铁路、道路、隧道和桥梁工程建筑	24	5		9	5	1	1		3
水利和水运工程建筑	7	7							
海洋工程建筑									
工矿工程建筑									
架线和管道工程建筑									
其他土木工程建筑	8	1			4	1	1		1
建筑安装业	17	2		3	3		1		9
建筑装饰业和其他建筑业									

2-B-3.7　按主要用途分的各行业总承包和专业承包企业房屋建筑竣工价值

单位:万元

行　业	合计	住宅房屋	商业及服务用房屋	办公用房　屋	科研、教育、医疗用房屋	文化、体育、娱乐用房屋	厂房及建筑物	仓库	其他未列明的房屋建筑物
总　计	**3094196**	**2438176**	**49233**	**99454**	**192901**	**27642**	**131333**	**5456**	**150000**
房屋建筑业	2770844	2191866	48611	76671	168234	25946	121044	5032	133440
土木工程建筑业	297480	243805	622	20546	21229	1696	3291	235	6057
铁路、道路、隧道和桥梁工程建筑	50578	11138	622	20413	11492	699	2330	235	3650
水利和水运工程建筑	10394	9489		134	771				
海洋工程建筑									
工矿工程建筑									
架线和管道工程建筑									
其他土木工程建筑	14918	1624			8965	997	962		2370
建筑安装业	25872	2505		2237	3438		6998	190	10503
建筑装饰业和其他建筑业									

2-B-3.8 按主要用途分的各行业总承包和专业承包企业主要生产效益指标

行业	建筑业企业个数(个)	从事建筑业活动的平均人数(人)	按总产值计算的劳动生产率(元/人)	人均竣工产值(元/人)	人均施工面积(平方米/人)	人均竣工面积(平方米/人)
总计	**1024**	**326621**	**327286.8**	**170461.7**	**165.3**	**55.8**
房屋建筑业	532	220075	266795.9	153250.4	234.4	76.4
土木工程建筑业	323	88511	7858830.7	1936578.2	435.4	408.5
铁路、道路、隧道和桥梁工程建筑	166	52000	500641.7	197745.4	16.8	4.5
水利和水运工程建筑	68	14898	348382.5	190738.9	2.4	4.7
海洋工程建筑						
工矿工程建筑	15	6884	202690.0	85153.0		
架线和管道工程建筑	48	9312	460773.5	261979.4		
其他土木工程建筑	17	2586	474812.1	139630.3	45.5	29.9
建筑安装业	105	11412	353204.8	143461.7	40.0	14.9
建筑装饰业和其他建筑业	64	6623	403482.6	208645.8	3.8	

2-B-3.9 按主要用途分的各行业总承包和专业承包企业营业收入

单位:万元

行业	营业收入	在境外完成的营业收入	企业总产值	#建筑业总产值
总计	**12414667**	**24250**	**11294418**	**10689875**
房屋建筑业	6939853	8657	6044665	5871511
水利和水运工程建筑	4675053	15418	4510394	4148060
铁路、道路、隧道和桥梁工程建筑	2866595	834	2828671	2603337
水利和水运工程建筑	633922	494	593861	519020
海洋工程建筑				
工矿工程建筑	185680		158423	139532
架线和管道工程建筑	497719		465678	429072
其他土木工程建筑	138509	14090	122926	122786
建筑安装业	475369		448985	403077
建筑装饰业和其他建筑业	324392	175	290374	267227

2-B-3.10　各行业总承包和专业承包企业资产构成

单位：万元

行　业	资产总计	流动资产合计	#存货
总　计	**22191790**	**17521206**	**1961907**
房屋建筑业	9683495	8012084	1001265
土木工程建筑业	11274943	8555179	832068
铁路、道路、隧道和桥梁工程建筑	7849189	5952647	569242
水利和水运工程建筑	724244	636854	103897
海洋工程建筑			
工矿工程建筑	286152	234588	31278
架线和管道工程建筑	792452	592655	54691
其他土木工程建筑	252722	220550	21115
建筑安装业	809473	644726	113305
建筑装饰业和其他建筑业	423880	309218	15270

2-B-3.11　各行业总承包和专业承包企业固定资产情况

单位：万元

行　业	固定资产原价	累计折旧	#本年折旧	在建工程
总　计	**2502407**	**1151931**	**190906**	**382981**
房屋建筑业	969539	419766	52620	316682
土木工程建筑业	1346255	652764	122503	60971
铁路、道路、隧道和桥梁工程建筑	897829	431942	94720	35482
水利和水运工程建筑	72744	34938	6911	1728
海洋工程建筑				
工矿工程建筑	94234	45103	5665	337
架线和管道工程建筑	159335	92144	8783	15585
其他土木工程建筑	31962	12889	2697	1577
建筑安装业	88178	39903	5392	2756
建筑装饰业和其他建筑业	98435	39498	10392	2572

2-B-3.12 各行业总承包和专业承包企业负债及所有者权益

单位:万元

行业	负债合计	#流动负债	#应付账款	所有者权益	#实收资本
总计	**15204376**	**14260227**	**4466877**	**6987415**	**4092809**
房屋建筑业	6835198	6449564	1813942	2848297	1698328
土木工程建筑业	7601141	7115776	2442118	3673802	2110246
铁路、道路、隧道和桥梁工程建筑	5259313	5009790	1558285	2589877	1504198
水利和水运工程建筑	494350	458900	235950	229895	170609
海洋工程建筑					
工矿工程建筑	228370	210573	76945	57782	42601
架线和管道工程建筑	502886	461161	209990	289566	137495
其他土木工程建筑	127966	126674	59182	124756	38555
建筑安装业	529274	501183	155024	280199	150495
建筑装饰业和其他建筑业	238763	193705	55794	185116	133740

2-B-3.13 各行业总承包和专业承包企业实收资本

单位:万元

行业	合计	国家资本	集体资本	法人资本	个人资本	港澳台资本	外商资本
总计	**4092809**	**643043**	**113411**	**1009676**	**2326267**		**413**
房屋建筑业	1698328	226341	64476	359078	1048434		
土木工程建筑业	2110246	401270	34293	537986	1136285		413
铁路、道路、隧道和桥梁工程建筑	1504198	289104	5736	383127	826230		
水利和水运工程建筑	170609	8332	777	50569	110930		
海洋工程建筑							
工矿工程建筑	42601	9000	210	25298	8093		
架线和管道工程建筑	137495	47515	26181	38761	25039		
其他土木工程建筑	38555	973		14463	23119		
建筑安装业	150495	13216	14642	48146	74490		
建筑装饰业和其他建筑业	133740	2217		64465	67058		

2-B-3.14　各行业总承包和专业承包企业收入情况

单位:万元

行　业	主营业务收入	#主营业务成本	#主营业务税金及附加	其他业务收入	#其他业务利润
总　计	**12202879**	**10864231**	**110539**	**211788**	**11410**
房屋建筑业	6836706	6198292	72455	103146	5243
土木工程建筑业	4627845	4043898	33948	47208	6097
铁路、道路、隧道和桥梁工程建筑	2842268	2568152	23182	24327	3016
水利和水运工程建筑	632645	566216	3534	1277	127
海洋工程建筑					
工矿工程建筑	185680	170354	1024		
架线和管道工程建筑	485694	368182	3044	12026	1999
其他土木工程建筑	131022	111281	1797	7487	
建筑安装业	435368	357410	2468	40001	
建筑装饰业和其他建筑业	302960	264631	1669	21432	71

2-B-3.15　各行业总承包和专业承包企业费用情况

单位:万元

行　业	管理费用	销售费用	财务费用	#利息收入	#利息支出
总　计	**537478**	**34581**	**187411**	**6699**	**124016**
房屋建筑业	202497	11124	79942	2549	63481
土木工程建筑业	269923	8963	103740	3721	59027
铁路、道路、隧道和桥梁工程建筑	136220	2027	64197	1593	23593
水利和水运工程建筑	26659	185	3948	-27	3831
海洋工程建筑					
工矿工程建筑	6853	1921	1990		78
架线和管道工程建筑	71985	1141	2189	189	822
其他土木工程建筑	5892	97	952	-3	250
建筑安装业	48166	14158	1461	430	473
建筑装饰业和其他建筑业	16892	336	2268	-1	1036

2-B-3.16 各行业总承包和专业承包企业利润及税金情况

单位:万元

行　业	利润总额	税金总额		
			主营业务税金及附加	应交增值税
总　计	**429093**	**514591**	**110539**	**404051**
房屋建筑业	242388	307177	72455	234722
土木工程建筑业	161533	182564	33948	148616
铁路、道路、隧道和桥梁工程建筑	48083	112716	23182	89534
水利和水运工程建筑	15617	29082	3534	25548
海洋工程建筑				
工矿工程建筑	3840	6685	1024	5661
架线和管道工程建筑	43589	21763	3044	18719
其他土木工程建筑	13281	7204	1797	5407
建筑安装业	11102	10146	2468	7678
建筑装饰业和其他建筑业	14069	14704	1669	13035

2-B-3.17 各行业总承包和专业承包企业应收工程款及企业亏损情况

行　业	应收工程款（万元）	企业个数（个）		亏损企业比重（%）
			#亏损企业个数	
总　计	**6722359**	**1024**	**227**	**22.2**
房屋建筑业	3291703	532	123	23.1
土木工程建筑业	3064304	323	61	145.1
铁路、道路、隧道和桥梁工程建筑	1587330	166	39	23.5
水利和水运工程建筑	342005	68	8	11.8
海洋工程建筑				
工矿工程建筑	111600	15	1	6.7
架线和管道工程建筑	171653	48	9	18.8
其他土木工程建筑	160593	17	1	5.9
建筑安装业	233362	105	25	23.8
建筑装饰业和其他建筑业	132990	64	18	28.1

2-B-3.18　各行业总承包和专业承包企业主要经济效益指标

行　业	产值利润率（%）	产值利税率（%）	资本利润率（%）	资本利税率（%）	人均利润（元/人）	人均利税（元/人）	资产负债率（%）
总　计	**4.0**	**8.8**	**10.5**	**23.1**	**13137.3**	**28892.3**	**68.5**
房屋建筑业	4.1	9.4	14.3	32.4	11013.9	24971.7	70.6
土木工程建筑业	43.3	75.0	110.9	193.9	900905.3	1042134.6	487.9
铁路、道路、隧道和桥梁工程建筑	1.8	6.2	3.2	10.7	9246.6	30922.8	67.0
水利和水运工程建筑	3.0	8.6	9.2	26.2	10482.7	30003.6	68.3
海洋工程建筑							
工矿工程建筑	2.8	7.5	9.0	24.7	5578.4	15289.9	79.8
架线和管道工程建筑	10.2	15.2	31.7	47.5	46809.6	70180.7	63.5
其他土木工程建筑	10.8	16.7	34.4	53.1	51357.7	79216.2	50.6
建筑安装业	2.8	5.3	7.4	14.1	9728.3	18618.7	65.4
建筑装饰业和其他建筑业	5.3	10.8	10.5	21.5	21242.8	43444.1	56.3

4. 按中央、地方分组

2-B-4.1　各地区中央总承包和专业承包企业签订合同情况

单位：万元

地　区	签订合同额		
		上年结转合同额	本年新签合同额
总　计	**7156908**	**3365475**	**3791433**
呼和浩特市	365729	207674	158055
包头市	6462098	2970838	3491260
呼伦贝尔市			
兴安盟			
通辽市	3197		3197
赤峰市			
锡林郭勒盟			
乌兰察布市			
鄂尔多斯市	325884	186963	138921
巴彦淖尔市			
乌海市			
阿拉善盟			

2-B-4.2 各地区中央总承包和专业承包企业承包工程完成情况

单位:万元

地　　区	直接从建设单位承揽工程完成的产值	自行完成施工产值	分包出去工程的产值	从建设单位以外承揽工程完成的产值
总　　计	**1042761**	**1042761**		**43192**
呼和浩特市	257276	257276		
包 头 市	663787	663787		42423
呼伦贝尔市				
兴 安 盟				
通 辽 市	3197	3197		769
赤 峰 市				
锡林郭勒盟				
乌兰察布市				
鄂尔多斯市	118501	118501		
巴彦淖尔市				
乌 海 市				
阿 拉 善 盟				

2-B-4.3 各地区中央总承包和专业承包企业总产值和竣工产值

单位:万元

地　　区	建筑业总产值	#装饰装修产　值	#在外省完成的产值	按构成分组			竣工产值
				建筑工程产　值	安装工程产　值	其他产值	
总　　计	**1085952**	**50206**	**787424**	**1009937**	**76016**		**303009**
呼和浩特市	257276		171903	257276			17249
包 头 市	706210	50206	501401	634160	72050		281748
呼伦贝尔市							
兴 安 盟							
通 辽 市	3966				3966		4012
赤 峰 市							
锡林郭勒盟							
乌兰察布市							
鄂尔多斯市	118501		114119	118501			
巴彦淖尔市							
乌 海 市							
阿 拉 善 盟							

2-B-4.4　各地区中央总承包和专业承包企业房屋建筑面积

地　　区	房屋施工面积（万平方米）	#本年新开工	房屋竣工面积（万平方米）	房屋竣工率（%）
总　　计	**1001**	**477**	**149**	**14.9**
呼和浩特市				100.0
包　头　市	1001	477	149	14.8
呼伦贝尔市				
兴　安　盟				
通　辽　市				
赤　峰　市				
锡林郭勒盟				
乌兰察布市				
鄂尔多斯市				
巴彦淖尔市				
乌　海　市				
阿 拉 善 盟				

2-B-4.5　各地区按主要用途分的中央总承包和专业承包企业房屋竣工面积

单位:万平方米

地　　区	合计	住宅房屋	商业及服务用房屋	办公用房　屋	科研、教育、医疗用房屋	文化、体育、娱乐用房屋	厂房及建筑物	仓库	其他未列明的房屋建筑物
总　　计	**149**	**83**		**1**	**11**	**3**	**34**		**17**
呼和浩特市									
包　头　市	149	83		1	11	3	34		17
呼伦贝尔市									
兴　安　盟									
通　辽　市									
赤　峰　市									
锡林郭勒盟									
乌兰察布市									
鄂尔多斯市									
巴彦淖尔市									
乌　海　市									
阿 拉 善 盟									

2-B-4.6 各地区按主要用途分的中央总承包和专业承包企业房屋竣工价值

单位:万元

地　　区	合计	住宅房屋	商业及服务用房屋	办公用房　屋	科研、教育、医疗用房屋	文化、体育、娱乐用房屋	厂房及建筑物	仓库	其他未列明的房屋建筑物
总　　计	**273353**	**180767**		**2493**	**21865**	**4264**	**40993**		**22971**
呼和浩特市	505			505					
包 头 市	272848	180767		1988	21865	4264	40993		22971
呼伦贝尔市									
兴 安 盟									
通 辽 市									
赤 峰 市									
锡林郭勒盟									
乌兰察布市									
鄂尔多斯市									
巴彦淖尔市									
乌 海 市									
阿 拉 善 盟									

2-B-4.7 各地区中央总承包和专业承包企业施工机械设备情况

地　　区	年末自有施工机械设备总台数（台）	年末自有施工机械设备总功率（千瓦）	年末自有施工机械设备净值（万元）	技术装备率（元/人）	动力装备率（千瓦/人）
总　　计	**4871**	**456188**	**53871**	**21544**	**18.2**
呼和浩特市	999	41314	3727	15048	16.7
包 头 市	3591	104260	13165	6937	5.5
呼伦贝尔市					
兴 安 盟					
通 辽 市	5	385	101	7579	2.9
赤 峰 市					
锡林郭勒盟					
乌兰察布市					
鄂尔多斯市	276	310229	36878	107926	90.8
巴彦淖尔市					
乌 海 市					
阿 拉 善 盟					

2-B-4.8　各地区中央总承包和专业承包企业主要生产效益指标

地　区	企业个数（个）	从事建筑业活动的平均人数（人）	按总产值计算的劳动生产率（元/人）	人均竣工产值（元/人）	人均施工面积（平方米/人）	人均竣工面积（平方米/人）
总　计	**8**	**20439**	**531313.8**	**148250.4**	**489.8**	**72.8**
呼和浩特市	4	2756	933512.3	62587.1	0.9	0.9
包 头 市	NA	14139	499476.3	199270.1	707.8	105.1
呼伦贝尔市						
兴 安 盟						
通 辽 市	NA	133	298172.9	301654.1		
赤 峰 市						
锡林郭勒盟						
乌兰察布市						
鄂尔多斯市	NA	3411	347408.4			
巴彦淖尔市						
乌 海 市						
阿 拉 善 盟						

2-B-4.9　各地区中央总承包和专业承包企业营业收入

单位:万元

地　区	营业收入	在境外完成的营业收入	企业总产值	建筑业总产值
总　计	**1089945**		**1150037**	**1085952**
呼和浩特市	190971		257276	257276
包 头 市	736736		720295	706210
呼伦贝尔市				
兴 安 盟				
通 辽 市	4321		3966	3966
赤 峰 市				
锡林郭勒盟				
乌兰察布市				
鄂尔多斯市	157916		168501	118501
巴彦淖尔市				
乌 海 市				
阿 拉 善 盟				

2-B-4.10 各地区中央总承包和专业承包企业资产构成

单位:万元

地区	资产总计	#流动资产合计	#存货
总计	**1662417**	**1393356**	**144381**
呼和浩特市	455080	398405	90959
包头市	1058662	868239	47915
呼伦贝尔市			
兴安盟			
通辽市	4816	3784	1333
赤峰市			
锡林郭勒盟			
乌兰察布市			
鄂尔多斯市	143860	122929	4175
巴彦淖尔市			
乌海市			
阿拉善盟			

2-B-4.11 各地区中央总承包和专业承包企业固定资产情况

单位:万元

地区	固定资产原价	固定资产折旧	#本年折旧	在建工程
总计	**196960**	**107144**	**9630**	**46716**
呼和浩特市	30993	20378	1073	5917
包头市	108619	47331	5235	37440
呼伦贝尔市				
兴安盟				
通辽市	2020	1016	87	
赤峰市				
锡林郭勒盟				
乌兰察布市				
鄂尔多斯市	55329	38419	3236	3359
巴彦淖尔市				
乌海市				
阿拉善盟				

2-B-4.12 各地区中央总承包和专业承包企业负债及所有者权益

单位:万元

地 区	负债合计	#流动负债	#应付账款	所有者权益	#实收资本
总 计	**1429351**	**1314369**	**472296**	**233066**	**188310**
呼和浩特市	417650	416403	162824	37430	34223
包 头 市	893783	781452	240959	164879	130829
呼伦贝尔市					
兴 安 盟					
通 辽 市	3198	3198	1720	1618	1258
赤 峰 市					
锡林郭勒盟					
乌兰察布市					
鄂尔多斯市	114720	113315	66793	29140	22000
巴彦淖尔市					
乌 海 市					
阿 拉 善 盟					

2-B-4.13 各地区中央总承包和专业承包企业实收资本

单位:万元

地 区	合计	国家资本	集体资本	法人资本	个人资本	港澳台资本	外商资本
总 计	**188310**	**186452**	**1575**	**26**	**257**		
呼和浩特市	34223	33623	317	26	257		
包 头 市	130829	130829					
呼伦贝尔市							
兴 安 盟							
通 辽 市	1258		1258				
赤 峰 市							
锡林郭勒盟							
乌兰察布市							
鄂尔多斯市	22000	22000					
巴彦淖尔市							
乌 海 市							
阿 拉 善 盟							

2-B-4.14 各地区中央总承包和专业承包企业收入情况

单位:万元

地区	主营业务收入	#主营业务成本	#主营业务税金及附加	其他业务收入	#其他业务利润
总计	**1087040**	**1021455**	**787**	**2905**	**1244**
呼和浩特市	190387	190186	689	584	92
包头市	734720	686265	77	2016	1152
呼伦贝尔市					
兴安盟					
通辽市	4321	3334	22		
赤峰市					
锡林郭勒盟					
乌兰察布市					
鄂尔多斯市	157612	141670		304	
巴彦淖尔市					
乌海市					
阿拉善盟					

2-B-4.15 各地区中央总承包和专业承包企业费用情况

单位:万元

地区	管理费用	销售费用	财务费用	#利息收入	#利息支出
总计	**34737**	**411**	**27238**	**1143**	**25300**
呼和浩特市	3839		2680	35	2669
包头市	21526	131	24454	956	22526
呼伦贝尔市					
兴安盟					
通辽市	830	115	8	5	
赤峰市					
锡林郭勒盟					
乌兰察布市					
鄂尔多斯市	8542	166	96	147	105
巴彦淖尔市					
乌海市					
阿拉善盟					

2-B-4.16　各地区中央总承包和专业承包企业利润及税金情况

单位:万元

地　　区	利润总额	#应交所得税	税金总额	主营业务税金及附加	应交增值税
总　　计	**-100**	**-175**	**31877**	**787**	**31090**
呼和浩特市	-11677	-2502	7013	689	6324
包 头 市	6909	2154	19988	77	19911
呼伦贝尔市					
兴 安 盟					
通 辽 市	12	7	22	22	
赤 峰 市					
锡林郭勒盟					
乌兰察布市					
鄂尔多斯市	4655	166	4855		4855
巴彦淖尔市					
乌 海 市					
阿 拉 善 盟					

2-B-4.17　各地区中央总承包和专业承包企业应收工程款及企业亏损情况

地　　区	应收工程款（万元）	企业个数（个）	#亏损企业个数	亏损企业比重（%）
总　　计	**387661**	**8**	**2**	**25.0**
呼和浩特市	89796	4	2	50.0
包 头 市	253610	NA		
呼伦贝尔市				
兴 安 盟				
通 辽 市	2162	NA		
赤 峰 市				
锡林郭勒盟				
乌兰察布市				
鄂尔多斯市	42092	NA		
巴彦淖尔市				
乌 海 市				
阿 拉 善 盟				

2-B-4.18　各地区中央总承包和专业承包企业主要经济效益指标

地　　区	产值利润率(%)	产值利税率(%)	资本利润率(%)	资本利税率(%)	人均利润(元/人)	人均利税(元/人)	资产负债率(%)
总　　计		**2.9**	**-0.1**	**16.9**	**-48.9**	**15547.1**	**86.0**
呼和浩特市	-4.5	-1.8	-34.1	-13.6	-42368.7	-16923.4	91.8
包　头　市	1.0	3.8	5.3	20.6	4886.8	19023.3	84.4
呼伦贝尔市							
兴　安　盟							
通　辽　市	0.3	0.9	1.0	2.7	924.8	2541.4	66.4
赤　峰　市							
锡林郭勒盟							
乌兰察布市							
鄂尔多斯市	3.9		21.2		13647.3		79.7
巴彦淖尔市							
乌　海　市							
阿　拉　善　盟							

2-B-4.19　各地区地方总承包和专业承包企业签订合同情况

单位:万元

地　　区	签订合同额	上年结转合同额	本年新签合同额
总　　计	**18016322**	**8782073**	**9234249**
呼和浩特市	4367438	2119399	2248039
包　头　市	3041361	1487939	1553422
呼伦贝尔市	802022	286257	515765
兴　安　盟	570685	235157	335528
通　辽　市	846648	260802	585845
赤　峰　市	3196109	1406544	1789566
锡林郭勒盟	139605	36917	102688
乌兰察布市	801906	554913	246993
鄂尔多斯市	2362174	1242099	1120075
巴彦淖尔市	1207977	726278	481699
乌　海　市	461234	324451	136783
阿　拉　善　盟	219164	101319	117846

2-B-4.20　各地区地方总承包和专业承包企业承包工程完成情况

单位：万元

地　　区	直接从建设单位承揽工程完成的产值			从建设单位以外承揽工程完成的产值
		自行完成施工产值	分包出去工程的产值	
总　　计	**9559757**	**9513531**	**46226**	**90392**
呼和浩特市	1985229	1972727	12502	13990
包 头 市	1503120	1501560	1560	31121
呼伦贝尔市	613432	613432		581
兴 安 盟	423595	422689	906	957
通 辽 市	500374	489630	10744	3708
赤 峰 市	1820501	1818480	2021	13305
锡林郭勒盟	106814	106696	118	1032
乌兰察布市	401590	397653	3937	14188
鄂尔多斯市	1355064	1341617	13447	9915
巴彦淖尔市	468208	468152	56	60
乌 海 市	236875	235939	936	1535
阿拉善盟	144958	144958		

2-B-4.21　各地区地方企业总承包和专业承包总产值和竣工产值

单位：万元

地　　区	建筑业总产值			按构成分组			竣工产值
		#装饰装修产　值	#在外省完成的产值	建筑工程产　值	安装工程产　值	其他产值	
总　　计	**9603923**	**200626**	**608527**	**8165914**	**535468**	**902541**	**5264629**
呼和浩特市	1986716	35567	84099	1553283	110616	322817	848530
包 头 市	1532681	32500	74504	1318547	148965	65169	849253
呼伦贝尔市	614012	3685	189	556320	24981	32711	391403
兴 安 盟	423646	57843	99	378477	16953	28216	228805
通 辽 市	493338	13749	135	360294	70769	62274	306727
赤 峰 市	1831785	34220	399950	1709688	35235	86863	1091368
锡林郭勒盟	107728	74	538	87481	18116	2132	86958
乌兰察布市	411841		4611	374227	16384	21230	330607
鄂尔多斯市	1351532	4218	37693	1061104	52806	237622	591396
巴彦淖尔市	468212	10871	1729	418565	21808	27839	366903
乌 海 市	237474	6146	4980	211094	12845	13536	110741
阿拉善盟	144958	1753		136834	5991	2132	61937

2-B-4.22 各地区地方总承包和专业承包企业房屋建筑面积

地　区	房屋施工面积(万平方米)	#本年新开工	房屋竣工面积(万平方米)	房屋竣工率(%)
总　计	**4397**	**2103**	**1674**	**38.1**
呼和浩特市	830	291	221	26.7
包 头 市	514	168	212	41.3
呼伦贝尔市	305	188	178	58.4
兴 安 盟	143	82	75	52.2
通 辽 市	259	144	101	38.9
赤 峰 市	1300	789	482	37.1
锡林郭勒盟	55	35	34	62.6
乌兰察布市	302	101	125	41.5
鄂尔多斯市	157	104	77	49.0
巴彦淖尔市	298	141	117	39.4
乌 海 市	161	29	38	23.5
阿 拉 善 盟	74	30	14	18.8

2-B-4.23 各地区按主要用途分的地方总承包和专业承包企业房屋竣工面积

单位:万平方米

地　区	合计	住宅房屋	商业及服务用房屋	办公用房　屋	科研、教育、医疗用房屋	文化、体育、娱乐用房屋	厂房及建筑物	仓库	其他未列明的房屋建筑物
总　计	**1674**	**1367**	**32**	**48**	**69**	**13**	**61**	**4**	**81**
呼和浩特市	221	194	6	12	3	1	1		3
包 头 市	212	172	7	10	5	1	10	2	3
呼伦贝尔市	178	148	4	4	3	5	4		9
兴 安 盟	75	50	1	2	1	1	1		18
通 辽 市	101	66		2	18	1	7		6
赤 峰 市	482	420	5	4	21	1	8		23
锡林郭勒盟	34	25					2		7
乌兰察布市	125	115	2	1	1		6		
鄂尔多斯市	77	36	2	11	9	3	6		9
巴彦淖尔市	117	109	2		5				
乌 海 市	38	27	1				7		2
阿 拉 善 盟	14	3			1	1	8		

2-B-4.24　各地区按主要用途分的地方总承包和专业承包企业房屋竣工价值

单位:万元

地　　区	合计	住宅房屋	商业及服务用房屋	办公用房　屋	科研、教育、医疗用房屋	文化、体育、娱乐用房屋	厂房及建筑物	仓库	其他未列明的房屋建筑物
总　　计	**2820843**	**2257409**	**49233**	**96961**	**171037**	**23377**	**90340**	**5456**	**127029**
呼和浩特市	385185	336630	6325	24055	9006	2872	2994	271	3032
包　头　市	433039	361641	9675	19333	7796	1801	25223	3386	4184
呼伦贝尔市	321463	234474	9232	10629	8472	7160	8326	540	42631
兴　安　盟	141330	119365	1457	1731	2217	994	1440		14126
通　辽　市	164002	89146	142	4414	51505	997	4731	425	12642
赤　峰　市	762870	646801	6955	9189	60810	1844	12853		24417
锡林郭勒盟	50724	36537	1487	524	657		2701		8819
乌兰察布市	167633	149474	3186	2671	2978		9325		
鄂尔多斯市	122286	54383	3161	21894	17211	6964	6003	35	12635
巴彦淖尔市	184312	167685	5544	720	9042		368		953
乌　海　市	71432	56462	1850	950	380		8310		3480
阿拉善盟	16568	4813	220	851	961	745	8068	800	110

2-B-4.25　各地区地方总承包和专业承包企业施工机械设备情况

地　　区	年末自有施工机械设备总台数（台）	年末自有施工机械设备总功率（千瓦）	年末自有施工机械设备净值（万元）	技术装备率（元/人）	动力装备率（千瓦/人）
总　　计	**66186**	**1477890**	**426481**	**18208**	**6.3**
呼和浩特市	11756	260051	64841	19540	7.8
包　头　市	11378	247698	23617	5355	5.6
呼伦贝尔市	7665	125892	39041	17344	5.6
兴　安　盟	2512	57633	8524	12014	8.1
通　辽　市	2206	51802	21471	15989	3.9
赤　峰　市	17099	322613	97610	16691	5.5
锡林郭勒盟	1019	42152	12107	34455	12.0
乌兰察布市	2405	32880	11119	14474	4.3
鄂尔多斯市	3904	107971	102780	48843	5.1
巴彦淖尔市	3332	100825	22469	18272	8.2
乌　海　市	1983	95844	14261	17830	12.0
阿拉善盟	927	32529	8643	29844	11.2

2-B-4.26 各地区地方总承包和专业承包企业主要生产效益指标

地　　区	建筑业企业个数（个）	从事建筑业活动的平均人数（人）	按总产值计算的劳动生产率（元/人）	人均竣工产值（元/人）	人均施工面积（平方米/人）	人均竣工面积（平方米/人）
总　　计	**1016**	**306182**	**313667.1**	**171944.4**	**143.6**	**54.7**
呼和浩特市	149	46126	430715.1	183959.2	180.0	48.0
包　头　市	115	55918	274094.4	151874.8	91.8	37.9
呼伦贝尔市	75	30434	201752.1	128607.1	100.2	58.5
兴　安　盟	37	9786	432910.0	233808.9	146.4	76.4
通　辽　市	105	19235	256479.3	159462.9	134.8	52.4
赤　峰　市	148	74210	246838.1	147064.9	175.1	65.0
锡林郭勒盟	43	5183	207849.5	167774.8	105.7	66.2
乌兰察布市	37	10256	401560.8	322354.8	294.1	122.1
鄂尔多斯市	168	27110	498536.2	218146.8	57.8	28.3
巴彦淖尔市	72	15733	297598.5	233206.0	189.2	74.6
乌　海　市	38	9279	255926.5	119345.3	173.7	40.8
阿拉善盟	29	2912	497793.6	212696.1	252.7	47.4

2-B-4.27 各地区地方总承包和专业承包企业营业收入

单位:万元

地　　区	营业收入	#在境外完成的营业收入	企业总产值	#建筑业总产值
总　　计	**11324722**	**24250**	**10144381**	**9603923**
呼和浩特市	2182441	2801	2078671	1986716
包　头　市	1603359		1558763	1532681
呼伦贝尔市	571700		652155	614012
兴　安　盟	671682		445244	423646
通　辽　市	570104		510240	493338
赤　峰　市	2027873	1009	1903197	1831785
锡林郭勒盟	173419		108954	107728
乌兰察布市	703401	5474	413390	411841
鄂尔多斯市	1667825	14584	1552217	1351532
巴彦淖尔市	659197	382	524931	468212
乌　海　市	303370		243610	237474
阿拉善盟	190354		153011	144958

2-B-4.28　各地区地方总承包和专业承包企业资产构成

单位:万元

地　　区	资产总计	流动资产合计	#存货
总　　计	**20529373**	**16127850**	**1817527**
呼和浩特市	4655529	3571130	277913
包　头　市	2380851	2078825	264269
呼伦贝尔市	928701	777848	61141
兴　安　盟	670799	613470	87997
通　辽　市	777712	555326	80568
赤　峰　市	1804452	1494993	231267
锡林郭勒盟	324416	271819	62502
乌兰察布市	423972	376705	86478
鄂尔多斯市	6772268	4851371	483555
巴彦淖尔市	1080614	906235	138918
乌　海　市	508420	457902	23911
阿 拉 善 盟	201640	172226	19008

2-B-4.29　各地区地方总承包和专业承包企业固定资产情况

单位:万元

地　　区	固定资产原价	固定资产折旧	#本年折旧	在建工程
总　　计	**2305447**	**1044787**	**181276**	**336265**
呼和浩特市	402166	204699	25564	34191
包　头　市	257169	120923	15156	10802
呼伦贝尔市	157308	82029	7411	13517
兴　安　盟	61184	27957	5652	9692
通　辽　市	103530	49540	9822	4549
赤　峰　市	268454	87675	11782	22993
锡林郭勒盟	47722	25748	3512	3224
乌兰察布市	53971	23782	3638	12979
鄂尔多斯市	749911	325397	85662	179240
巴彦淖尔市	102268	42272	7130	43228
乌　海　市	71229	40631	3874	1130
阿 拉 善 盟	30534	14135	2072	721

2-B-4.30 各地区地方总承包和专业承包企业负债及所有者权益

单位:万元

地区	负债合计	#流动负债	#应付账款	所有者权益	#实收资本
总计	**13775025**	**12945858**	**3994581**	**6754348**	**3904499**
呼和浩特市	3194206	2974424	1013166	1461323	779885
包头市	1903161	1862854	806329	477690	402731
呼伦贝尔市	641259	594234	233621	287442	194231
兴安盟	489551	448427	120013	181248	106772
通辽市	386898	354344	157395	390814	329614
赤峰市	1047456	964607	379462	756996	487407
锡林郭勒盟	199814	183309	72126	124602	94702
乌兰察布市	287401	280674	55181	136571	85738
鄂尔多斯市	4604855	4328109	978211	2167412	977956
巴彦淖尔市	645388	607394	31904	435226	209317
乌海市	288399	261885	106183	220021	158178
阿拉善盟	86636	85596	40990	115004	77968

2-B-4.31 各地区地方总承包和专业承包企业实收资本

单位:万元

地区	合计	国家资本	集体资本	法人资本	个人资本	港澳台资本	外商资本
总计	**3904499**	**456591**	**111836**	**1009650**	**2326009**		**413**
呼和浩特市	779885	154572	8012	221567	395322		413
包头市	402731	103535	32035	73891	193271		
呼伦贝尔市	194231	30244	15049	34636	114304		
兴安盟	106772	7473	5629	36767	56903		
通辽市	329614	115446	18708	72727	122732		
赤峰市	487407	7243	8028	73272	398863		
锡林郭勒盟	94702	829	7321	47058	39495		
乌兰察布市	85738	8584	5945	16197	55014		
鄂尔多斯市	977956	16006	1310	271313	689327		
巴彦淖尔市	209317	9632	3509	64743	131433		
乌海市	158178	3060	6291	35350	113478		
阿拉善盟	77968	-32		62132	15868		

2-B-4.32　各地区地方总承包和专业承包企业收入情况

单位:万元

地　　区	主营业务收入	#主营业务成本	#主营业务税金及附加	其他业务收入	#其他业务利润
总　　计	**11115839**	**9842776**	**109753**	**208884**	**10166**
呼和浩特市	2163662	1853954	14624	18779	1868
包　头　市	1587195	1460496	10933	16163	1341
呼伦贝尔市	567289	501871	6931	4411	703
兴　安　盟	670875	590105	7760	807	46
通　辽　市	547539	476465	5255	22564	166
赤　峰　市	1953697	1729037	25133	74176	213
锡林郭勒盟	172982	161443	2927	437	
乌兰察布市	695381	631097	11534	8020	
鄂尔多斯市	1613370	1416919	11451	54455	2805
巴彦淖尔市	657016	588516	6578	2181	142
乌　海　市	296611	267470	5068	6759	2755
阿 拉 善 盟	190222	165403	1559	132	128

2-B-4.33　各地区地方总承包和专业承包企业费用情况

单位:万元

地　　区	管理费用	销售费用	财务费用	#利息收入	#利息支出
总　　计	**502741**	**34169**	**160173**	**5556**	**98716**
呼和浩特市	140585	4989	43911	3651	41150
包　头　市	63624	269	13653	1027	7843
呼伦贝尔市	26932	347	4322	26	2833
兴　安　盟	15126	129	4246	45	3309
通　辽　市	35080	872	846	40	552
赤　峰　市	64638	17151	21036	-99	10997
锡林郭勒盟	7359	76	399	-34	315
乌兰察布市	18778	6031	1102	132	142
鄂尔多斯市	86665	3791	64048	546	26876
巴彦淖尔市	21566	168	1653	58	1504
乌　海　市	10253	150	3283	28	2142
阿 拉 善 盟	12135	196	1674	136	1054

2-B-4.34 各地区地方总承包和专业承包企业利润及税金情况

单位:万元

地区	利润总额	#应交所得税	税金总额	主营业务税金及附加	应交增值税
总计	**429193**	**127799**	**482714**	**109753**	**372961**
呼和浩特市	107448	23886	66991	14624	52367
包头市	32840	6995	64951	10933	54018
呼伦贝尔市	15528	9253	37848	6931	30917
兴安盟	53914	12690	20930	7760	13170
通辽市	19009	6759	28466	5255	23211
赤峰市	77720	26232	91896	25133	66763
锡林郭勒盟	257	785	12876	2927	9949
乌兰察布市	24936	12422	40203	11534	28669
鄂尔多斯市	46490	14593	59883	11451	48432
巴彦淖尔市	36821	8352	35943	6578	29365
乌海市	5628	2954	14322	5068	9254
阿拉善盟	8601	2878	8406	1559	6847

2-B-4.35 各地区地方总承包和专业承包企业应收工程款及企业亏损情况

地区	应收工程款(万元)	企业个数(个)	#亏损企业个数	亏损企业比重(%)
总计	**6334698**	**1016**	**225**	**22.1**
呼和浩特市	1893387	149	33	22.1
包头市	947120	115	20	17.4
呼伦贝尔市	333992	75	21	28.0
兴安盟	207338	37	11	29.7
通辽市	231108	105	20	19.0
赤峰市	714832	148	27	18.2
锡林郭勒盟	83988	43	12	27.9
乌兰察布市	76289	37	5	13.5
鄂尔多斯市	1209716	168	47	28.0
巴彦淖尔市	370911	72	12	16.7
乌海市	194961	38	10	26.3
阿拉善盟	71056	29	7	24.1

2-B-4.36 各地区地方总承包和专业承包企业主要经济效益指标

地　　区	产值利润率（%）	产值利税率（%）	资本利润率（%）	资本利税率（%）	人均利润（元/人）	人均利税（元/人）	资产负债率（%）
总　　计	**4.5**	**9.5**	**11.0**	**23.4**	**14017.6**	**29783.1**	**67.1**
呼和浩特市	5.4	8.8	13.8	22.4	23294.4	37817.7	68.6
包 头 市	2.1	6.4	8.2	24.3	5872.8	17488.2	79.9
呼伦贝尔市	2.5	8.7	8.0	27.5	5102.3	17538.2	69.0
兴 安 盟	12.7	17.7	50.5	70.1	55093.1	76481.0	73.0
通 辽 市	3.9	9.6	5.8	14.4	9882.3	24681.6	49.7
赤 峰 市	4.2	9.3	15.9	34.8	10473.0	22856.2	58.0
锡林郭勒盟	0.2	12.2	0.3	13.9	496.0	25337.8	61.6
乌兰察布市	6.1	15.8	29.1	76.0	24314.0	63513.1	67.8
鄂尔多斯市	3.4	7.9	4.8	10.9	17148.5	39237.4	68.0
巴彦淖尔市	7.9	15.5	17.6	34.8	23403.8	46249.6	59.7
乌 海 市	2.4	8.4	3.6	12.6	6065.7	21500.5	56.7
阿 拉 善 盟	5.9	11.7	11.0	21.8	29537.1	58404.9	43.0

C. 总承包建筑业企业

2-C-1 各地区总承包建筑业企业签订合同情况

单位：万元

地　　区	签订合同额		
		上年结转合同额	本年新签合同额
总　　计	**24604123**	**11981611**	**12622512**
呼和浩特市	4607659	2291732	2315927
包 头 市	9380331	4431477	4948854
呼伦贝尔市	763421	254662	508759
兴 安 盟	554658	226351	328307
通 辽 市	814640	244743	569897
赤 峰 市	3112147	1390736	1721411
锡林郭勒盟	139605	36917	102688
乌兰察布市	801906	554913	246993
鄂尔多斯市	2574614	1402109	1172505
巴彦淖尔市	1196870	726148	470722
乌 海 市	445251	320505	124746
阿 拉 善 盟	213023	101319	111705

2-C-2 各地区总承包建筑业企业承包工程完成情况

单位:万元

地区	直接从建设单位承揽工程完成的产值	自行完成施工产值	分包出去工程的产值	从建设单位以外承揽工程完成的产值
总计	**10161442**	**10118964**	**42478**	**124036**
呼和浩特市	2141274	2128772	12502	13742
包头市	2075512	2075512		72521
呼伦贝尔市	595845	595845		337
兴安盟	408136	407230	906	957
通辽市	482481	471787	10694	4427
赤峰市	1756733	1754712	2021	6679
锡林郭勒盟	106814	106696	118	1032
乌兰察布市	401590	397653	3937	14188
鄂尔多斯市	1380014	1368705	11309	8559
巴彦淖尔市	452708	452652	56	60
乌海市	221520	220584	936	1535
阿拉善盟	138816	138816		

2-C-3 各地区总承包企业建筑业总产值和竣工产值

单位:万元

地区	建筑业总产值	#装饰装修产值	#在外省完成的产值	按构成分组			竣工产值
				建筑工程产值	安装工程产值	其他产值	
总计	**10242999**	**227224**	**1364572**	**8985014**	**400271**	**857715**	**5321298**
呼和浩特市	2142514	33887	243517	1780340	47773	314401	788754
包头市	2148033	65354	570112	1922031	170329	55673	1096313
呼伦贝尔市	596181	2346	189	551397	12363	32422	388381
兴安盟	408187	55919	99	378244	5282	24660	218106
通辽市	476214	13749	135	357028	57627	61560	295894
赤峰市	1761391	34072	389750	1655832	27987	77572	1057933
锡林郭勒盟	107728	74	538	87481	18116	2132	86958
乌兰察布市	411841		4611	374227	16384	21230	330607
鄂尔多斯市	1377263	3507	148912	1114764	35922	226577	546771
巴彦淖尔市	452712	10871	1729	417163	7710	27839	357142
乌海市	222119	5843	4980	209821	780	11518	98644
阿拉善盟	138816	1603		136684		2132	55796

2-C-4　各地区总承包建筑业企业房屋建筑面积

地　　区	房屋施工面积（万平方米）		房屋竣工面积（万平方米）	房屋竣工率（%）
		#本年新开工		
总　　计	**5396**	**2579**	**1817**	**33.7**
呼和浩特市	831	291	222	26.7
包　头　市	1514	645	360	23.8
呼伦贝尔市	304	186	177	58.2
兴　安　盟	143	82	75	52.2
通　辽　市	259	144	101	38.9
赤　峰　市	1300	789	477	36.7
锡林郭勒盟	55	35	34	62.6
乌兰察布市	302	101	125	41.5
鄂尔多斯市	157	104	77	49.0
巴彦淖尔市	298	141	117	39.4
乌　海　市	161	29	38	23.5
阿拉善盟	74	30	14	18.8

2-C-5　各地区按主要用途分的总承包建筑业企业房屋竣工面积

单位：万平方米

地　　区	合计	住宅房屋	商业及服务用房屋	办公用房　屋	科研、教育、医疗用房屋	文化、体育、娱乐用房屋	厂房及建筑物	仓库	其他未列明的房屋建筑物
总　　计	**1817**	**1450**	**32**	**50**	**80**	**16**	**94**	**4**	**93**
呼和浩特市	222	194	6	13	3	1	1		3
包　头　市	360	255	7	11	16	4	44	2	20
呼伦贝尔市	177	148	4	4	3	5	3		9
兴　安　盟	75	50	1	2	1	1	1		18
通　辽　市	101	66		2	18	1	7		6
赤　峰　市	477	420	5	4	21	1	8		19
锡林郭勒盟	34	25					2		7
乌兰察布市	125	115	2	1	1		6		
鄂尔多斯市	77	36	2	11	9	3	6		9
巴彦淖尔市	117	109	2		5				
乌　海　市	38	27	1				7		2
阿拉善盟	14	3			1	1	8		

2-C-6 各地区按主要用途分的总承包建筑业企业房屋竣工价值

单位:万元

地区	合计	住宅房屋	商业及服务用房屋	办公用房屋	科研、教育、医疗用房屋	文化、体育、娱乐用房屋	厂房及建筑物	仓库	其他未列明的房屋建筑物
总计	**3091266**	**2438176**	**49233**	**99454**	**192771**	**27403**	**130372**	**5456**	**148400**
呼和浩特市	385690	336630	6325	24560	9006	2872	2994	271	3032
包头市	705519	542408	9675	21321	29531	5826	66216	3386	27155
呼伦贝尔市	320502	234474	9232	10629	8472	7160	7364	540	42631
兴安盟	141330	119365	1457	1731	2217	994	1440		14126
通辽市	164002	89146	142	4414	51505	997	4731	425	12642
赤峰市	761270	646801	6955	9189	60810	1844	12853		22817
锡林郭勒盟	50724	36537	1487	524	657		2701		8819
乌兰察布市	167633	149474	3186	2671	2978		9325		
鄂尔多斯市	122286	54383	3161	21894	17211	6964	6003	35	12635
巴彦淖尔市	184312	167685	5544	720	9042		368		953
乌海市	71432	56462	1850	950	380		8310		3480
阿拉善盟	16568	4813	220	851	961	745	8068	800	110

2-C-7 各地区总承包建筑业企业施工机械设备情况

地区	年末自有施工机械设备总台数(台)	年末自有施工机械设备总功率(千瓦)	年末自有施工机械设备净值(万元)	技术装备率(元/人)	动力装备率(千瓦/人)
总计	**68877**	**1877493**	**462295**	**18753**	**7.6**
呼和浩特市	11850	296943	65921	20172	9.1
包头市	14695	336185	33684	5592	5.6
呼伦贝尔市	7408	124256	38678	17978	5.8
兴安盟	2505	57553	8429	12325	8.4
通辽市	2064	50308	21365	16782	4.0
赤峰市	16785	299798	89053	15750	5.3
锡林郭勒盟	1019	42152	12107	34455	12.0
乌兰察布市	2405	32880	11119	14474	4.3
鄂尔多斯市	4140	415785	138307	61103	18.4
巴彦淖尔市	3197	95111	20820	17328	7.9
乌海市	1886	94305	14207	19155	12.7
阿拉善盟	923	32217	8606	31652	11.8

2-C-8　各地区总承包建筑业企业主要生产效益指标

地　　区	建筑业企业个数（个）	从事建筑业活动的平均人数（人）	按总产值计算的劳动生产率（元/人）	人均竣工产值（元/人）	人均施工面积（平方米/人）	人均竣工面积（平方米/人）
总　　计	**864**	**313439**	**326794.0**	**169771.4**	**172.2**	**58.0**
呼和浩特市	108	45763	468176.0	172356.2	181.5	48.4
包 头 市	87	67104	320105.0	163375.1	225.6	53.7
呼伦贝尔市	68	29501	202088.5	131650.2	102.9	59.9
兴 安 盟	27	9366	435817.5	232870.2	153.0	79.8
通 辽 市	96	18507	257315.8	159882.4	140.1	54.4
赤 峰 市	131	72159	244098.5	146611.3	180.1	66.2
锡林郭勒盟	43	5183	207849.5	167774.8	105.7	66.2
乌兰察布市	37	10256	401560.8	322354.8	294.1	122.1
鄂尔多斯市	142	28644	480820.9	190885.1	54.7	26.8
巴彦淖尔市	68	15455	292922.7	231084.8	192.6	75.9
乌 海 市	30	8788	252752.8	112248.1	183.4	43.1
阿拉善盟	27	2713	511671.2	205661.6	271.3	50.9

2-C-9　各地区总承包建筑业企业营业收入

单位:万元

地　　区	营业收入	#在境外完成的营业收入	企业总产值	#建筑业总产值
总　　计	**11868505**	**24075**	**10801186**	**10242999**
呼和浩特市	2254518	2801	2200433	2142514
包 头 市	2238970		2187508	2148033
呼伦贝尔市	553109		634324	596181
兴 安 盟	656117		429779	408187
通 辽 市	536540		493000	476214
赤 峰 市	1941597	834	1826134	1761391
锡林郭勒盟	173419		108954	107728
乌兰察布市	703401	5474	413390	411841
鄂尔多斯市	1701524	14584	1623271	1377263
巴彦淖尔市	637730	382	509431	452712
乌 海 市	288062		228094	222119
阿拉善盟	183518		146870	138816

2-C-10 各地区总承包建筑业企业资产构成

单位:万元

地　　区	资产总计	#流动资产合计	#存货
总　　计	**21056957**	**16836175**	**1865473**
呼和浩特市	4656237	3788362	342269
包 头 市	3289542	2826770	296076
呼伦贝尔市	867254	731610	56814
兴 安 盟	646704	594092	87053
通 辽 市	738300	524062	78264
赤 峰 市	1731858	1443632	220492
锡林郭勒盟	324416	271819	62502
乌兰察布市	423972	376705	86478
鄂尔多斯市	6680967	4823172	464694
巴彦淖尔市	1030953	862076	135632
乌 海 市	482689	437138	22113
阿 拉 善 盟	184064	156739	13087

2-C-11 各地区总承包建筑业企业固定资产情况

单位:万元

地　　区	固定资产原价	固定资产折旧	#本年折旧	在建工程
总　　计	**2333999**	**1077834**	**181743**	**372428**
呼和浩特市	410615	211066	24668	36322
包 头 市	346597	158632	19112	46213
呼伦贝尔市	143994	77505	6770	13517
兴 安 盟	58361	26373	5161	9692
通 辽 市	97058	44966	9516	4543
赤 峰 市	238763	77526	11229	22993
锡林郭勒盟	47722	25748	3512	3224
乌兰察布市	53971	23782	3638	12979
鄂尔多斯市	751718	343785	85751	178161
巴彦淖尔市	93848	38999	6773	42933
乌 海 市	63877	36701	3565	1130
阿 拉 善 盟	27474	12751	2047	721

2-C-12　各地区总承包建筑业企业负债及所有者权益

单位：万元

地　　区	负债合计	#流动负债	#应付账款	所有者权益	#实收资本
总　　计	**14683494**	**13795245**	**4226927**	**6373463**	**3893048**
呼和浩特市	3457941	3269919	1121160	1198297	755517
包 头 市	2703919	2552063	999928	585623	488789
呼伦贝尔市	609838	562914	208411	257416	184408
兴 安 盟	476581	435459	114415	170123	98019
通 辽 市	368634	336080	144874	369666	312959
赤 峰 市	998552	917148	361894	733306	468803
锡林郭勒盟	199814	183309	72126	124602	94702
乌兰察布市	287401	280674	55181	136571	85738
鄂尔多斯市	4593452	4330158	988329	2087514	974509
巴彦淖尔市	632589	599942	26355	398364	205050
乌 海 市	277524	251061	101852	205165	149718
阿 拉 善 盟	77248	76518	32403	106816	74836

2-C-13　各地区总承包建筑业企业实收资本

单位：万元

地　　区	合计	国家资本	集体资本	法人资本	个人资本	港澳台资本	外商资本
总　　计	**3893048**	**626805**	**94381**	**940059**	**2231390**		**413**
呼和浩特市	755517	184049	8329	201771	360955		413
包 头 市	488789	234285	30435	56655	167415		
呼伦贝尔市	184408	30244	7887	34585	111693		
兴 安 盟	98019	7473	3229	32611	54706		
通 辽 市	312959	114552	13523	70067	114817		
赤 峰 市	468803	4736	7228	65637	391202		
锡林郭勒盟	94702	829	7321	47058	39495		
乌兰察布市	85738	8584	5945	16197	55014		
鄂尔多斯市	974509	34919	1000	257496	681094		
巴彦淖尔市	205050	7108	3299	64743	129900		
乌 海 市	149718	60	6186	34240	109232		
阿 拉 善 盟	74836	-32		59000	15868		

2-C-14 各地区总承包建筑业企业收入情况

单位:万元

地 区	主营业务收入	#主营业务成本	#主营业务税金及附加	其他业务收入	#其他业务利润
总 计	**11686627**	**10452348**	**106691**	**181878**	**9783**
呼和浩特市	2235728	1946306	14705	18790	1926
包 头 市	2221472	2063185	10501	17497	2493
呼伦贝尔市	548848	487029	6843	4262	623
兴 安 盟	655312	577261	7620	805	46
通 辽 市	514155	445462	5069	22385	152
赤 峰 市	1890650	1682338	24452	50947	213
锡林郭勒盟	172982	161443	2927	437	
乌兰察布市	695381	631097	11534	8020	
鄂尔多斯市	1650036	1469350	10274	51488	1376
巴彦淖尔市	636320	571382	6415	1410	142
乌 海 市	282288	255822	4819	5775	2755
阿 拉 善 盟	183456	161673	1533	62	59

2-C-15 各地区总承包建筑业企业费用情况

单位:万元

地 区	管理费用	销售费用	财务费用	#利息收入	#利息支出
总 计	**466976**	**19565**	**185450**	**6573**	**123445**
呼和浩特市	129688	3537	46307	3643	43659
包 头 市	75507	258	38000	1971	30305
呼伦贝尔市	24107	229	4280	-33	2734
兴 安 盟	12924	128	4187	45	3309
通 辽 市	31942	802	789	43	506
赤 峰 市	54557	4496	19926	-101	10997
锡林郭勒盟	7359	76	399	-34	315
乌兰察布市	18778	6031	1102	132	142
鄂尔多斯市	77397	3496	63873	693	26780
巴彦淖尔市	18138	168	1662	61	1503
乌 海 市	7346	150	3244	25	2141
阿 拉 善 盟	9233	196	1682	128	1054

2-C-16　各地区总承包建筑业企业利润及税金情况

单位:万元

地　　区	利润总额		税金总额		
		#应交所得税		主营业务税金及附加	应交增值税
总　　计	**415023**	**122442**	**497036**	**106691**	**390345**
呼和浩特市	92938	20686	70125	14705	55421
包 头 市	35525	8438	81648	10501	71147
呼伦贝尔市	14771	9022	36307	6843	29465
兴 安 盟	53618	12514	20603	7620	12983
通 辽 市	20063	6719	26963	5069	21895
赤 峰 市	83500	25785	90978	24452	66527
锡林郭勒盟	257	785	12876	2927	9949
乌兰察布市	24936	12422	40203	11534	28669
鄂尔多斯市	40248	12143	60441	10274	50166
巴彦淖尔市	36308	8214	35546	6415	29131
乌 海 市	4342	2853	13675	4819	8856
阿拉善盟	8518	2863	7671	1533	6138

2-C-17　各地区总承包建筑业企业应收工程款及企业亏损情况

地　　区	应收工程款（万元）	企业个数（个）		亏损企业比重（%）
			#亏损企业个数	
总　　计	**6427252**	**864**	**189**	**21.9**
呼和浩特市	1920283	108	22	20.4
包 头 市	1133395	87	15	17.2
呼伦贝尔市	306170	68	20	29.4
兴 安 盟	200058	27	8	29.6
通 辽 市	221301	96	18	18.8
赤 峰 市	689464	131	26	19.8
锡林郭勒盟	83988	43	12	27.9
乌兰察布市	76289	37	5	13.5
鄂尔多斯市	1183169	142	39	27.5
巴彦淖尔市	361359	68	11	16.2
乌 海 市	184501	30	6	20.0
阿拉善盟	67275	27	7	25.9

2-C-18 各地区总承包建筑业企业主要经济效益指标

地　　区	产值利润率（%）	产值利税率（%）	资本利润率（%）	资本利税率（%）	人均利润（元/人）	人均利税（元/人）	资产负债率（%）
总　　计	**4.1**	**8.9**	**10.7**	**23.4**	**13241.0**	**29098.5**	**69.7**
呼和浩特市	4.3	7.6	12.3	21.6	20308.6	35632.2	74.3
包 头 市	1.7	5.5	7.3	24.0	5294.0	17461.4	82.2
呼伦贝尔市	2.5	8.6	8.0	27.7	5006.9	17314.1	70.3
兴 安 盟	13.1	18.2	54.7	75.7	57247.5	79245.0	73.7
通 辽 市	4.2	9.9	6.4	15.0	10840.5	25409.7	49.9
赤 峰 市	4.7	9.9	17.8	37.2	11571.6	24179.7	57.7
锡林郭勒盟	0.2	12.2	0.3	13.9	496.0	25337.8	61.6
乌兰察布市	6.1	15.8	29.1	76.0	24314.0	63513.1	67.8
鄂尔多斯市	2.9	7.3	4.1	10.3	14050.9	35151.6	68.8
巴彦淖尔市	8.0	15.9	17.7	35.0	23492.8	46492.5	61.4
乌 海 市	2.0	8.1	2.9	12.0	4940.3	20501.4	57.5
阿 拉 善 盟	6.1	11.7	11.4	21.6	31396.2	59671.6	42.0

2-C-19 各地区按资质等级划分的总承包建筑业企业单位数

单位:个

地　　区	合计	特级	一级	二级	三级及以下
总　　计	**864**	**3**	**88**	**294**	**479**
呼和浩特市	108	1	21	32	54
包 头 市	87	1	16	34	36
呼伦贝尔市	68		7	13	48
兴 安 盟	27		2	9	16
通 辽 市	96		4	24	68
赤 峰 市	131	1	11	52	67
锡林郭勒盟	43		1	9	33
乌兰察布市	37		1	16	20
鄂尔多斯市	142		14	47	81
巴彦淖尔市	68		2	33	33
乌 海 市	30		9	14	7
阿 拉 善 盟	27			11	16

2-C-20　各地区按资质等级划分的总承包建筑业企业期末人数

单位：人

地　区	合计	特级	一级	二级	三级及以下
总　计	**246524**	**41201**	**72054**	**75237**	**58032**
呼和浩特市	32680	2172	17574	6959	5975
包头市	60237	18626	25742	10685	5184
呼伦贝尔市	21514		3422	4077	14015
兴安盟	6839		2083	3918	838
通辽市	12731		1084	4777	6870
赤峰市	56541	20403	8932	19036	8170
锡林郭勒盟	3514		210	1627	1677
乌兰察布市	7682		365	4807	2510
鄂尔多斯市	22635		5809	10121	6705
巴彦淖尔市	12015		2076	5854	4085
乌海市	7417		4757	2381	279
阿拉善盟	2719			995	1724

2-C-21　各地区按资质等级划分的总承包企业建筑业总产值

单位：万元

地　区	合计	特级	一级	二级	三级及以下
总　计	**10242999**	**1264151**	**3976325**	**2798981**	**2203543**
呼和浩特市	2142514	126939	1399301	204024	412250
包头市	2148033	697310	961231	344084	145408
呼伦贝尔市	596181		147933	130400	317849
兴安盟	408187		132927	180779	94481
通辽市	476214		73849	164803	237563
赤峰市	1761391	439903	443056	585995	292436
锡林郭勒盟	107728		13071	44406	50252
乌兰察布市	411841		16235	258751	136855
鄂尔多斯市	1377263		568811	465383	343069
巴彦淖尔市	452712		86111	251895	114706
乌海市	222119		133799	76766	11554
阿拉善盟	138816			91695	47121

2-C-22 各地区按资质等级划分的总承包建筑业企业签订合同额

单位:万元

地区	合计	特级	一级	二级	三级及以下
总计	**24604123**	**7832161**	**7954429**	**5462248**	**3355285**
呼和浩特市	4607659	613355	2889784	398691	705829
包头市	9380331	6453198	2189367	547561	190205
呼伦贝尔市	763421		190923	175807	396691
兴安盟	554658		190112	245013	119533
通辽市	814640		160483	214856	439301
赤峰市	3112147	765608	791189	1207175	348175
锡林郭勒盟	139605		21579	51393	66633
乌兰察布市	801906		18133	561882	221891
鄂尔多斯市	2574614		950956	1106868	516790
巴彦淖尔市	1196870		260720	714332	221818
乌海市	445251		291183	139075	14992
阿拉善盟	213023			99595	113428

2-C-23 各地区按资质等级划分的总承包建筑业企业竣工产值

单位:万元

地区	合计	特级	一级	二级	三级及以下
总计	**5321298**	**492561**	**1818584**	**1801234**	**1208919**
呼和浩特市	788754	60180	495143	133240	100190
包头市	1096313	272848	596638	97131	129696
呼伦贝尔市	388381		75553	75817	237012
兴安盟	218106		35511	115730	66866
通辽市	295894		47580	123198	125117
赤峰市	1057933	159532	285231	499868	113301
锡林郭勒盟	86958			42960	43998
乌兰察布市	330607		15732	204783	110093
鄂尔多斯市	546771		167838	196979	181955
巴彦淖尔市	357142		81319	202347	73476
乌海市	98644		18039	71085	9519
阿拉善盟	55796			38098	17698

2-C-24　各地区按资质等级划分的总承包建筑业企业房屋施工面积

单位:万平方米

地　区	合计	特级	一级	二级	三级及以下
总　计	**5396.0**	**1499.4**	**1475.5**	**1480.7**	**940.3**
呼和浩特市	830.7	87.4	614.8	62.5	66.0
包 头 市	1514.0	1000.7	329.5	124.1	59.6
呼伦贝尔市	303.6		45.9	89.8	167.9
兴 安 盟	143.3		40.8	58.9	43.6
通 辽 市	259.3		42.2	92.0	125.1
赤 峰 市	1299.6	411.3	209.9	532.4	146.0
锡林郭勒盟	54.8			22.9	31.9
乌兰察布市	301.6			206.1	95.5
鄂尔多斯市	156.6		58.9	35.6	62.1
巴彦淖尔市	297.7		33.5	190.4	73.8
乌 海 市	161.2		100.2	55.3	5.8
阿拉善盟	73.6			10.7	62.9

2-C-25　各地区按资质等级划分的总承包建筑业企业房屋竣工面积

单位:万平方米

地　区	合计	特级	一级	二级	三级及以下
总　计	**1816.7**	**288.4**	**429.3**	**639.5**	**459.5**
呼和浩特市	221.7	46.5	91.8	45.1	38.2
包 头 市	360.1	148.6	140.6	31.9	39.1
呼伦贝尔市	176.6		27.9	35.2	113.5
兴 安 盟	74.8		23.2	32.6	19.0
通 辽 市	100.8		18.1	41.3	41.4
赤 峰 市	477.5	93.3	85.7	247.4	51.1
锡林郭勒盟	34.3			19.2	15.1
乌兰察布市	125.2			55.9	69.4
鄂尔多斯市	76.7		11.0	27.6	38.2
巴彦淖尔市	117.3		22.1	69.8	25.5
乌 海 市	37.9		8.8	25.8	3.3
阿拉善盟	13.8			8.1	5.8

2-C-26 各地区按资质等级划分的总承包企业自有施工机械设备台数

单位:台

地区	合计	特级	一级	二级	三级及以下
总计	**68877**	**5090**	**24869**	**24100**	**14818**
呼和浩特市	11850	1268	7796	1179	1607
包头市	14695	3591	7958	1983	1163
呼伦贝尔市	7408		4783	1559	1066
兴安盟	2505		187	1991	327
通辽市	2064		781	606	677
赤峰市	16785	231	1423	11146	3985
锡林郭勒盟	1019		36	279	704
乌兰察布市	2405		66	1089	1250
鄂尔多斯市	4140		270	993	2877
巴彦淖尔市	3197		268	1997	932
乌海市	1886		1301	541	44
阿拉善盟	923			737	186

2-C-27 各地区按资质等级划分的总承包企业自有施工机械设备总功率

单位:万千瓦

地区	合计	特级	一级	二级	三级及以下
总计	**187.7**	**17.0**	**55.6**	**83.6**	**31.5**
呼和浩特市	29.7	5.5	19.2	2.3	2.7
包头市	33.6	10.4	14.2	6.9	2.1
呼伦贝尔市	9.4		7.1	2.3	
兴安盟	30.0	1.0	4.3	17.6	7.0
通辽市	5.0		1.0	1.6	2.4
赤峰市	41.6		0.6	34.1	6.9
锡林郭勒盟	12.4		5.0	3.9	3.6
乌兰察布市	9.5		2.7	5.8	1.1
鄂尔多斯市	3.3			1.6	1.6
巴彦淖尔市	5.8		1.3	4.0	0.4
乌海市	4.2		0.2	1.6	2.4
阿拉善盟	3.2			1.8	1.4

2-C-28　各地区按资质等级划分的总承包建筑业企业实收资本

单位:万元

地　　区	合计	特级	一级	二级	三级及以下
总　　计	**3893048**	**216975**	**1322554**	**1287092**	**1066426**
呼和浩特市	755517	57346	341386	103888	252897
包　头　市	488789	128329	213550	104394	42517
呼伦贝尔市	184408		62593	45557	76257
兴　安　盟	98019		25023	48106	24890
通　辽　市	312959		134362	89970	88627
赤　峰　市	468803	31300	100229	208736	128538
锡林郭勒盟	94702		9720	28089	56894
乌兰察布市	85738		3000	49525	33214
鄂尔多斯市	974509		369066	392663	212780
巴彦淖尔市	205050		17119	125956	61975
乌　海　市	149718		46507	48217	54995
阿拉善盟	74836			41993	32843

2-C-29　各地区按资质等级划分的总承包建筑业企业资产

单位:万元

地　　区	合计	特级	一级	二级	三级及以下
总　　计	**21056957**	**2043112**	**7621498**	**6158674**	**5233673**
呼和浩特市	4656237	724129	1903853	461544	1566711
包　头　市	3289542	1049056	1531626	498400	210461
呼伦贝尔市	867254		306505	124477	436272
兴　安　盟	646704		244201	320423	82080
通　辽　市	738300		200171	251675	286454
赤　峰　市	1731858	269927	444552	675474	341905
锡林郭勒盟	324416		25133	111946	187337
乌兰察布市	423972		10552	220504	192916
鄂尔多斯市	6680967		2394751	2715774	1570442
巴彦淖尔市	1030953		254587	558961	217405
乌　海　市	482689		305568	110680	66441
阿拉善盟	184064			108815	75249

2-C-30 各地区按资质等级划分的总承包建筑业企业所有者权益

单位:万元

地　　区	合计	特级	一级	二级	三级及以下
总　　计	**6373463**	**289262**	**2240677**	**1821362**	**2022162**
呼和浩特市	1198297	74281	433838	158957	531221
包 头 市	585623	159249	253025	114058	59291
呼伦贝尔市	257416		70907	63871	122639
兴 安 盟	170123		41807	103004	25311
通 辽 市	369666		137075	111969	120622
赤 峰 市	733306	55732	185698	309041	182835
锡林郭勒盟	124602		9946	47120	67536
乌兰察布市	136571		5366	81024	50181
鄂尔多斯市	2087514		863814	556043	667657
巴彦淖尔市	398364		155198	148815	94352
乌 海 市	205165		84005	65975	55186
阿拉善盟	106816			61486	45331

2-C-31 各地区按资质等级划分的总承包建筑业企业负债

单位:万元

地　　区	合计	特级	一级	二级	三级及以下
总　　计	**14683494**	**1753850**	**5380821**	**4337312**	**3211511**
呼和浩特市	3457941	649849	1470016	302587	1035489
包 头 市	2703919	889806	1278601	384341	151170
呼伦贝尔市	609838		235599	60607	313633
兴 安 盟	476581		202394	217419	56768
通 辽 市	368634		63096	139706	165832
赤 峰 市	998552	214195	258853	366433	159070
锡林郭勒盟	199814		15188	64826	119801
乌兰察布市	287401		5186	139480	142735
鄂尔多斯市	4593452		1530936	2159731	902785
巴彦淖尔市	632589		99390	410146	123053
乌 海 市	277524		221563	44706	11256
阿拉善盟	77248			47330	29918

2-C-32　各地区按资质等级划分的总承包建筑业企业营业收入

单位:万元

地　　区	合计	特级	一级	二级	三级及以下
总　　计	**11868505**	**1314254**	**3919473**	**4091940**	**2542838**
呼和浩特市	2254518	180210	1319528	275662	479118
包 头 市	2238970	726750	937162	382802	192256
呼伦贝尔市	553109		131073	166447	255589
兴 安 盟	656117		111416	474687	70014
通 辽 市	536540		72619	182990	280931
赤 峰 市	1941597	407294	442008	764703	327593
锡林郭勒盟	173419		13071	96470	63878
乌兰察布市	703401		52799	485719	164883
鄂尔多斯市	1701524		592150	673978	435396
巴彦淖尔市	637730		89707	384560	163463
乌 海 市	288062		157940	114777	15345
阿拉善盟	183518			89145	94373

2-C-33　各地区按资质等级划分的总承包建筑业企业利税总额

单位:万元

地　　区	合计	特级	一级	二级	三级及以下
总　　计	**912059**	**56221**	**257383**	**349590**	**248864**
呼和浩特市	163064	5350	78789	25429	53496
包 头 市	117173	25922	50649	26618	13984
呼伦贝尔市	51078		-4691	18300	37469
兴 安 盟	74221		10209	58283	5728
通 辽 市	47026		4674	17650	24702
赤 峰 市	174478	24950	41701	72548	35279
锡林郭勒盟	13133		1048	8333	3752
乌兰察布市	65139		5651	43030	16458
鄂尔多斯市	100688		50473	25433	24782
巴彦淖尔市	71854		14650	35523	21681
乌 海 市	18017		4230	12912	875
阿拉善盟	16189			5531	10658

2-C-34 各地区按资质等级划分的总承包建筑业企业利润总额

单位:万元

地区	合计	特级	一级	二级	三级及以下
总计	**415023**	**16859**	**106745**	**151662**	**139757**
呼和浩特市	92938	-276	37568	12958	42689
包头市	35525	6714	12632	10597	5582
呼伦贝尔市	14771		-15529	8514	21787
兴安盟	53618		7670	43934	2014
通辽市	20063		2453	6835	10775
赤峰市	83500	10422	19550	33829	19699
锡林郭勒盟	257		56	-549	750
乌兰察布市	24936		3616	13898	7423
鄂尔多斯市	40248		28606	-1071	12712
巴彦淖尔市	36308		12220	15037	9051
乌海市	4342		-2096	6257	181
阿拉善盟	8518			1423	7095

2-C-35 各地区按资质等级划分的总承包建筑业企业税金总额

单位:万元

地区	合计	特级	一级	二级	三级及以下
总计	**497036**	**39362**	**150639**	**197928**	**109107**
呼和浩特市	70125	5626	41221	12471	10807
包头市	81648	19208	38017	16021	8402
呼伦贝尔市	36307		10838	9787	15682
兴安盟	20603		2540	14349	3714
通辽市	26963		2221	10815	13927
赤峰市	90978	14528	22151	38719	15581
锡林郭勒盟	12876		991	8882	3003
乌兰察布市	40203		2035	29132	9035
鄂尔多斯市	60441		21867	26504	12070
巴彦淖尔市	35546		2430	20486	12630
乌海市	13675		6326	6656	693
阿拉善盟	7671			4108	3563

2-C-36　各地区按资质等级划分的总承包建筑业企业主营业务收入

单位:万元

地　区	合计	特级	一级	二级	三级及以下
总　计	**11686627**	**1311705**	**3888170**	**4032166**	**2454586**
呼和浩特市	2235728	179678	1314935	272090	469025
包 头 市	2221472	724734	931877	380002	184859
呼伦贝尔市	548848		130827	166430	251590
兴 安 盟	655312		111202	474687	69423
通 辽 市	514155		61414	175579	277162
赤 峰 市	1890650	407294	442008	729945	311403
锡林郭勒盟	172982		13004	96301	63678
乌兰察布市	695381		52799	485715	156868
鄂尔多斯市	1650036		588818	663157	398061
巴彦淖尔市	636320		89068	384399	162853
乌 海 市	282288		152219	114777	15291
阿 拉 善 盟	183456			89082	94373

2-C-37　各地区按资质等级划分的总承包建筑业企业管理费用

单位:万元

地　区	合计	特级	一级	二级	三级及以下
总　计	**466976**	**52876**	**181344**	**129007**	**103749**
呼和浩特市	129688	20987	79320	10225	19156
包 头 市	75507	21497	29850	18142	6018
呼伦贝尔市	24107		11027	4698	8382
兴 安 盟	12924		4665	5849	2410
通 辽 市	31942		9571	8765	13606
赤 峰 市	54557	10391	11475	19229	13461
锡林郭勒盟	7359		1066	1506	4787
乌兰察布市	18778		225	8769	9785
鄂尔多斯市	77397		26511	34301	16585
巴彦淖尔市	18138		3019	11194	3925
乌 海 市	7346		4615	1789	942
阿 拉 善 盟	9233			4540	4693

2-C-38 各地区按资质等级划分的总承包建筑业企业财务费用

单位:万元

地　　区	合计	特级	一级	二级	三级及以下
总　　计	**185450**	**52431**	**44568**	**51002**	**37450**
呼和浩特市	46307	14769	4908	951	25679
包 头 市	38000	24454	9764	3571	212
呼伦贝尔市	4280		2631	1341	308
兴 安 盟	4187		2862	1327	-2
通 辽 市	789		78	251	459
赤 峰 市	19926	13209	3552	841	2324
锡林郭勒盟	399		4	23	372
乌兰察布市	1102		-3	802	303
鄂尔多斯市	63873		17640	38823	7411
巴彦淖尔市	1662		-30	1579	113
乌 海 市	3244		3163	54	27
阿 拉 善 盟	1682			1438	244

2-C-39 各地区按资质等级划分的总承包建筑业企业应收工程款

单位:万元

地　　区	合计	特级	一级	二级	三级及以下
总　　计	**6427252**	**877820**	**2571096**	**1229022**	**1749315**
呼和浩特市	1920283	469433	578636	101255	770960
包 头 市	1133395	250423	575213	228346	79413
呼伦贝尔市	306170		107771	47604	150795
兴 安 盟	200058		135713	38075	26270
通 辽 市	221301		58436	54809	108056
赤 峰 市	689464	157964	192198	226499	112804
锡林郭勒盟	83988		9901	40374	33713
乌兰察布市	76289			32819	43470
鄂尔多斯市	1183169		592373	285186	305610
巴彦淖尔市	361359		162542	111755	87062
乌 海 市	184501		158314	20555	5632
阿 拉 善 盟	67275			41744	25531

D.专业承包建筑业企业

2-D-1　各地区专业承包建筑业企业签订合同情况

单位:万元

地　　区	签订合同额		
		上年结转合同额	本年新签合同额
总　　计	**569107**	**165937**	**403170**
呼和浩特市	125508	35341	90168
包　头　市	123128	27300	95828
呼伦贝尔市	38601	31596	7006
兴　安　盟	16027	8806	7221
通　辽　市	35205	16059	19145
赤　峰　市	83962	15808	68154
锡林郭勒盟			
乌兰察布市			
鄂尔多斯市	113444	26953	86491
巴彦淖尔市	11107	130	10978
乌　海　市	15983	3946	12038
阿　拉　善　盟	6141		6141

2-D-2　各地区专业承包建筑业企业承包工程完成情况

单位:万元

地　　区	直接从建设单位承揽工程完成的产值			从建设单位以外承揽工程完成的产值
		自行完成施工产值	分包出去工程的产值	
总　　计	**441076**	**437328**	**3748**	**9547**
呼和浩特市	101231	101231		248
包　头　市	91395	89835	1560	1023
呼伦贝尔市	17587	17587		244
兴　安　盟	15459	15459		
通　辽　市	21089	21039	50	50
赤　峰　市	63768	63768		6626
锡林郭勒盟				
乌兰察布市				
鄂尔多斯市	93551	91413	2138	1356
巴彦淖尔市	15500	15500		
乌　海　市	15355	15355		
阿　拉　善　盟	6141	6141		

2-D-3 各地区专业承包企业建筑业总产值和竣工产值

单位:万元

地区	建筑业总产值	#装饰装修产值	#在外省完成的产值	按构成分组			竣工产值
				建筑工程产值	安装工程产值	其他产值	
总计	**446876**	**23608**	**31378**	**190837**	**211213**	**44826**	**246340**
呼和浩特市	101479	1680	12485	30219	62844	8416	77026
包头市	90858	17352	5793	30675	50686	9496	34689
呼伦贝尔市	17831	1339		4924	12618	289	3021
兴安盟	15459	1925		233	11671	3556	10699
通辽市	21089			3266	17108	715	14845
赤峰市	70395	148	10200	53855	7248	9291	33436
锡林郭勒盟							
乌兰察布市							
鄂尔多斯市	92769	712	2900	64840	16884	11045	44625
巴彦淖尔市	15500			1402	14098		9762
乌海市	15355	303		1272	12065	2018	12097
阿拉善盟	6141	150		150	5991		6141

2-D-4 各地区专业承包建筑业企业房屋建筑面积

地区	房屋施工面积(万平方米)	#本年新开工	房屋竣工面积(万平方米)	房屋竣工率(%)
总计	**1.7**	**1.4**	**6.4**	**366.7**
呼和浩特市				
包头市	0.3		0.3	100.0
呼伦贝尔市	1.3	1.3	1.3	100.0
兴安盟				
通辽市				
赤峰市			4.7	
锡林郭勒盟				
乌兰察布市				
鄂尔多斯市	0.1	0.1		
巴彦淖尔市				
乌海市				
阿拉善盟				

2-D-5　各地区按主要用途分的专业承包建筑业企业房屋竣工面积

单位:万平方米

地　　区	合计	住宅房屋	商业及服务用房屋	办公用房　屋	科研、教育、医疗用房屋	文化、体育、娱乐用房屋	厂房及建筑物	仓库	其他未列明的房屋建筑物
总　　计	**6.38**				**0.11**		**1.34**		**4.69**
呼和浩特市									
包 头 市	0.35				0.11				
呼伦贝尔市	1.34						1.34		
兴 安 盟									
通 辽 市									
赤 峰 市	4.69								4.69
锡林郭勒盟									
乌兰察布市									
鄂尔多斯市									
巴彦淖尔市									
乌 海 市									
阿 拉 善 盟									

2-D-6　各地区按主要用途分的专业承包建筑业企业房屋竣工价值

单位:万元

地　　区	合计	住宅房屋	商业及服务用房屋	办公用房　屋	科研、教育、医疗用房屋	文化、体育、娱乐用房屋	厂房及建筑物	仓库	其他未列明的房屋建筑物
总　　计	**2930**				**130**	**239**	**962**		**1600**
呼和浩特市									
包 头 市	369				130	239			
呼伦贝尔市	962						962		
兴 安 盟									
通 辽 市									
赤 峰 市	1600								1600
锡林郭勒盟									
乌兰察布市									
鄂尔多斯市									
巴彦淖尔市									
乌 海 市									
阿 拉 善 盟									

2-D-7 各地区专业承包建筑业企业施工机械设备情况

地　　区	年末自有施工机械设备总台数(台)	年末自有施工机械设备总功率(千瓦)	年末自有施工机械设备净值(万元)	技术装备率(元/人)	动力装备率(千瓦/人)
总　　计	**2180**	**56585**	**18057**	**14208**	**4.5**
呼和浩特市	905	4422	2648	8882	1.5
包 头 市	274	15773	3097	10898	5.5
呼伦贝尔市	257	1636	362	3639	1.6
兴 安 盟	7	80	95	3715	0.3
通 辽 市	147	1879	207	2488	2.3
赤 峰 市	314	22815	8557	44131	11.8
锡林郭勒盟					
乌兰察布市					
鄂尔多斯市	40	2415	1352	7406	1.3
巴彦淖尔市	135	5714	1650	58493	20.3
乌 海 市	97	1539	53	917	2.6
阿 拉 善 盟	4	312	37	2068	1.8

2-D-8 各地区专业承包建筑业企业主要生产效益指标

地　　区	建筑业企业个数(个)	从事建筑业活动的平均人数(人)	按总产值计算的劳动生产率(元/人)	人均竣工产值(元/人)	人均施工面积(平方米/人)	人均竣工面积(平方米/人)
总　　计	**160**	**13182**	**339004.4**	**186875.9**	**1.3**	**4.8**
呼和浩特市	45	3119	325356.2	246956.4		
包 头 市	30	2953	307680.0	117470.0	1.2	1.2
呼伦贝尔市	7	933	191114.7	32383.7	14.4	14.4
兴 安 盟	10	420	368071.4	254742.9		
通 辽 市	10	861	244939.6	172410.0		
赤 峰 市	17	2051	343221.4	163021.5		22.9
锡林郭勒盟						
乌兰察布市						
鄂尔多斯市	27	1877	494242.4	237745.9	0.3	
巴彦淖尔市	4	278	557543.2	351133.1		
乌 海 市	8	491	312729.1	246372.7		
阿 拉 善 盟	NA	199	308598.0	308598.0		

2-D-9　各地区专业承包建筑业企业营业收入

单位:万元

地　　区	营业收入	#在境外完成的营业收入	企业总产值	#建筑业总产值
总　　计	**546162**	**175**	**493232**	**446876**
呼和浩特市	118894		135514	101479
包 头 市	101125		91550	90858
呼伦贝尔市	18590		17831	17831
兴 安 盟	15565		15465	15459
通 辽 市	37884		21206	21089
赤 峰 市	86276	175	77063	70395
锡林郭勒盟				
乌兰察布市				
鄂尔多斯市	124217		97447	92769
巴彦淖尔市	21467		15500	15500
乌 海 市	15308		15516	15355
阿 拉 善 盟	6836		6141	6141

2-D-10　各地区专业承包建筑业企业资产构成

单位:万元

地　　区	资产总计	#流动资产合计	#存货
总　　计	**1134834**	**685031**	**96434**
呼和浩特市	454371	181173	26603
包 头 市	149971	120294	16108
呼伦贝尔市	61446	46239	4327
兴 安 盟	24095	19378	943
通 辽 市	44228	35048	3637
赤 峰 市	72594	51362	10776
锡林郭勒盟			
乌兰察布市			
鄂尔多斯市	235161	151128	23036
巴彦淖尔市	49660	44158	3286
乌 海 市	25731	20764	1798
阿 拉 善 盟	17576	15488	5921

2-D-11 各地区专业承包建筑业企业固定资产情况

单位:万元

地区	固定资产原价	固定资产折旧	#本年折旧	在建工程
总计	**168408**	**74097**	**9163**	**10553**
呼和浩特市	22545	14011	1968	3786
包头市	19190	9622	1279	2029
呼伦贝尔市	13314	4524	641	
兴安盟	2823	1583	491	
通辽市	8492	5590	394	6
赤峰市	29691	10150	553	
锡林郭勒盟				
乌兰察布市				
鄂尔多斯市	53522	20031	3147	4437
巴彦淖尔市	8420	3273	357	295
乌海市	7352	3929	308	
阿拉善盟	3059	1385	25	

2-D-12 各地区专业承包建筑业企业负债及所有者权益

单位:万元

地区	负债合计	#流动负债	#应付账款	所有者权益	#实收资本
总计	**520881**	**464982**	**239951**	**613952**	**199762**
呼和浩特市	153915	120909	54830	300456	58591
包头市	93025	92243	47360	56946	44770
呼伦贝尔市	31421	31320	25210	30026	9824
兴安盟	12970	12968	5598	11125	8753
通辽市	21462	21462	14242	22766	17912
赤峰市	48904	47459	17568	23690	18604
锡林郭勒盟					
乌兰察布市					
鄂尔多斯市	126123	111266	56676	109038	25448
巴彦淖尔市	12799	7453	5549	36862	4267
乌海市	10875	10824	4332	14855	8460
阿拉善盟	9388	9079	8587	8188	3132

2-D-13 各地区专业承包建筑业企业实收资本

单位:万元

地区	合计	国家资本	集体资本	法人资本	个人资本	港澳台资本	外商资本
总计	**199762**	**16238**	**19030**	**69617**	**94877**		
呼和浩特市	58591	4146		19821	34624		
包头市	44770	79	1600	17235	25856		
呼伦贝尔市	9824		7162	51	2611		
兴安盟	8753		2400	4156	2197		
通辽市	17912	894	6443	2660	7915		
赤峰市	18604	2508	800	7635	7661		
锡林郭勒盟							
乌兰察布市							
鄂尔多斯市	25448	3087	310	13817	8233		
巴彦淖尔市	4267	2524	210		1533		
乌海市	8460	3000	105	1110	4246		
阿拉善盟	3132			3132			

2-D-14 各地区专业承包建筑业企业收入情况

单位:万元

地区	主营业务收入	#主营业务成本	#主营业务税金及附加	其他业务收入	#其他业务利润
总计	**516252**	**411883**	**3848**	**29910**	**1627**
呼和浩特市	118322	97835	607	573	34
包头市	100443	83576	509	682	
呼伦贝尔市	18441	14842	88	149	80
兴安盟	15563	12844	140	2	
通辽市	37706	34337	208	179	14
赤峰市	63047	46699	681	23228	
锡林郭勒盟					
乌兰察布市					
鄂尔多斯市	120946	89240	1177	3271	1429
巴彦淖尔市	20696	17133	163	772	
乌海市	14323	11647	249	984	
阿拉善盟	6766	3730	26	70	70

2-D-15 各地区专业承包建筑业企业费用情况

单位:万元

地区	管理费用	销售费用	财务费用		
				#利息收入	#利息支出
总计	**70502**	**15015**	**1961**	**125**	**571**
呼和浩特市	14736	1453	284	43	160
包头市	9643	142	107	12	65
呼伦贝尔市	2825	118	42	59	98
兴安盟	2202	2	60		
通辽市	3968	185	65	2	45
赤峰市	10081	12655	1110	2	
锡林郭勒盟					
乌兰察布市					
鄂尔多斯市	17811	460	271		200
巴彦淖尔市	3428		-9	-3	1
乌海市	2907	1	39	3	1
阿拉善盟	2902		-8	8	

2-D-16 各地区专业承包建筑业企业利润及税金情况

单位:万元

地区	利润总额		税金总额		
		#应交所得税		主营业务税金及附加	应交增值税
总计	**14070**	**5182**	**17555**	**3848**	**13707**
呼和浩特市	2833	697	3878	607	3271
包头市	4224	712	3290	509	2782
呼伦贝尔市	757	231	1540	88	1452
兴安盟	296	176	327	140	187
通辽市	-1042	48	1525	208	1317
赤峰市	-5780	447	917	681	236
锡林郭勒盟					
乌兰察布市					
鄂尔多斯市	10897	2616	4298	1177	3121
巴彦淖尔市	513	138	397	163	234
乌海市	1287	101	647	249	398
阿拉善盟	83	15	735	26	709

2-D-17　各地区专业承包建筑业企业应收工程款及企业亏损情况

地　　区	应收工程款（万元）	企业个数（个）	#亏损企业个数	亏损企业比重（%）
总　　计	**295106**	**160**	**38**	**23.8**
呼和浩特市	62900	45	13	28.9
包　头　市	67335	30	5	16.7
呼伦贝尔市	27822	7	1	14.3
兴　安　盟	7280	10	3	30.0
通　辽　市	11969	10	2	20.0
赤　峰　市	25368	17	1	5.9
锡林郭勒盟				
乌兰察布市				
鄂尔多斯市	68639	27	8	29.6
巴彦淖尔市	9552	4	1	25.0
乌　海　市	10460	8	4	50.0
阿 拉 善 盟	3781	NA		

2-D-18　各地区专业承包建筑业企业主要经济效益指标

地　　区	产值利润率（%）	产值利税率（%）	资本利润率（%）	资本利税率（%）	人均利润（元/人）	人均利税（元/人）	资产负债率（%）
总　　计	**3.1**	**7.1**	**7.0**	**15.8**	**10673.3**	**23990.4**	**45.9**
呼和浩特市	2.8	6.6	4.8	11.5	9081.4	21514.9	33.9
包　头　市	4.6	8.3	9.4	16.8	14304.4	25446.7	62.0
呼伦贝尔市	4.2	12.9	7.7	23.4	8115.8	24623.8	51.1
兴　安　盟	1.9	4.0	3.4	7.1	7050.0	14842.9	53.8
通　辽　市	-4.9	2.3	-5.8	2.7	-12096.4	5612.1	48.5
赤　峰　市	-8.2	-6.9	-31.1	-26.1	-28178.9	-23706.0	67.4
锡林郭勒盟							
乌兰察布市							
鄂尔多斯市	11.7	16.4	42.8	59.7	58056.5	80952.1	53.6
巴彦淖尔市	3.3	5.9	12.0	21.3	18456.8	32748.2	25.8
乌　海　市	8.4	12.6	15.2	22.9	26209.8	39382.9	42.3
阿 拉 善 盟	1.4	13.3	2.7	26.1	4191.0	41135.7	53.4

2-D-19 各地区按资质等级划分的专业承包建筑业企业单位数

单位:个

地区	合计	一级	二级	三级及以下
总计	**160**	**20**	**61**	**79**
呼和浩特市	45	5	17	23
包头市	30	6	20	4
呼伦贝尔市	7		4	3
兴安盟	10	2	2	6
通辽市	10	1		9
赤峰市	17	3	6	8
锡林郭勒盟				
乌兰察布市				
鄂尔多斯市	27	3	7	17
巴彦淖尔市	4		1	3
乌海市	8		3	5
阿拉善盟	NA		1	1

2-D-20 各地区按资质等级划分的专业承包建筑业企业期末人数

单位:人

地区	合计	一级	二级	三级及以下
总计	**12709**	**1890**	**5138**	**5681**
呼和浩特市	2981	411	1801	769
包头市	2842	837	852	1153
呼伦贝尔市	996		880	116
兴安盟	256	17	157	82
通辽市	830	312		518
赤峰市	1939	155	846	938
锡林郭勒盟				
乌兰察布市				
鄂尔多斯市	1825	158	176	1491
巴彦淖尔市	282		201	81
乌海市	581		200	381
阿拉善盟	177		25	152

2-D-21　各地区按资质等级划分的专业承包企业建筑业总产值

单位:万元

地　　区	合计	一级	二级	三级及以下
总　　计	**446876**	**75355**	**187770**	**183751**
呼和浩特市	101479	20607	58397	22475
包 头 市	90858	27082	49942	13835
呼伦贝尔市	17831		9180	8651
兴 安 盟	15459	2910	9092	3458
通 辽 市	21089	10110		10979
赤 峰 市	70395	3891	32629	33874
锡林郭勒盟				
乌兰察布市				
鄂尔多斯市	92769	10756	11063	70951
巴彦淖尔市	15500		7748	7752
乌 海 市	15355		9569	5786
阿 拉 善 盟	6141		150	5991

2-D-22　各地区按资质等级划分的专业承包建筑业企业签订合同额

单位:万元

地　　区	合计	一级	二级	三级及以下
总　　计	**569107**	**97880**	**241903**	**229324**
呼和浩特市	125508	20963	75683	28862
包 头 市	123128	31659	77830	13639
呼伦贝尔市	38601		6970	31631
兴 安 盟	16027	3409	9092	3526
通 辽 市	35205	23528		11677
赤 峰 市	83962	6452	42290	35221
锡林郭勒盟				
乌兰察布市				
鄂尔多斯市	113444	11868	15553	86024
巴彦淖尔市	11107		3194	7913
乌 海 市	15983		11143	4841
阿 拉 善 盟	6141		150	5991

2-D-23 各地区按资质等级划分的专业承包建筑业企业竣工产值

单位:万元

地 区	合计	一级	二级	三级及以下
总 计	**246340**	**52050**	**93410**	**100880**
呼和浩特市	77026	20607	46341	10078
包 头 市	34689	12513	12615	9561
呼伦贝尔市	3021		1953	1069
兴 安 盟	10699	1609	8731	359
通 辽 市	14845	10110		4735
赤 峰 市	33436		2875	30561
锡林郭勒盟				
乌兰察布市				
鄂尔多斯市	44625	7212	9348	28066
巴彦淖尔市	9762		2010	7752
乌 海 市	12097		9387	2710
阿 拉 善 盟	6141		150	5991

2-D-24 各地区按资质等级划分的专业承包建筑业企业房屋施工面积

单位:万平方米

地 区	合计	一级	二级	三级及以下
总 计	**1.7**		**0.4**	**1.3**
呼和浩特市				
包 头 市	0.3		0.3	
呼伦贝尔市				
兴 安 盟				
通 辽 市				
赤 峰 市	0.1		0.1	
锡林郭勒盟	1.3			1.3
乌兰察布市				
鄂尔多斯市				
巴彦淖尔市				
乌 海 市				
阿 拉 善 盟				

2-D-25　各地区按资质等级划分的专业承包建筑业企业房屋竣工面积

单位：万平方米

地　　区	合计	一级	二级	三级及以下
总　　计	**6**		**5**	**1**
呼和浩特市				
包 头 市				
呼伦贝尔市	1			1
兴 安 盟				
通 辽 市				
赤 峰 市	5		5	
锡林郭勒盟				
乌兰察布市				
鄂尔多斯市				
巴彦淖尔市				
乌 海 市				
阿 拉 善 盟				

2-D-26　各地区按资质等级划分的专业承包企业自有施工机械设备台数

单位：台

地　　区	合计	一级	二级	三级及以下
总　　计	**2180**	**66**	**1309**	**805**
呼和浩特市	905	12	603	290
包 头 市	274	10	264	
呼伦贝尔市	257		257	
兴 安 盟	7			7
通 辽 市	147	44		103
赤 峰 市	314		7	307
锡林郭勒盟				
乌兰察布市				
鄂尔多斯市	40		19	21
巴彦淖尔市	135		128	7
乌 海 市	97		31	66
阿 拉 善 盟	4			4

2-D-27 各地区按资质等级划分的专业承包企业自有施工机械设备总功率

单位:万千瓦

地区	合计	一级	二级	三级及以下
总计	**5.7**	**1.1**	**1.5**	**3.0**
呼和浩特市	0.4	0.1	0.1	0.3
包头市	1.6	1.0	0.6	
呼伦贝尔市	0.2		0.1	0.1
兴安盟	2.3		0.1	2.2
通辽市	0.2			0.2
赤峰市	0.2		0.1	0.1
锡林郭勒盟	0.2		0.2	
乌兰察布市	0.6		0.5	
鄂尔多斯市				
巴彦淖尔市				
乌海市				
阿拉善盟				

2-D-28 各地区按资质等级划分的专业承包建筑业企业实收资本

单位:万元

地区	合计	一级	二级	三级及以下
总计	**199762**	**38828**	**80627**	**80307**
呼和浩特市	58591	8125	29613	20853
包头市	44770	16640	26030	2100
呼伦贝尔市	9824		4675	5149
兴安盟	8753	2596	3900	2257
通辽市	17912	6000		11912
赤峰市	18604	2068	6434	10103
锡林郭勒盟				
乌兰察布市				
鄂尔多斯市	25448	3400	3968	18080
巴彦淖尔市	4267		2524	1743
乌海市	8460		3251	5210
阿拉善盟	3132		232	2900

2-D-29　各地区按资质等级划分的专业承包建筑业企业资产

单位：万元

地　　区	合计	一级	二级	三级及以下
总　　计	**1134834**	**384696**	**394889**	**355248**
呼和浩特市	454371	275281	135886	43204
包 头 市	149971	39422	98586	11963
呼伦贝尔市	61446		31663	29784
兴 安 盟	24095	5604	13607	4884
通 辽 市	44228	19328		24900
赤 峰 市	72594	3272	37493	31829
锡林郭勒盟				
乌兰察布市				
鄂尔多斯市	235161	41789	18492	174880
巴彦淖尔市	49660		41145	8515
乌 海 市	25731		17469	8262
阿 拉 善 盟	17576		547	17028

2-D-30　各地区按资质等级划分的专业承包建筑业企业所有者权益

单位：万元

地　　区	合计	一级	二级	三级及以下
总　　计	**613952**	**286186**	**145843**	**181923**
呼和浩特市	300456	236285	37443	26729
包 头 市	56946	16947	37071	2929
呼伦贝尔市	30026		6361	23664
兴 安 盟	11125	2931	4973	3222
通 辽 市	22766	8299		14467
赤 峰 市	23690	2713	7950	13027
锡林郭勒盟				
乌兰察布市				
鄂尔多斯市	109038	19012	7569	82457
巴彦淖尔市	36862		35068	1794
乌 海 市	14855		9171	5684
阿 拉 善 盟	8188		238	7949

2-D-31 各地区按资质等级划分的专业承包建筑业企业负债

单位:万元

地区	合计	一级	二级	三级及以下
总计	**520881**	**98511**	**249046**	**173325**
呼和浩特市	153915	38996	98444	16475
包头市	93025	22476	61516	9034
呼伦贝尔市	31421		25302	6119
兴安盟	12970	2674	8635	1662
通辽市	21462	11029		10433
赤峰市	48904	560	29543	18801
锡林郭勒盟				
乌兰察布市				
鄂尔多斯市	126123	22777	10924	92423
巴彦淖尔市	12799		6078	6721
乌海市	10875		8297	2578
阿拉善盟	9388		309	9079

2-D-32 各地区按资质等级划分的专业承包建筑业企业营业收入

单位:万元

地区	合计	一级	二级	三级及以下
总计	**546162**	**79897**	**232001**	**234264**
呼和浩特市	118894	15407	74618	28868
包头市	101125	30713	55822	14590
呼伦贝尔市	18590		9937	8653
兴安盟	15565	2986	9134	3445
通辽市	37884	10516		27369
赤峰市	86276	3579	42111	40585
锡林郭勒盟				
乌兰察布市				
鄂尔多斯市	124217	16696	16485	91036
巴彦淖尔市	21467		13555	7912
乌海市	15308		9564	5744
阿拉善盟	6836		775	6061

2-D-33　各地区按资质等级划分的专业承包建筑业企业利税总额

单位:万元

地　　区	合计	一级	二级	三级及以下
总　　计	**31624**	**6670**	**3606**	**21348**
呼和浩特市	6711	1825	3476	1409
包 头 市	7514	1952	3765	1798
呼伦贝尔市	2297		1087	1211
兴 安 盟	623	298	431	-106
通 辽 市	483	-144		627
赤 峰 市	-4862	140	-7471	2470
锡林郭勒盟				
乌兰察布市				
鄂尔多斯市	15195	2599	1068	11528
巴彦淖尔市	910		272	638
乌 海 市	1934		933	1001
阿 拉 善 盟	819		45	773

2-D-34　各地区按资质等级划分的专业承包建筑业企业利润总额

单位:万元

地　　区	合计	一级	二级	三级及以下
总　　计	**14070**	**3050**	**-2206**	**13226**
呼和浩特市	2833	1285	822	726
包 头 市	4224	1175	1784	1266
呼伦贝尔市	757		2	755
兴 安 盟	296	248	330	-283
通 辽 市	-1042	-1140		98
赤 峰 市	-5780	104	-6826	942
锡林郭勒盟				
乌兰察布市				
鄂尔多斯市	10897	1377	764	8757
巴彦淖尔市	513		65	448
乌 海 市	1287		844	443
阿 拉 善 盟	83		10	73

2-D-35 各地区按资质等级划分的专业承包建筑业企业税金总额

单位:万元

地　　区	合计	一级	二级	三级及以下
总　　计	**17555**	**3620**	**5812**	**8122**
呼和浩特市	3878	540	2655	683
包　头　市	3290	777	1982	532
呼伦贝尔市	1540		1085	456
兴　安　盟	327	50	101	177
通　辽　市	1525	996		529
赤　峰　市	917	36	-646	1527
锡林郭勒盟				
乌兰察布市				
鄂尔多斯市	4298	1222	305	2771
巴彦淖尔市	397		207	190
乌　海　市	647		89	558
阿 拉 善 盟	735		35	700

2-D-36 各地区按资质等级划分的专业承包建筑业企业主营业务收入

单位:万元

地　　区	合计	一级	二级	三级及以下
总　　计	**516252**	**79714**	**215870**	**220669**
呼和浩特市	118322	15403	74504	28415
包　头　市	100443	30713	55140	14590
呼伦贝尔市	18441		9788	8653
兴　安　盟	15563	2986	9134	3443
通　辽　市	37706	10337		27369
赤　峰　市	63047	3579	28844	30624
锡林郭勒盟				
乌兰察布市				
鄂尔多斯市	120946	16696	16086	88164
巴彦淖尔市	20696		12945	7751
乌　海　市	14323		8654	5669
阿 拉 善 盟	6766		775	5991

2-D-37　各地区按资质等级划分的专业承包建筑业企业管理费用

单位:万元

地　区	合计	一级	二级	三级及以下
总　计	**70502**	**6461**	**34627**	**29414**
呼和浩特市	14736	661	10527	3548
包 头 市	9643	2513	5888	1242
呼伦贝尔市	2825		1302	1523
兴 安 盟	2202	131	1575	496
通 辽 市	3968	2064		1904
赤 峰 市	10081	367	9013	701
锡林郭勒盟				
乌兰察布市				
鄂尔多斯市	17811	725	1143	15943
巴彦淖尔市	3428		2420	1008
乌 海 市	2907		2710	197
阿 拉 善 盟	2902		49	2853

2-D-38　各地区按资质等级划分的专业承包建筑业企业财务费用

单位:万元

地　区	合计	一级	二级	三级及以下
总　计	**1961**	**147**	**1583**	**231**
呼和浩特市	284	-60	337	8
包 头 市	107	51	10	45
呼伦贝尔市	42		87	-44
兴 安 盟	60	40	19	1
通 辽 市	65	15		50
赤 峰 市	1110		1072	37
锡林郭勒盟				
乌兰察布市				
鄂尔多斯市	271	101	25	145
巴彦淖尔市	-9		-5	-4
乌 海 市	39		38	1
阿 拉 善 盟	-8			-8

2-D-39 各地区按资质等级划分的专业承包建筑业企业应收工程款

单位:万元

地　区	合计	一级	二级	三级及以下
总　计	**295106**	**51068**	**131575**	**112463**
呼和浩特市	62900	14818	34132	13950
包 头 市	67335	17865	41828	7642
呼伦贝尔市	27822		23790	4032
兴 安 盟	7280	789	3958	2533
通 辽 市	11969	3688		8281
赤 峰 市	25368	1417	7614	16337
锡林郭勒盟				
乌兰察布市				
鄂尔多斯市	68639	12492	2575	53572
巴彦淖尔市	9552		8687	866
乌 海 市	10460		8666	1794
阿 拉 善 盟	3781		326	3455

E. 劳务分包建筑业企业

2-E-1　各地区劳务分包建筑业企业生产经营情况

单位:万元

地　　区	建筑业总产值	营业收入	主营业务税金及附加	利润总额	应付职工薪酬
总　　计	**62429**	**62411**	**585**	**1315**	**32346**
呼和浩特市	25185	24701	92	433	15530
包 头 市					
呼伦贝尔市	4142	4142	71	283	1191
兴 安 盟	2144	2144	32	35	26
通 辽 市	4	36	2	-329	19
赤 峰 市	6806	7240	235	59	5388
锡林郭勒盟					
乌兰察布市					
鄂尔多斯市	15912	15912	64	407	9869
巴彦淖尔市					
乌 海 市	8235	8235	89	427	323
阿 拉 善 盟					

2-E-2　各地区劳务分包建筑业企业个数和人员情况

地　　区	企业个数（个）	从事主营业务活动的从业人员平均人数（人）	从业人员期末人数（人）		
				#工程技术人员	#现场施工工人
总　　计	**47**	**8904**	**9170**	**746**	**6208**
呼和浩特市	12	4405	4876	603	4218
包 头 市					
呼伦贝尔市	5	323	500	1	5
兴 安 盟	2	21	325	8	312
通 辽 市	1	45	45	10	5
赤 峰 市	9	1183	1232	62	1149
锡林郭勒盟					
乌兰察布市					
鄂尔多斯市	11	2602	1940	35	299
巴彦淖尔市					
乌 海 市	7	325	252	27	220
阿 拉 善 盟					

附 录

主要指标解释

主要指标解释

研究与试验发展(R&D) 指在科学技术领域,为增加知识总量,以及运用这些知识去创造新的应用进行的系统的创造性的活动,包括基础研究、应用研究、试验发展三类活动。国际上通常采用 R&D 活动的规模和强度指标反映一国的科技实力和核心竞争力。

R&D 人员 指参与研究与试验发展项目研究、管理和辅助工作的人员,包括项目(课题)组人员,企业科技行政管理人员和直接为项目(课题)活动提供服务的辅助人员。反映投入从事拥有自主知识产权的研究开发活动的人力规模。

R&D 人员全时当量 指全时人员数加非全时人员按工作量折算为全时人员数的总和。例如:有两个全时人员和三个非全时人员(工作时间分别为 20%、30% 和 70%),则全时当量为 2+0.2+0.3+0.7=3.2 人年。为国际上比较科技人力投入而制定的可比指标。

R&D 经费内部支出 指调查单位用于内部开展 R&D 活动(基础研究、应用研究和试验发展)的实际支出。包括用于 R&D 项目(课题)活动的直接支出,以及间接用于 R&D 活动的管理费、服务费、与 R&D 有关的基本建设支出以及外协加工费等。不包括生产性活动支出、归还贷款支出以及与外单位合作或委托外单位进行 R&D 活动而转拨给对方的经费支出。

R&D 经费支出中政府资金 指 R&D 经费内部支出中来自各级政府部门的各类资金,包括财政科学技术拨款、科学基金、教育等部门事业费以及政府部门预算外资金的实际支出。

R&D 经费支出中企业资金 指 R&D 经费内部支出中来自本企业的自有资金和接受其他企业委托而获得的经费,以及科研院所、高校等事业单位从企业获得的资金的实际支出。

R&D 项目数 指在当年立项并开展研究工作、以前年份立项仍继续进行研究的研发项目(课题)数,包括当年完成和年内研究工作已告失败的研发项目(课题),但不包括委托外单位进行的研发项目(课题)数。

R&D 项目人员全时当量 指实际参加研发项目(课题)活动人员折合的全时当量。

R&D 项目经费支出 指调查单位内部在报告年度进行研发项目(课题)研究和试制等的实际支出。包括劳务费、其他日常支出、固定资产购建费、外协加工费等,不包括委托或与外单位合作进行项目(课题)研究而拨付给对方使用的经费。

新产品销售收入 指报告期企业销售新产品实现的销售收入。新产品是指采用新技术原理、新设计构思研制、生产的全新产品,或在结构、材质、工艺等某一方面比原有产品有明显改进,从而显著提高了产品性能或扩大了使用功能的产品。既包括经政府有关部门认定并在有效期内的新产品,也包括企业自行研制开发,未经政府有关部门认定,从投产之日起一年之内的新产品。

技术改造经费支出 指报告期内企业进行技术改造而发生的费用支出。技术改造指企业在坚持科技进步的前提下,将科技成果应用于生产的各个领域(产品、设备、工艺等),用先进工艺、设备代替落后工艺、设备,实现以内涵为主的扩大再生产,从而提高产品质量、促进产品更新换代、节约能源、降低消耗,全面提高综合经济效益。

购买境内技术经费支出 指报告期内企业购买境内其他单位科技成果的经费支出。包括购买产品设计、工艺流程、图纸、配方、专利、技术诀窍及设备的费用支出。

引进境外技术经费支出 指报告期内企业用于购买国外或港澳台技术的费用支出,包括产品设计、工艺流程、图纸、配方、专利等技术资料的费用支出,以及购买设备、仪器、样机和样件等的费用支出。

引进境外技术的消化吸收经费支出 指报告期内企业引进国外或港澳台技术的消化吸收经费支出。引进技术的消化吸收指对引进技术的掌握、应用、复制而开展的工作,以及在此基础上的创新。引进技术的消化吸收经费支出包括:人员培训费、测绘费、参加消化吸收人员的工资、工装、工艺开发费、必备的配套设备费、翻版费等。